W0362407

DEUTSCH TRAINING

Achhammer • Gebhardt

Deutsch

Erörterung – Textgebundener Aufsatz
9./10. Klasse

STARK

Dieser Band wurde nach der neuen Rechtschreibung abgefasst.

ISBN: 3-89449-129-9

Inhalt

Fortsetzung siehe nächste Seite

Fortsetzung siehe nächste Seite

IV Lösungen

Erörterung

Textgebundener Aufsatz

Vorwort

Ab 1997 können in der Abschlussprüfung Deutsch zwei Aufsatzformen alternativ behandelt werden, nämlich entweder wie bisher die **Erörterung** oder aber der **textgebundene Aufsatz**.

Die **Erörterung** verlangt Sachwissen und Allgemeinbildung, die du dir als Schüler/in der 9. und 10. Klasse durch tägliches Zeitunglesen und Verfolgen der Nachrichten aneignen solltest, nicht zu vergessen die Informationen, die du in allen Schulfächern geliefert bekommst und, mit Verstand aufgenommen, gut in der Erörterung verarbeiten kannst. Der **textgebundene Aufsatz** dagegen fordert von dir aufmerksame und genaue Arbeit an einem Text, Kenntnisse über literarische Epochen, Textsorten, rhetorische Mittel, einfühlsames Hineinversetzen in die Aussage des Textes, aber auch im weiterführenden erörternden Teil Allgemeinwissen über aktuelle Themen unserer Zeit.

Dieses Buch nun soll dir konkrete Hilfen zum Aufsatzschreiben anbieten und den Deutschunterricht ergänzend begleiten. Grundvoraussetzung für einen Erfolg allerdings ist, dass du dich intensiv mit der Thematik beschäftigst und das Buch gewissenhaft Schritt für Schritt durcharbeitest, was sicher viel Zeit und Energie beansprucht.

Teil I dieses Buches behandelt die **Erörterung.** Mache dich zunächst mit den **einzelnen Arbeitsschritten für die Anfertigung einer Erörterung** vertraut und lerne sie. Diese Arbeitsschritte haben wir bewusst anhand desselben Themas aufgezeigt, damit du klar die einzelnen Möglichkeiten zur Gestaltung des Aufsatzes erkennst. Sehr wichtig für dich sind die Hinweise auf **häufige Fehlerquellen,** die eine konkrete Übungsmöglichkeit bedeuten. Verbessere die angeführten Fehler zunächst selbstständig und vergleiche sie erst dann mit den Lösungen.

Schließlich bieten wir dir aus dem großen Komplex „Jugend" eine **Auswahl an Themen und Aufsatzbeispielen** an, von denen wir meinen, dass sie die Jugend von heute betreffen.

Unsere Gliederungen und Aufsatzbeispiele sind nur Vorschläge, da man Gliederungen, genau wie Aufsätze, völlig unterschiedlich aufbauen kann. Wichtig ist einfach, dass du dir Gedanken zu den einzelnen Gliederungspunkten machst und sie als Anregung siehst. Effektiv wäre es, wenn du deine Gliederungen zunächst selbst erarbeiten und dann deine Ergebnisse mit unseren vergleichen bzw. ergänzen würdest. Völlig sinnlos allerdings ist es, Gliederungen vor Schulaufgaben auswendig zu lernen, da du aufgrund einer leicht abgeänderten Themenstellung das Thema verfehlen kannst. Wir haben uns für die nummerische Gliederung entschieden, da diese in den meisten Sprachbüchern verwendet wird.

Teil II befasst sich mit dem **textgebundenen Aufsatz.** Bevor du einen Text bearbeitest, solltest du dich mit den **theoretischen Erläuterungen** auseinander setzen, da sie das Grundgerüst für die Arbeit am Text bilden. Erst dann kannst du die **Textbeispiele** durcharbeiten. Sie sind allerdings nur Anhaltspunkte, natürlich sind auch andere Interpretationen möglich, soweit sie sich am Text anlehnen.

Dieses Buch ist nach den **neuen Rechtschreibregeln** verfasst. Doch das Komma beim erweiterten Infinitiv, das man auch nach den neuen Regeln setzen kann, haben wir beibehalten, da dadurch Sinneinheiten im Text klarer zum Ausdruck kommen.

Sieh dieses Buch als Möglichkeit an, dein Wissen über die Technik des Aufsatzschreibens zu erweitern, dann wird dir die Abschlussprüfung im Fach Deutsch nicht mehr ganz so schwer fallen.

Wir wünschen dir viel Erfolg!

G. Achhammer — F. Gebhardt

Gabriele Achhammer — Friederike Gebhardt

I Erörterung

A Erläuterungen zum Erstellen einer Erörterung

1 Themenanalyse

1.1 Richtige Themenauswahl

Ein erster wichtiger Schritt für das Gelingen deiner Erörterung ist die richtige Themenauswahl. Weil bei Prüfungen meist mehrere Themen angeboten werden, ist es für dich nicht einfach zu entscheiden, welches Thema dir am besten liegt. Halte dich darum an folgende Ratschläge:

1. **Lass dir** bei der Themenwahl **Zeit**!
2. Lies alle Themen mehrmals gründlich durch! Triff **keine vorschnelle Entscheidung**!
3. Wähle ein **eindeutiges Thema**, das du in seiner Formulierung verstehst!
4. Formuliere Aussagesätze in Fragesätze um. Bist du dir über die Themenfrage nicht ganz im Klaren, wähle ein anderes Thema!
5. Entscheide dich – sofern angeboten – für ein **Thema**, das **in deinem eigenen Erfahrungsbereich** liegt!
6. Erörtere nur dann ein inhaltlich anspruchsvolles Thema (z. B. Umweltthema), wenn du **die nötigen Sachinformationen** besitzt!

1.2 Kennzeichnung der Kernbegriffe

Um nun das Thema genau zu erfassen, ist es nötig, dass du seine Kernbegriffe erkennst. Unterstreiche sie und lies sie dir auch während deiner Ausarbeitung immer wieder durch; dann kannst du das Thema nie verfehlen.

Im weiteren Verlauf nehmen wir an, dass du dich für folgendes Thema entschieden hast:

„Was sind die Ursachen für den Drogenkonsum Jugendlicher?“

Die **Kernbegriffe** bei diesem Thema sind also:
1. Ursachen
2. Drogenkonsum
3. Jugendlicher

1.3 Art des Themas

Man unterscheidet zwischen eingliedrigen, zweigliedrigen oder mehrgliedrigen Themen.

Eingliedriges Thema
Was sind die Ursachen für den Drogenkonsum Jugendlicher?

Dieses Thema ist eingliedrig, weil hier nur nach den **Gründen** für den Drogenkonsum gefragt ist.

Zweigliedriges Thema
Was sind die Ursachen für den Drogenkonsum Jugendlicher?
Welche Folgen ergeben sich daraus?

Dieses Thema ist zweigliedrig, weil du hier **Ursachen und Folgen** erörtern musst.

Dreigliedriges Thema
Was sind die Ursachen für den Drogenkonsum Jugendlicher?
Welche Folgen ergeben sich daraus?
Welche Gegenmaßnahmen können ergriffen werden?

Dieses Thema ist dreigliedrig, weil hier **Ursachen, Folgen und Bekämpfungsmöglichkeiten** behandelt werden müssen.

Entscheidungsthema (dialektische Erörterung)

Darüber hinaus gibt es Fragestellungen, die von dir eine eigene Stellungnahme in Form einer Entscheidung verlangen. Sie steht in der Regel am Schluss des Hauptteils der Erörterung. Achte darauf, dass du deine Meinung genau und ausführlich begründest, wobei nicht bei jedem als Entscheidungsfrage gestellten Thema eindeutig Stellung bezogen werden kann.

Ein Entscheidungsthema ist z. B.: Soll ein Schüler einen Ferienjob ausüben?

Bei dieser Themenstellung wird verlangt, dass du sowohl **Vorteile** als auch **Nachteile** eines Ferienjobs für Schüler erörterst, um dann in der **Entscheidung** deine eigene Meinung darzulegen (Beispiel Seite 32).

2 Stoffsammlung

Damit der Aufsatz inhaltlich etwas darstellt, musst du eine ausführliche Stoffsammlung anfertigen. Gehe dabei folgendermaßen vor:

1. Notiere alle Punkte, die dir auf Anhieb zum Thema einfallen; du schreibst sie am besten untereinander, denn so erhältst du einen besseren Überblick. Bei einem mehrgliedrigen Thema teilst du dir gleich Spalten ein. Suche auch nach passenden Formulierungen, die du evtl. schon für die Gliederung brauchen kannst.

2. Ergänze die Liste anhand genauerer Überlegungen. Dabei gibt es folgende Möglichkeiten:
   - Erarbeite den Gegensatz des Kernbegriffs; dadurch gewinnst du oft noch zusätzliche Erkenntnisse.
     Beispiel: Verzicht auf Drogen, da Angst vor Abhängigkeit, finanzielle Belastung, Angst vor gesundheitlichen Schäden oder auch: positive Wirkung von Drogen, da schmerzlindernd, beruhigend.
   - Sammle Sprichwörter, Redensarten, Zitate zum Kernbegriff; diese könntest du bereits für eine Einleitung verwenden.
     Beispiel: „Ein Gläschen in Ehren kann niemand verwehren."
     „Trink, trink, Brüderchen trink, lasse die Sorgen zu Haus."
     „Einmal ist keinmal."

- Stelle die so genannten **W-Fragen**, mit deren Hilfe du das Thema noch zusätzlich erfassen kannst:

Wer ist betroffen?	Jugendliche
Was wird konsumiert?	Drogen
Was sind Drogen (Definition)?	ursprünglich Naturprodukte mit heilender Wirkung; heute alle Arten von Stoffen, die zur Abhängigkeit führen können
Welche Arten gibt es?	„harte" Drogen wie Heroin, Opiate, Kokain; „weiche" Drogen wie Marihuana, Haschisch; „Psychopharmaka", das sind beruhigende und anregende Arzneimittel; Alkohol und als Einstieg Nikotin
Welche Wirkung haben sie?	anregend, beruhigend, betäubend, enthemmend, beschwingend, entspannend, Verspannungen lösend, Nachlassen der Reaktions- und Konzentrationsfähigkeit
Wie konsumiert man Drogen?	trinken, schnüffeln, rauchen, spritzen, schlucken
Wo konsumiert man Drogen?	überall, zu Hause, im Lokal, bei Freunden
Wann konsumiert man Drogen?	zu jeder Zeit möglich, nach Feierabend, in Konfliktsituationen
Wozu konsumiert man Drogen?	um ein Wohlbefinden auszulösen
Warum konsumiert man Drogen?	siehe nachfolgende Sammlung

Ausführliche Stoffsammlung zum Thema „Ursachen des Drogenkonsums Jugendlicher“:

- haben Probleme in der Schule
- Trinkgewohnheiten der Erwachsenen
- Gruppenzwang
- Mutproben
- Alkohol enthemmt
- Werbung
- Freundeskreis
- wollen lustig sein
- Unsicherheit
- Freunde nehmen auch Drogen zu sich
- Leberschaden
- schlechter Einfluss von Freunden
- zu viel Freizeit
- Enttäuschung durch Freunde
- Eltern trinken auch, rauchen auch, schlucken auch Tabletten
- Frustration
- verschiedene Probleme
- Wirtschaft macht Werbung
- Komplexe, Nervosität
- Gehirnzellen sterben ab
- Kontaktschwierigkeiten
- wollen Probleme vergessen
- werden im Supermarkt angeboten
- Misserfolge in Schule und Beruf
- finden keinen Anschluss
- keine Anerkennung
- Neugier
- verdrängen die Probleme
- Langeweile
- Eltern haben keine Zeit (Berufstätigkeit)
- Eltern haben kein Verständnis für ihre Kinder
- Streit in der Familie
- Scheidung der Eltern
- Schlüsselkinder
- Eltern verlieren an Autorität
- Gefahr der Abhängigkeit
- schüchtern
- Angabe
- hohe Anforderungen

3 Stoffordnung

Nun musst du deine **Stoffsammlung nach Schwerpunkten ordnen**, damit der Aufsatz logisch aufgebaut werden kann.
Dabei solltest du folgende Arbeitsschritte beachten:

1. **Unterstreiche zusammengehörende Begriffe** gleichfarbig oder kennzeichne sie mit verschiedenen Symbolen (siehe unten).
2. Prüfe, ob alle gesammelten Punkte zum Thema gehören; **streiche die nicht zum Thema gehörenden Gedanken**.
3. **Fasse Punkte**, die sich inhaltlich überschneiden, **zusammen**.
4. **Formuliere** zu ausführliche Gedanken **kürzer und genauer**.
5. **Suche Oberbegriffe**; oft enthält deine Stoffsammlung bereits Oberbegriffe, die du übernehmen kannst.
6. **Überprüfe**, ob
   - die Unterbegriffe auch zu den Oberbegriffen passen,
   - die Oberpunkte umfassend genug formuliert sind.

   Wenn nicht, so stelle um oder formuliere neu.
7. Sind **manche Punkte** zu speziell oder unwichtig, so kannst du sie im Zweifelsfall auch **weglassen**.

Beispiel: Unterstreiche bzw. kennzeichne zusammengehörende Begriffe.

✓ haben Probleme in der Schule
Δ Trinkgewohnheiten der Erwachsenen
● Gruppenzwang
● Mutproben
❐ Alkohol enthemmt
■ Werbung
● Freundeskreis
❐ wollen lustig sein
❐ Unsicherheit
● Freunde nehmen auch Drogen zu sich
~~Leberschaden~~
● schlechter Einfluss von Freunden
❐ zu viel Freizeit
● Enttäuschung durch Freunde
Δ Eltern trinken auch, rauchen auch, schlucken auch Tabletten
✓ Frustration
● verschiedene Probleme
■ Wirtschaft macht Werbung
❐ Komplexe, Nervosität
~~Gehirnzellen sterben ab~~
❐ Kontaktschwierigkeiten

- ❐ wollen Probleme vergessen
- ■ werden im Supermarkt angeboten
- ✓ Misserfolge in Schule und Beruf
- ❐ finden keinen Anschluss
- ● keine Anerkennung
- ❐ Neugier
- ❐ verdrängen die Probleme
- ❐ Langeweile
- Δ Eltern haben keine Zeit (Berufstätigkeit)
- Δ Eltern haben kein Verständnis für ihre Kinder
- Δ Streit in der Familie
- Δ Scheidung der Eltern
- Δ Schlüsselkinder
- Δ Eltern verlieren an Autorität
- ~~Gefahr der Abhängigkeit~~
- ❐ schüchtern
- ❐ Angabe
- ✓ hohe Anforderungen

Beispiel: Streiche die nicht zum Thema gehörenden Gedanken.
„Gefahr der Abhängigkeit", „Gehirnzellen sterben ab", „Leberschaden" müssen gestrichen werden, da diese die Folgen des Drogenkonsums behandeln.

Beispiel: Fasse sich überschneidende Punkte zusammen.
Folgende Punkte müssen zusammengefasst werden:

Trinkgewohnheiten der Erwachsenen Eltern trinken auch, rauchen auch ...	} negatives Vorbild
Streit in der Familie Scheidung der Eltern	} schwierige Familienverhältnisse
Schlüsselkinder Eltern haben keine Zeit	} zu wenig Zeit füreinander
Enttäuschung durch Freunde keine Anerkennung	} Probleme mit Freunden
Gruppenzwang Mutproben	} starker Gruppenzwang
Freunde nehmen auch Drogen zu sich schlechter Einfluss von Freunden	} schlechter Einfluss
Frustration Misserfolge in Schule und Beruf	} Misserfolge in Schule und Beruf

wollen lustig sein Alkohol enthemmt Unsicherheit Komplexe, Nervosität Kontaktschwierigkeiten finden keinen Anschluss schüchtern	Komplexe
wollen Probleme vergessen verdrängen die Probleme	Flucht vor Realität
zu viel Freizeit Langeweile	Langeweile
Wirtschaft macht Werbung Werbung	Verlockung durch die Werbung
haben Probleme in der Schule Arbeitslosigkeit	Konfliktsituationen in Schule und Beruf

Beispiel: Formuliere kürzer und genauer.
Anstelle von „werden im Supermarkt angeboten" bietet sich an: „großes Angebot"

Beispiel: Suche Oberbegriffe.
Oberbegriffe, die bereits in der Stoffsammlung stehen:
Schule und Beruf, Freundeskreis, Wirtschaft, Familie

Oft sind dir die Oberbegriffe schon durch die Themenstellung vorgegeben:
Vorteile – Nachteile
pro – contra
positive – negative Auswirkungen
Ursachen – Folgen – Gegenmaßnahmen
Gründe – Auswirkungen

Diese Oberbegriffe lassen sich nun wieder unterteilen; dabei wirst du feststellen, dass du bei vielen, natürlich aber nicht allen Themen, dieselben Begriffsreihen verwenden kannst. Sieh dir dazu die folgende Aufstellung genau an!

- **Vorteile/Nachteile**
  - für den Einzelnen, die Familie, die Gesellschaft, die Wirtschaft;
  - für die Pflanzen, die Tiere, die Landschaft, den Menschen;
  - körperlich, geistig, seelisch;

- beruflich, sozial, wirtschaftlich, politisch, kulturell, religiös;
- ideell, materiell;
- Information, Bildung, Unterhaltung

- **Ursachen**
  - hinsichtlich des Einzelnen, der Familie, des Freundeskreises, der Gesellschaft, der Wirtschaft, des Staates
  - körperlich, geistig, seelisch,
  - beruflich, sozial, wirtschaftlich, politisch, religiös, kulturell
  - ideell, materiell

- **Pflichten**
  - in der Schule, im Beruf, im Wirtschaftsleben, im politischen Leben

- **Folgen**
  - für den Einzelnen, die Familie, den Freundeskreis, die Gesellschaft, die Wirtschaft, den Staat
  - für die Tierwelt, die Pflanzenwelt, die Landschaft, den Menschen
  - körperlich, geistig, seelisch
  - für Körper, Geist, Seele
  - im privaten, im sportlichen, im gesellschaftlichen, im wirtschaftlichen, im politischen Bereich

- **Gegenmaßnahmen**
  - des Einzelnen, der Familie, des Freundeskreises, der Gesellschaft, der Massenmedien, der Wirtschaft
  - des Staates
    vorbeugende Maßnahmen, gesetzgeberische Maßnahmen, kontrollierende Maßnahmen, finanzielle Hilfestellung

4 Gliederung

Die Gliederung besteht aus drei Teilen:
A. Einleitung
B. Hauptteil
C. Schluss

4.1 Einleitungsmöglichkeiten

Die Einleitung in der Gliederung soll nur aus **einem** Satz bestehen, der den wichtigsten Gedanken klar und eindeutig wiedergibt.

Es bieten sich verschiedene Einleitungsmöglichkeiten an:

- **aktuelles Ereignis**
  Beispiel: Die Kokainorgie eines Schwarzbären machte kürzlich Schlagzeilen.
- **allgemeine Feststellung**
  Beispiel: Der Drogenkonsum nimmt wieder zu.
- **geschichtlicher Rückblick**
  Beispiel: Seit Jahrtausenden sind Drogen als Rauschmittel bekannt.
- **Definition des Kernbegriffs**
  Beispiel: Was besagt der Begriff „Droge"?
- **Vergleich mit Ähnlichem**
  Beispiel: Die heutige Jugend ist auch mit anderen Problemen konfrontiert.
- **Zitat**
  Beispiel: Zitat eines Alkoholikers: „Ich will nicht trinken – natürlich will ich trinken".
- **gegensätzlicher Gedanke**
  Beispiel: Die derzeitig hohe Lebenserwartung in Deutschland wird durch den Drogenkonsum gefährdet.
- **persönlicher Gedanke**
  Beispiel: Ein Klassenkamerad musste wegen einer Alkoholvergiftung ins Krankenhaus eingeliefert werden.

4.2 Hauptteil der Gliederung

Dem Hauptteil in der Gliederung geht der **Leitsatz oder Obersatz** voraus, der den Übergang zwischen Einleitung und Hauptteil bildet. Er greift die Kernfrage des Themas noch einmal auf. Dafür bieten sich drei Möglichkeiten an:

1. Leitsatz als direkte Wiederholung:	B. Was sind die Ursachen für den Drogenkonsum Jugendlicher?
2. Leitsatz als Frage in veränderter Form:	B. Welche Gründe für den Drogenkonsum junger Menschen gibt es?
3. Leitsatz als pauschale Antwort:	B. Es gibt verschiedene Ursachen für den Drogenkonsum Jugendlicher.

Anschließend musst du die **Rohgliederung**, die du bei der Stoffordnung erarbeitet hast, noch **verfeinern**. Beachte dabei folgende Punkte:

1. Überprüfe, ob deine **Punkte steigernd**, also vom weniger Wichtigen zum Wichtigsten, angeordnet sind.
2. Achte darauf, dass die **Gliederung ausgewogen** ist, d. h., dass unter den verschiedenen Überpunkten ungefähr gleich viele Unterpunkte stehen. Ist dies nicht der Fall, so versuche evtl. zusammenzufassen oder einen weiteren Überpunkt zu finden.
3. Unter jedem Überpunkt müssen **mindestens zwei Unterpunkte** stehen.
4. Beachte **einheitliche Formulierungen** entweder
   - in Kurzsätzen: „Sie stellen hohe Anforderungen"
   - in Satzstücken: „stellen hohe Anforderungen"
   - in Kernwörtern oder Stichpunkten: „hohe Anforderungen"

   Die Formulierung in Satzstücken wirkt sprachlich schwerfällig und sollte vermieden werden.
5. Verwende **bezeichnende Adjektive**; sie dienen zur näheren Erklärung eines Substantivs und fördern die Genauigkeit und Aussagekraft des Gliederungspunktes.
6. Führe **keine Beispiele in der Gliederung** an; sie gehören in den ausgeführten Aufsatz.
7. Zuletzt überprüfst du noch einmal, ob deine Unterpunkte tatsächlich zu den Überpunkten passen oder ob sie evtl. unter einem anderen Punkt eingeordnet werden können (lies dazu S. 8/9 nach).

Aufbau eines Entscheidungsthemas:
Bei einem Entscheidungsthema solltest du immer mit den Punkten beginnen, die du **nicht** vertrittst, da im Leser das zuletzt Gelesene am besten nachwirkt.

Beispiel zum Thema: „Soll ein Schüler einen Ferienjob ausüben?“

1 pro		1 contra
2 contra	oder	2 pro
3 Stellungnahme dagegen		3 Stellungnahme dafür

4.3 Schlussmöglichkeiten

Der Schluss soll die Erörterung abrunden, darf aber in der Gliederung nur aus **einem Satz** bestehen.

Es bieten sich folgende Schlussmöglichkeiten an:

- **Zusammenfassung der Gesichtspunkte**
  Beispiel: Die Ursachen liegen nicht nur beim Jugendlichen selbst, sondern auch in der Umwelt.
- **Folgerung aus dem Gesagten**
  Beispiel: Die Erzieher müssen mit gutem Beispiel vorangehen.
- **persönliche Stellungnahme**
  Beispiel: Drogenabhängige Jugendliche sollten nicht vorschnell verurteilt werden.
- **Einschränkung des Themas**
  Beispiel: Nur ein Teil der heutigen Jugend konsumiert Drogen.
- **Vergleiche mit Ähnlichem**
  Beispiel: Viele Jugendliche weichen jedoch auf andere Ersatzbefriedigungen aus.
- **gegensätzlicher Gedanke**
  Beispiel: Drogen können auch eine positive Wirkung haben.
- **weiterführender Gedanke**
  Beispiel: Unkontrollierter Drogenkonsum hat schwere Folgen.
- **Wunsch**
  Beispiel: Hilfe für Abhängige und vorbeugende Maßnahmen wären wünschenswert.

4.4 Hinweise auf die formale Gestaltung der Gliederung

Die **konventionelle Gliederung** weist folgendes Schema auf:

A. Einleitung

B. Leitsatz

- **I. Oberbegriff**
  - 1. Unterbegriff
    - a) Unterpunkt
    - b) Unterpunkt
  - 2. Unterbegriff
    - a) Unterpunkt
    - b) Unterpunkt
- **II. Oberbegriff**
  - 1. Unterbegriff
    - a) Unterpunkt
    - b) Unterpunkt
  - 2. Unterbegriff
    - a) Unterpunkt
    - b) Unterpunkt

C. Schluss

Möchtest du noch weiter untergliedern, so musst du mit den griechischen Buchstaben α, β, γ arbeiten.

Beachte bei der konventionellen Gliederung:

1. **Nach Buchstaben** muss eine **Klammer** stehen.
2. **Nach** den **römischen** und **arabischen Zahlen** folgt ein **Punkt**.
3. **Rücke** bei den arabischen Zahlen und den Buchstaben **ein**;
   dies erhöht die Übersichtlichkeit.
4. Einleitung, Schluss und Leitsatz sollten aus **vollständigen Sätzen** bestehen.

Es gibt auch die Möglichkeit der **nummerischen Gliederung,** bei der alle Punkte mit arabischen Ziffern nummeriert werden.

A. Einleitung

B. Leitsatz

1 Oberbegriff
1.1 Unterbegriff
1.1.1 Unterpunkt
1.1.2 Unterpunkt

1.2 Unterbegriff
1.2.1 Unterpunkt
1.2.2 Unterpunkt

2 Oberbegriff
2.1 Unterbegriff
2.1.1 Unterpunkt
2.1.2 Unterpunkt

2.2 Unterbegriff
2.2.1 Unterpunkt
2.2.2 Unterpunkt

C. Schluss

Beachte bei der nummerischen Gliederung:

1. **Nach** der **letzten Zahl** steht **kein Punkt**.
2. Es wird **nicht eingerückt**.
3. Über- und Unterpunkte stehen **sauber untereinander**.
4. Einleitung, Schluss und Leitsatz sollten aus **vollständigen Sätzen** bestehen.

4.5 Mustergliederung

Mustergliederung zum Thema: „Was sind die Ursachen für den Drogenkonsum Jugendlicher?“

1. konventionelle Art

A. Der Drogenkonsum steigt weiter an.

B. Was sind die Ursachen für den Drogenkonsum Jugendlicher?

I. vonseiten der Wirtschaft
  1. großes Angebot an Spirituosen und Tabletten
  2. verlockende Werbung

II. vonseiten der Schule und des Berufes
  1. hohe Anforderungen
  2. ständige Misserfolge
  3. verschiedene Konfliktsituationen

III. vonseiten des Freundeskreises
  1. schlechter Einfluss
  2. verschiedene Probleme
  3. Gruppenzwang

IV. vonseiten der Familie
  1. schwierige Familienverhältnisse
  2. Autoritätsverlust der Eltern
  3. mangelndes Verständnis
  4. zu wenig Zeit füreinander
  5. negatives Vorbild

V. vonseiten des Jugendlichen selbst
  1. Neugier
  2. Angabe
  3. Komplexe
  4. Langeweile
  5. Flucht vor der Realität

C. Unkontrollierter Drogenkonsum hat schwerwiegende Folgen.

2. nummerische Gliederung

A. Der Drogenkonsum steigt weiter an.

B. Es gibt verschiedene Ursachen für den Drogenkonsum Jugendlicher.

1 durch die Wirtschaft bedingt
1.1 großes Angebot an Spirituosen und Medikamenten
1.2 verlockende Werbung

2 durch Schule und Beruf bedingt
2.1 hohe Anforderungen
2.2 ständige Misserfolge
2.3 verschiedene Konfliktsituationen

3 durch den Freundeskreis bedingt
3.1 schlechter Einfluss
3.2 verschiedene Probleme
3.3 Gruppenzwang

4 durch die Familie bedingt
4.1 schwierige Familienverhältnisse
4.2 Autoritätsverlust der Eltern
4.3 mangelndes Verständnis
4.4 zu wenig Zeit füreinander
4.5 negatives Vorbild

5 durch den Jugendlichen selbst bedingt
5.1 Neugier
5.2 Angabe
5.3 Komplexe
5.4 Langeweile
5.5 Flucht vor der Realität

C. Unkontrollierter Drogenkonsum hat schwerwiegende Folgen.

5 Ausarbeitung

Nachdem du das Grundgerüst für deine Erörterung erarbeitet hast, musst du nun deine Gedanken im Aufsatz genau erläutern.

5.1 Aufbau der Einleitung

Welche Möglichkeiten der Einleitung es gibt und was du bei der Einleitung allgemein beachten musst, hast du bereits auf Seite 10 unter Punkt 4.1 erfahren. Jetzt musst du dir über den Aufbau einer Einleitung im Klaren sein. Sie besteht grundsätzlich aus 3 Teilen:

1. **Einleitungsgedanke**
   Verwende nur einen Leitgedanken und nimm keine Argumente des Hauptteils vorweg.
2. **Überleitung**
   Hier musst du sprachliches Geschick beweisen; denn sie soll zum einen noch den Zusammenhang zum vorhergehenden Einleitungsgedanken wahren, zum anderen aber muss sie ein Verbindungsglied zur nachfolgenden Themafrage sein.
3. **Themafrage**
   Sie ist entweder mit dem Thema gleichlautend oder aus der Themaformulierung abgeleitet und kann als direkte oder indirekte Frage gestellt werden.

Bei dem Thema „Ursachen für den Drogenkonsum Jugendlicher“ bieten sich, wie du in den folgenden Beispielen siehst, sehr vielfältige Einleitungsmöglichkeiten an.

- **aktuelles Ereignis**
  Es vergeht kaum ein Tag, an dem nicht in den Medien das Drogenproblem in irgendeiner Weise angesprochen wird. Erst vor kurzem machte ein etwas kurioser Fall in der Presse Schlagzeilen. Rauschgiftfahnder hatten im Norden des US-Staates Georgia die Überreste eines Schwarzbären entdeckt. Er hatte von Schmugglern aus dem Flugzeug abgeworfenes Kokain im Schwarzmarktwert von mehreren Millionen Dollar gefressen. / Macht diese ungewollte Kokain-Orgie eines Schwarzbären

Einleitungsgedanke

vor allem Tierfreunde betroffen, so sind wir alle angesprochen, wenn wir bedenken, dass diese Unmenge an Rauschgift Jugendlichen zugedacht war, von denen einige vielleicht daran gestorben wären. / Warum kommt es überhaupt so weit, dass Jugendliche ihr Leben aufs Spiel setzen und zu Tabletten und Nikotin oder sogar zu Alkohol und Rauschgift greifen?

Überleitung

Thema als direkter Fragesatz

- **allgemeine Feststellung**

Der Konsum illegaler Drogen wie Opiate, Heroin, Kokain oder Haschisch schnellte in den 70er Jahren sehr stark in die Höhe, ging zu Beginn der 80er Jahre etwas zurück und steigt seit 1983 erheblich an. Derzeit sind moderne Designerdrogen wie Ecstasy und Crack zu einem ernsten Problem geworden. Bis zu 300.000 Deutsche nehmen ständig harte Drogen, so der Drogenbereicht des Gesundheitsministerium. 1996 starben 1712 Menschen an Rauschgiftkonsum, was eine Steigerung um 10 % gegenüber dem Vorjahr bedeutet. Auch der Verbrauch legaler Drogen wie Alkohol, Nikotin und Arzneimittel hat seit Mitte der 80er Jahre bedrohliche Ausmaße erreicht. / Vor allem aber gibt zu denken, dass immer mehr Jugendliche zu Drogen greifen. Das Einstiegsalter für Alkohol- und Drogenmissbrauch liegt bereits bei ungefähr 12 Jahren. / Deshalb sollten wir uns fragen, was die Gründe für den Drogenkonsum Jugendlicher sind.

Einleitungsgedanke

Überleitung

Thema als indirekter Fragesatz

- **geschichtlicher Rückblick**

Von jeher haben Menschen überall auf der Welt Drogen vor allem zu geselligen und religiösen Zwecken, aber auch als Medikament gegen Schmerzzustände verwendet. So ist der Schlafmohn als Rauschmittel schon vor Jahrtausenden beschrieben worden. Die Verwendung von Cannabis ist seit nahezu 5000 Jahren in Zentralasien, Indien und dem Orient bekannt. Auch Alkohol ist fast so alt wie die Menschheit. Bei vielen Völkern, wie z. B. den Babyloniern, Ägyptern und Römern, war er in Form von Wein Bestandteil vieler kultischer Handlungen. / Während aber früher die Drogen den Erwach-

Einleitungsgedanke

senen vorbehalten waren, werden sie heute bereits von Jugendlichen gebraucht und missbraucht. Auch haben sich die Ursachen für den Drogenkonsum verlagert. / Deshalb stellt sich die Frage nach den Gründen des Drogenkonsums heutiger junger Menschen.

Überleitung

Thema als Aussagesatz

- **Definition des Kernbegriffs**

  Als Drogen wurden ursprünglich getrocknete Pflanzen oder deren Teile bezeichnet, die als Heilmittel verwendet wurden. Heute versteht man unter Drogen nicht nur die illegalen „harten“ Rauschdrogen wie Heroin, Opiate, Kokain und die „weichen“ Drogen wie Haschisch und Marihuana, sondern auch legale beruhigende und als „Einstiegsdroge“ Nikotin. Alle diese aufgeführten Drogen lösen zunächst ein Wohlbefinden aus, können aber zur körperlichen und seelischen Abhängigkeit führen. / Da der Konsum dieser Mittel, vor allem von Alkohol, Nikotin und Tabletten, auch bei Jugendlichen stetig steigt, stellt sich die Frage: / „Was sind die Ursachen für den Drogenkonsum Jugendlicher?“

  Einleitungsgedanke

  Überleitung

  Thema als direkter Fragesatz

- **Vergleich mit Ähnlichem**

  Ein ganz wesentlicher Problemherd für fast jede Jugend ist der Konflikt zwischen den Generationen. Zu diesen Spannungen zwischen Jung und Alt, die es schon seit Menschengedenken gibt, kommen für Jugendliche unserer Zeit neue Schwierigkeiten hinzu. Man denke hierbei nur an kriminelle Jugendbanden oder die Gefahr der Jugendsekten. / Ein weiteres aktuelles Problem, das weltweit ein alarmierendes Ausmaß erreicht hat, ist der Drogenkonsum. / Immer wieder muss man sich darum fragen, weshalb viele junge Menschen den Rauschmitteln verfallen.

  Einleitungsgedanke

  Überleitung

  Thema als indirekter Fragesatz

- **Zitat**

  Viele moderne Jugendbücher befassen sich mit dem Drogenproblem. Eines davon ist der Roman „Ein abgekartetes Spiel“ von Otto Steiger. Er beschreibt darin die Beziehung zwischen dem Alkoholiker Viktor, der gerade eine Entziehungskur macht, und dem Gymnasiasten Martin. Nach den Gründen für

  Einleitungsgedanke

sein Trinkverhalten gefragt, antwortet Viktor: „Ich will nicht trinken – natürlich will ich trinken, aber doch nur, weil ich mich aus einer verhassten Gegenwart stehlen will." / Wenngleich hier nur ein einziger Abhängiger mit seinen speziellen Schwierigkeiten dargestellt wird, so bekommt der Leser doch einen allgemeinen Einblick in die Drogenproblematik. / Gerade wenn man solche Romane liest, kann man auch die Frage nach den Ursachen für den Drogenkonsum Jugendlicher klarer beantworten.

Überleitung

Thema als Aussagesatz

- **gegensätzlicher Gedanke**

Durch den Fortschritt auf dem Gebiet der Medizin und durch moderne Hygiene ist die Lebenserwartung des Menschen innerhalb der letzten 100 Jahre erheblich gestiegen. Vor allem die Entdeckung des Penicillins und auch die richtige Anwendung von Morphium haben dazu beigetragen. Bei uns beträgt die durchschnittliche Lebensdauer derzeit 72 Jahre. / Aber immer mehr Menschen verkürzen durch unkontrollierten Konsum von Drogen, seien es nun Tabletten, Nikotin, Alkohol oder Rauschmittel, bewusst oder unbewusst ihr Leben. Jedes Jahr gibt es allein in der Bundesrepublik Hunderte von Rauschgifttoten! / Darum sollte man sich genauer mit dem Problem des Drogenkonsums befassen, wobei sich zunächst die Frage erhebt, warum so viele junge Menschen zu Drogen greifen.

Einleitungsgedanke

Überleitung

Thema als indirekter Fragesatz

- **persönlicher Gedanke**

Vor kurzem wurde einer meiner Klassenkameraden wegen einer Alkoholvergiftung ins Krankenhaus eingeliefert, weil er auf einer Party zu viel Bier und Schnaps getrunken hatte und schließlich bewusstlos zusammengebrochen war. Er musste sofort ins Krankehaus eingeliefert werden. / Obwohl in der Schule und auch durch Broschüren der Krankenkassen über die schlimmen Folgen übermäßigen Alkoholkonsums informiert wird, kommt es immer wieder vor, dass Jugendliche bedenkenlos Alkohol und andere Drogen zu sich nehmen. / Deshalb sollten wir einmal überlegen, was die Ursachen für den Drogenkonsum Jugendlicher sind.

Einleitungsgedanke

Überleitung

Thema als indirekter Fragesatz

5.2 Gestaltung des Hauptteils

Der Hauptteil besteht im Grunde aus einer geschickten Verbindung zahlreicher überzeugender Argumente. Dabei musst du auf eine möglichst ausgewogene Bearbeitung der Thematik achten. Darunter versteht man, dass sich die einzelnen Argumente nach Umfang und gedanklicher Tiefe entsprechen sollten, ebenso wie bei zwei- oder mehrgliedrigen Themen die einzelnen Teilbereiche – falls möglich – gleichwertig bearbeitet werden sollten.

- **Aufbau eines Arguments**
  Argumentieren bedeutet so viel wie beweisen oder begründen. Es kommt also darauf an, dass du deine Gedanken anhand realistischer Beispiele möglichst überzeugend begründest. Ein Argument besteht dabei in der Regel aus folgenden Teilen:

1. Überleitung
2. Behauptung oder These
3. Begründung
4. Beispiel oder Beweis
5. Abrundung als Rückführung zum Thema oder Folgerung

Nur zu Beginn musst du dich an der unter Beispiel 1 und 3 dargelegten Reihenfolge orientieren. Später, wenn du schon mehr Erfahrung im Schreiben einer Erörterung hast, kannst du dieses starre Schema durchbrechen, damit der Gesamtaufsatz abwechslungsreicher wird (siehe 2 und 4). Bei den Aufsatzbeispielen S. 29 ff. wirst du feststellen, dass der Aufbau der Argumente immer wieder variiert. Dies ist aus stilistischen Gründen notwendig, da ansonsten die Erörterung zu eintönig wirkt.

Beispiel 1: Argument „starker Gruppenzwang“

Außerdem kommt noch eine andere Ursache in Betracht, **nämlich der Gruppenzwang**.	*Überleitung* / **Behauptung**
Manche Jugendliche wollen meist schwächeren Mitgliedern ihres Freundeskreises ihr eigenes Tun aufzwingen, um ihr Selbstbewusstsein oder Ansehen in der Clique zu steigern. /	Begründung
Kreist *nun* in der Gruppe der Joint oder die Bierflasche und einer möchte sich ausschließen, wird auf ihn vielfach durch Spötteleien direkt oder indirekt so lange Druck ausgeübt, bis er schließlich nachgibt, *weil* er die Freunde nicht verlieren möchte. /	Beispiel
Befindet man sich erst einmal in einer solchen Gemeinschaft, ist es schwer, sich ihrem negativen Einfluss zu entziehen.	Folgerung

Beispiel 2: Argument „starker Gruppenzwang"

Aber auch bei Partys, in der Disco oder bei anderen Zusammenkünften Jugendlicher gehören Drogen, besonders Nikotin und Alkohol, als so genannte Stimmungsmacher dazu.	*Überleitung* Beispiel
Wer sich hier dem Gruppendruck entzieht, wird vielfach als Spaßverderber bezeichnet oder auf andere Weise verhöhnt.	**Behauptung**
Der Betroffene will *dann* nicht als Außenseiter gelten und raucht, trinkt oder fixt sogar mit. /	Begründung
Daraus ist ersichtlich, dass der Gruppenzwang und damit die Verführung eine ganz wesentliche Ursache für den Drogenkonsum sein können.	Abrundung als Rückführung zum Thema

Beispiel 3: Argument „Angabe"

Ein *weiterer* bedeutender Gesichtspunkt ist **die Angabe. Viele wollen erwachsen wirken, bei anderen etwas gelten** und immer „in" sein.	*Überleitung* **Behauptung**
Aus diesem Grund greifen schon 12- bis 13-Jährige zur Zigarette, wie man vor Kinos, Diskotheken oder sogar Schulen beobachten kann. Andere werden von Gleichaltrigen bewundert, *weil* sie eine Menge Bier und Schnaps vertragen.	Begründung Beispiel
/ Die Voraussetzungen für eine spätere Abhängigkeit sind *dadurch* bereits geschaffen.	Folgerung

Beispiel 4: Argument „Angabe"

Doch bereits 12- und 13-Jährige stehen, lässig die Zigarette in der Hand, vor Kinos, Diskotheken oder sogar Schulen.	*Überleitung* Beispiel 1
Die Angabe ist wohl bei ihnen wie bei so vielen der eigentliche Beweggrund, warum sie Drogen konsumieren.	**Behauptung**
Sie wollen die Aufmerksamkeit auf sich ziehen, bewundert werden und bei den anderen etwas gelten.	Begründung
Nicht selten macht man *zudem* auf Gleichaltrige Eindruck, *wenn* man eine Menge Bier und Schnaps verträgt. /	Beispiel 2
So sind viele junge Menschen bestrebt, ihre Stärke *auch* nach außen hin zu zeigen.	Abrundung als Rückführung zum Thema.

Die kursiv gedruckten Wörter zeigen dir, dass du auch innerhalb eines Arguments **Überleitungen** benötigst. Dazu bieten sich zwei Möglichkeiten an:

Konjunktionen (Bindewörter)
folgernde Konjunktionen: deswegen – also – demzufolge – infolgedessen ...
begründende Konjunktionen: weil – da – denn – nämlich – da ja – daher – deshalb ...
zweckgerichtete Konjunktionen: damit – darum – um zu ...
gegensätzliche Konjunktionen: siehe unten
anreihende Konjunktionen: siehe unten
einschränkende Konjunktionen: siehe unten

sprachliche Wendungen
Daraus ist ersichtlich ...
Deshalb kann man sich denken ...
Das zeigt, dass ...
Das ist ein zusätzlicher Beweis für ...
Daraus kann geschlossen werden ...

- **Überleitungsmöglichkeiten**
  Damit die einzelnen Argumente nicht zusammenhangslos aufeinander folgen, empfiehlt es sich, sie durch Überleitungen zu verbinden.
  Es gibt nun verschiedene Möglichkeiten, Überleitungen zu gestalten:

durch Konjunktionen oder Bindewörter

anreihende Konjunktionen
auch – außerdem – außer – desgleichen – ebenso – ebenfalls – genauso wie – sowie – ferner – des Weiteren – neben – abgesehen von – zudem – zusätzlich – weiter – weiterhin – unter anderem – sowohl ... als auch – nicht nur ..., sondern auch

einschränkende Konjunktionen
obwohl – zwar ... aber – wenn auch – allerdings – sofern – insofern – insoweit – freilich

gegensätzliche Konjunktionen
aber – jedoch – dennoch – dagegen – während dagegen – andererseits – trotzdem – obwohl – zwar ... aber – indessen

Beispiele:
- Jedoch auch die Tatsache, dass die Eltern zu wenig Zeit für ihre Kinder haben, lässt Jugendliche zu Drogen greifen.
- Auch aufgrund von Komplexen konsumieren Jugendliche Drogen.
- Unter anderem ist die Neugier Jugendlicher eine Ursache für deren Drogenkonsum.
- Weiterhin kann mangelndes Verständnis der Eltern für ihre Kinder zu Drogenmissbrauch führen.
- Allerdings trägt auch die Werbung dazu bei, dass Jugendliche Drogen zu sich nehmen.

durch sprachliche Wendungen

dasselbe gilt – dazu kommt – daneben darf/sollte man nicht vergessen – außerdem kann man feststellen – schließlich ist zu beachten – außerdem muss man bedenken – man muss ferner auch zugeben – dies gilt auch – dies trifft auch zu auf – man muss ebenso bedenken – in diesem Fall wäre noch zu erwähnen – erwähnenswert wäre noch

Beispiele:
- Daneben darf man nicht vergessen, dass sich Jugendliche wegen schwieriger Familienverhältnisse zu Drogen flüchten.
- Außerdem wäre noch zu erwähnen, dass Misserfolge in Schule und Beruf eine Ursache für den Drogenkonsum Jugendlicher sein können.
- Weiterhin muss man bedenken, dass Jugendliche wegen verschiedener Probleme mit Freunden zu Drogen greifen.

durch Aufgreifen des vorangehenden Gliederungspunktes oder der Themafrage

Beispiele:
- Neben dem schlechten Einfluss von Freunden zählen auch verschiedene Probleme im Freundeskreis zu den Ursachen des Drogenkonsums.
- Abgesehen von den hohen Anforderungen in Schule und Beruf spielen auch die ständigen Misserfolge in diesen Bereichen eine große Rolle.

Zusammenfassende Regeln:

1. Beachte, dass du überleiten musst von
   - **Überpunkt zu Überpunkt**
     Beispiel: Die Ursachen des Drogenkonsums Jugendlicher sind nicht nur im Freundeskreis (3) zu suchen, sondern auch in der Familie (4).
   - **Unterpunkt zu Unterpunkt**
     Beispiel: Neben dem großen Angebot an Spirituosen und Tabletten (1.1) führt zudem die verlockende Werbung (1.2) zum Drogenmissbrauch.
2. Achte darauf, dass deine Überleitungen **gewandt und abwechslungsreich** formuliert sind.

5.3 Darstellung des Schlusses

Welche Möglichkeiten des Schlusses es gibt, hast du bereits auf der Seite 12 unter Punkt 4.3 gelesen. Viele Aufsätze leiden aber darunter, dass sie gegen das Ende hin verflachen, d. h. an sprachlicher und inhaltlicher Darstellungskraft verlieren. Um dies zu vermeiden, musst du bei der Ausführung deines Schlussgedankens Folgendes beachten:

1. Verwende gerade auf die Darstellung des Schlussgedankens **genügend Zeit** und Konzentration!
2. Gestalte deinen Schlussgedanken möglichst so **breit** und so **fundiert wie deinen Einleitungsgedanken**!
3. Beginne und beende den Schlussgedanken nicht zu unmittelbar und wahre den **Zusammenhang zum Hauptteil**!

Folgende **Schlussmöglichkeiten** bieten sich bei dem Thema „Was sind die Ursachen für den Drogenkonsum Jugendlicher?" an:

- **Zusammenfassung der Gesichtspunkte**
  Zusammenfassend kann man sagen, dass die Ursachen für den hohen Drogenkonsum nicht nur beim Jugendlichen selbst zu suchen sind, sondern vor allem die Umweltfaktoren eine große Rolle spielen. Der Jugendliche ist psychisch noch nicht so gefestigt, dass er sich den Einflüssen der Umwelt völlig entziehen könnte. Deshalb ist es besonders wichtig, dass er gerade von seiner Familie unterstützt wird, auf Drogen bewusst zu verzichten oder maßvoll damit umzugehen. Doch liegt insgesamt die Verantwortung für sein Verhalten bei ihm selbst.

- **Folgerung aus dem Gesagten**
  Aus all dem folgt, dass es verfehlt wäre, mit der Kritik zuerst bei den Jugendlichen anzusetzen, da sie mit vielen Problemen konfrontiert werden. Vielmehr müssten die Erwachsenen ihr Verhalten überprüfen und den Jugendlichen ein gutes Beispiel geben, denn Anschauung und Nachahmung zählen noch immer zu den wirkungsvollsten Formen des Lernens. Doch andererseits kann das Fehlverhalten der Jugendlichen nicht generell entschuldigt werden. Dies wäre eine zu einfache Lösung. So mancher junge Mensch denkt nicht daran, dass das Leben ein einmaliges Geschenk ist und er für sich selbst letztlich die Verantwortung tragen muss.

- **persönliche Stellungnahme**
  Wenn man all die Ursachen abschließend nochmals überdenkt, so wundert es mich eigentlich nicht, dass Jugendliche in bestimmten schwierigen Situationen glauben, zu Drogen greifen zu müssen. Eine vorschnelle Verurteilung dieser jungen Menschen wäre sicher nicht angebracht. Allerdings meine ich, dass gerade in den letzten Jahren in der Öffentlichkeit und auch in den Schulen eingehend vor dem Drogenkonsum gewarnt wurde. Jeder Heranwachsende sollte diese Mahnungen ernst nehmen und folgende Aussage überdenken: „Komm", sagte der Hahn zum Esel, „etwas Besseres als den Tod werden wir allemal finden."

- **Einschränkung des Themas**
  Wenn man über die Ursachen des Drogenkonsums nachdenkt, wird einem erst bewusst, wie oft auf Probleme Jugendlicher derzeit in den Massenmedien eingegangen wird. Dadurch kann fast der Eindruck entstehen, als wären die heutigen Heranwachsenden schlechthin entweder problembeladen und mutlos oder opportunistisch und aufsässig. So würde man allerdings das Bild der heutigen Jugend verzerren, denn nur relativ wenige sind von der Drogensucht betroffen. Der Großteil der jungen Menschen hat gelernt, mit schwierigen Situationen fertig zu werden.

- **Vergleich mit Ähnlichem**
  Viele Jugendliche nehmen jedoch nicht Drogen, sondern weichen auf andere Ersatzbefriedigungen aus. So lassen sich manche in Sekten aufnehmen, andere wiederum sind besessen von Spielautomaten, wieder andere reagieren sich ab, indem sie randalieren. Dies alles sind typische Zeiterscheinungen, die vielfach auf gleiche Ursachen zurückzuführen sind. Eine davon ist der Mangel an Liebe und Geborgenheit, die den jungen Menschen Elternhaus und Freundeskreis geben könnten. Auch weist die hohe Zahl der Selbstmordversuche darauf hin, dass die Jugend von heute mit vielen Problemen belastet ist.

- **gegensätzlicher Gedanke**
  Es darf jedoch nicht der Eindruck entstehen, als müsste man Drogen schlechthin verdammen. Selbstverständlich ist es unerlässlich, bei Krankheiten vom Arzt verschriebene Medikamente einzunehmen. Auch sind bestimmte Rauschdrogen zur Schmerzlinderung für die moderne Medizin unbedingt notwendig. Selbst eine gesundheitsfördernde und blutreinigende Wirkung alkoholischer Getränke ist unbestritten, wenn sie zur rechten Zeit und in rechtem Maße konsumiert werden. Eine absolute Ablehnung aller Drogen wäre wohl eine weltfremde Forderung. Wie in allen Lebensbereichen kommt es auch hier darauf an, dass man mit Verstand handelt.

- **weiterführender Gedanke**
  Unkontrollierter Drogenkonsum hat natürlich auch Folgen, die sehr schwerwiegend sein können. Die Auswirkungen erstrecken sich dabei nicht nur auf körperliche Schäden, sondern ebenso auf den geistig-seelischen Zustand. In diesem Zusammenhang ist gerade bei Alkohol- und Rauschgiftsüchtigen ein sozialer Abstieg vielleicht sogar in die Kriminalität oder Prostitution möglich. Darum muss man versuchen, bereits die Ursachen für den Drogenkonsum abzubauen. Ein wichtiger Schritt dazu ist die Einsicht, dass unsere Welt wieder menschlicher werden muss.

- **Wunsch**
  Da gerade in unserer Zeit viele Jugendliche drogenabhängig sind, besteht die Aufgabe eines jeden von uns darin, ehemalige Abhängige wieder in die Gesellschaft einzugliedern. Sei es nun der ehemalige Fixer oder der einstige Trinker, jeder braucht Hilfe bei der Arbeits- und Wohnungssuche und bei der Bewältigung seiner Sorgen und Probleme. Es wäre wünschenswert, dass wir diese Unterstützung gewähren oder aber die Heranwachsenden durch unser persönliches Vorbild so beeinflussen, dass es gar nicht zu einer Abhängigkeit kommt.

6 Abschließende Überarbeitung

Am besten wäre es natürlich, wenn du deine Erörterung zuerst ganz aufsetzen und anschließend ins Reine schreiben könntest. Dies ist aber – gerade bei umfangreicher gestellten Themen – aus Zeitmangel zumeist nicht möglich. Darum musst du dir auf jeden Fall deine Arbeitszeit so einteilen, dass dir noch genügend Zeit zu Nachkontrollen bleibt. Schon während deiner Bearbeitung solltest du dir immer wieder folgende Fragen stellen:

1. Habe ich meine Gliederung **formal und sprachlich richtig** gestaltet?
2. Habe ich alle Punkte der Gliederung in meiner Arbeit **in richtiger Reihenfolge** ausgeführt?
3. Habe ich stets **abwechslungsreiche Überleitungen** gewählt?
4. Habe ich zu jedem Argument ein **überzeugendes Beispiel** angeführt?
5. Habe ich meinen Aufsatz **stilistisch** möglichst **flüssig** verfasst?
6. Habe ich meine Arbeit **durch Absätze übersichtlich** gestaltet?
7. Ist die äußere Form **sauber**?

In einer letzten **Nachkontrolle** solltest du dich auf zwei Bereiche konzentrieren:

- Lies deine Erörterung nochmals sorgfältig durch, wobei du vor allem auf richtige **Rechtschrift, Zeichensetzung und Grammatik** achten solltest. Besonders wenn du deinen Aufsatz nicht vollständig aufsetzen konntest, sind dir vielleicht auf diesem Gebiet einige Flüchtigkeitsfehler unterlaufen.
- Fast jeder Schüler besitzt auf einem bestimmten Gebiet Schwächen. Dies können Schwierigkeiten bei der Zeichensetzung, eintönige Überleitungen, Wortwiederholungen, falsche Satzbaukonstruktionen usw. sein. Versuche nun speziell *deine,* also **die für *dich* typischen Fehler** zu **verbessern**.

7 Aufsatzbeispiel in Auszügen

Lies folgenden Aufsatzauszug gründlich durch und erarbeite nochmals den Aufbau der Argumente.

Thema: Was sind die Ursachen für den Drogenkonsum Jugendlicher?

A. ...

B. ...

1	*Zunächst* muss man auslösende Momente auf dem wirtschaftlichen Sektor sehen.	*Überleitung* zu 1
1.1	Es gibt bei uns sehr viele Wirtschaftszweige, die von der Herstellung oder dem Vertrieb von Tabakwaren, alkoholischen Getränken und Medikamenten leben.	Hinführung zur
	Daraus resultiert ein **übergroßes Angebot an diesen Produkten**.	**Behauptung**
	Die vielen rezeptfreien und damit jedem zugänglichen Medikamente sind ebenso zu nennen wie die in jedem Supermarkt mit Spirituosen vollen Regale, die zum Einkauf verleiten.	Begründung anhand von Beispielen
	Bei einer solchen Allgegenwart verschiedenster Drogen braucht es niemanden zu wundern, wenn Jugendliche diesem Überangebot erliegen.	Rückführung zum Thema
1.2	*Nicht zuletzt* ist dafür auch die **gekonnte Werbung** ausschlaggebend.	*Überleitung* und **Behauptung**
	Ihre Zielgruppe sind gerade junge Leute, denen man durch den Genuss von Alkohol und Nikotin Freiheit und Abenteuer verspricht.	Begründung
	Ebenso gaukelt man ihnen vor, dass sich durch solche Produkte Probleme beseitigen lassen und das Leben erst lebenswert wird. Lachen den Jugendlichen in Zeitungen, Illustrierten oder im Fernsehen immer wieder braun gebrannte Erfolgstypen mit einem Glas Schnaps in der Hand an, so kann er sich auf Dauer diesen Verlockungen nicht entziehen und greift vielleicht unbewusst bei seinem nächsten Einkauf zu der angepriesenen Sorte.	Beispiele
	Manche Drogen konsumierende Jugendliche sind also eigentlich ein Opfer massiver Werbung.	Abrundung als Rückführung zum Thema

4 *Ganz wichtig* für das Verhältnis des Jugendlichen zu den
4.1 Drogen ist das Elternhaus. Wächst ein junger Mensch unter **schwierigen Familienverhältnissen** auf, so benötigt er meist schon früh „Seelentröster". Situationen wie lange Arbeitslosigkeit des Vaters, jahrelange Krankheit eines Elternteils oder eine Scheidung können zu Problemen in der Familie führen. Häufig sind eben die Kinder die Leidtragenden, die dies alles physisch und psychisch nicht mehr verkraften und deshalb übermäßig Alkohol trinken, rauchen oder Rauschgift und gewohnheitsmäßig Medikamente nehmen.

Überleitung zu 4
Behauptung
Begründung anhand von Beispielen
Folge als Abrundung zum Thema

4.2 *Doch nicht nur* schwierige Familienverhältnisse sind Auslöser für den Drogenmissbrauch Jugendlicher, *sondern auch* der **Autoritätsverlust der Eltern** ist eine für die Zeit typische Ursache. Viele frühere Autoritäten wie Kirche, Staat und auch Eltern werden von vielen jungen Leuten nicht mehr anerkannt. Sie scheinen ihnen zu unglaubwürdig, zu widersprüchlich und zu absolut. So rufen strikte Verbote seitens der Eltern eher Trotzreaktionen hervor, d. h. Warnungen vor Drogen werden in den Wind geschlagen. Der junge Mensch will seine eigenen Wege gehen, wobei er die Eltern nicht als Vorbilder ansieht. Leider sind dies vielfach Abwege, die in die Drogenabhängigkeit führen.

Überleitung
Behauptung
Begründung durch Vergleich
Beispiel
Folge als Abrundung

4.3 *Hinzu kommen* die für einen Jugendlichen typischen Schwierigkeiten mit den Eltern, die auf den Generationenkonflikt zurückzuführen sind. Es entstehen Spannungen und Probleme, da **auf beiden Seiten das Verständnis füreinander fehlt**. Diese Konflikte zwischen Jung und Alt treiben die Jugendlichen oft dazu, ihr Zuhause zu meiden, um bei Freunden Rat und Hilfe zu suchen. Weil die Eltern nicht mehr Unterstützung und Lebenshilfe geben können oder wollen, sieht sich der Heranwachsende veranlasst, seine Probleme auf andere Art, vielleicht durch Alkoholkonsum, zu lösen. Dass dies nur eine Scheinlösung ist, wird manchem erst zu spät bewusst.

Überleitung
Hinführung zur
Behauptung
Beispiel
Begründung
Abrundung

4.4 *Besonders* in den Erziehungsberatungsstellen hört man, dass Kinder und Jugendliche tief verletzt sind, falls sich die Eltern ihnen gegenüber gleichgültig zeigen. Meist wird dies durch die Berufstätigkeit beider Elternteile verursacht, denn **viele Heranwachsende sind tagsüber sich selbst überlassen**. Hohes Taschengeld soll dabei oft elterliche Liebe ersetzen. Sogar abends, wenn die Eltern zu Hause sind, wollen manche von ihnen nicht die notwendige Zeit zu einem Gespräch aufbringen, weil sie durch ihre Mehrfachbelastung überfordert sind. Mangelndes Interesse jedoch bedeutet eigentlich mangelnde Liebe und dies wird von den Jugendlichen klar erkannt. Infolge dieser inneren Verlassenheit werden dann Rauschgift, Nikotin und Alkohol als Ersatz angesehen.

Überleitung
Beispiel
Behauptung mit Begründung
Beispiel
Folgerung
Abrundung

4.5 *Ein noch größerer Anlass,* zu Drogen zu greifen, ist bei Jugendlichen gegeben, wenn sie von den **Eltern selbst konsumiert** werden. Bei den meisten jungen Menschen erfolgt die erste Begegnung mit Zigaretten und Alkohol im Haus der Eltern. Wer in einer Familie groß wird, in der man bei jeder Gelegenheit zu Arzneimitteln greift, wird dann als Jugendlicher ebenso handeln, weil bei ihm eine natürliche Hemmschwelle abgebaut wurde. Der größte Einfluss geht also von dem Vorbild der Angehörigen, insbesondere der Eltern, aus. Deren vielfach gleichgültige Haltung gegenüber Drogen, bedingt durch den eigenen Konsum, fördert natürlich auch ein unkritisches Verhalten bei den Heranwachsenden.

...

Überleitung durch Steigerung
Behauptung
Begründung anhand von Beispielen
Abrundung als Rückführung zum Thema

8 Anwendung der einzelnen Arbeitsschritte anhand des Entscheidungsthemas „Soll ein Schüler eine Ferienarbeit annehmen?“

8.1 Vorarbeit mit Gliederung

Themenanalyse:
Kernbegriffe: Soll – Schüler – Ferienarbeit

Dieses Thema ist in Form einer Entscheidung gestellt und verlangt von dir die Erörterung beider Seiten, also „pro“ und „contra“ Ferienarbeit, und schließlich in einem 3. Teil deine eigene Stellungnahme dafür oder dagegen. Deine Stellungnahme darf allerdings keine Wiederholung der vorher genannten Punkte sein, sondern muss die Bedingungen nennen, unter denen du dich für oder gegen einen Ferienjob aussprichst.

Stoffsammlung und Stoffordnung
Bei diesem dreigliedrigen Thema bietet es sich an, dass du die Stoffsammlung gleich in drei Spalten einteilst:

Argumente für eine Ferienarbeit
- Kennenlernen des Betriebsklimas
- eigener Verdienst
- Einfügen in eine Gemeinschaft
- Erkennen der eigenen Fähigkeiten
- fördert das Selbstbewusstsein
- sinnvolle Freizeitbeschäftigung
- Ausgleich zur Schule
- Aufbesserung des Taschengeldes
- Menschenkenntnis
- schätzt die Leistung des Arbeiters gerecht ein
- Kennenlernen der Arbeitswelt
- körperliches Training

Argumente dagegen
- Unfallgefahr
- kein Kontakt zu Freunden
- wenig Zeit für die Familie
- keine Erholung
- wenig Freizeit
- schwere Arbeiten
- körperliche Belastung
- raues Betriebsklima
- wird oft ausgenutzt
- schlechte Luft
- ungesunde Arbeiten
- kann Lücken in der Schule nicht aufholen

Entscheidung dafür, nur wenn
- genügend Zeit bleibt für die Erholung
- die Gesundheit nicht gefährdet ist
- die schulischen Leistungen zufriedenstellend sind

Gliederung

A. Jedes Jahr besteht ein großes Interesse an Ferienarbeiten.

B. Soll ein Schüler eine Ferienarbeit annehmen?

1 Argumente gegen eine Ferienarbeit
1.1 körperliche Gefahren
1.1.1 ungewohnte, schwere Arbeiten
1.1.2 erhöhte Unfallgefahr
1.1.3 ungesunde Arbeitsbedingungen
1.1.4 Ausnutzung der Arbeitskraft

1.2 geistig-seelische Gefahren
1.2.1 raues Betriebsklima
1.2.2 Vernachlässigung sozialer Kontakte
1.2.3 keine Erholung
1.2.4 kein Aufholen schulischer Lücken

2 Argumente für eine Ferienarbeit
2.1 kurzfristige Vorteile
2.1.1 eigenes Einkommen
2.1.2 sinnvolle Nutzung der Freizeit
2.1.3 Ausgleich zur geistigen Arbeit

2.2 längerfristige Vorteile
2.2.1 gerechte Einschätzung der Leistung eines Arbeiters
2.2.2 Förderung des Selbstbewusstseins
2.2.3 Kennenlernen des Arbeitslebens
2.2.4 Erwerb von Menschenkenntnis
2.2.5 Erkennen der eigenen Fähigkeiten

3 Stellungnahme für eine Ferienarbeit bei
3.1 zufriedenstellenden schulischen Leistungen
3.2 günstigen Arbeitsbedingungen
3.3 genügender Zeit für Erholung

C. Es gibt viele Möglichkeiten, seine Ferienzeit sinnvoll zu gestalten.

Bei einem Entscheidungsthema kann man auch die Stellungnahme im Schluss bringen, d. h., dass Punkt 3 wegfallen und zusammengefasst im Schluss erscheinen würde.

C. Ich bin für eine Ferienarbeit.

8.2 Aufsatzbeispiel in Auszügen zum Thema „Soll ein Schüler eine Ferienarbeit annehmen?“

A.	Jedes Jahr zu Beginn der Sommerferien setzt der große	Einleitungs-
	Run auf die Ferienjobs ein. Ob in öffentlichen Einrichtun-	gedanke
	gen, mittelständischen Betrieben oder Fabriken, überall ist	
	der Schüler als Urlaubsvertretung willkommen und er	
	selbst greift gerne auf die vorhandenen Angebote zurück.	
	Der alljährliche Massenandrang lässt viele Vorteile einer	*Überleitung*
	Ferienbeschäftigung vermuten, auf die ich später eingehen	
	werde. Vorher scheint es mir – nicht zuletzt aufgrund	
	eigener Erfahrungen – notwendig, auch auf die Nachteile	Themen-
	einer Ferienarbeit hinzuweisen.	formulierung
B.		
1	Ich habe selber schon einen Ferienjob angenommen und	Hinführung
	dabei die Erfahrung gemacht, dass einem Schüler, der das	
1.1	ganze Jahr hindurch größtenteils nur geistige Arbeit zu	
1.1.1	verrichten gewohnt ist, oft eine **unangenehme und**	zur
	schwere körperliche Anstrengung zugemutet wird.	**Behauptung**
	Weder auf die Akkordarbeit in einer Fabrik noch auf das	
	schwere Lastenschleppen, Schaufeln oder Pickeln auf	Begründung durch
	dem Bau ist ein Schüler körperlich genügend vorbereitet.	Beispiele
	Der vorgesetzte Polier oder Abteilungsleiter überschätzt	
	häufig die Leistungsfähigkeit eines Ferienjobbers und so	
	bleiben gesundheitliche Schäden zwangsläufig nicht aus:	
	Überanstrengung bis hin zur völligen Erschöpfung, Band-	Folgen
	scheibenschäden und Muskelzerrungen sind nur die offen-	
	sichtlichsten Folgen der körperlichen Überbelastung.	
	Ähnlich wie beim Sport gilt auch hier, dass für den Unge-	Abrundung
	übten eine Ferienarbeit mit gesundheitlichen Risiken ver-	als Rückfüh-
	bunden ist.	rung zum Thema 1.1
1.1.2	*Hinzu kommt noch,* was auch selten Beachtung findet, **die**	*Überleitung*
	erhöhte Unfallgefahr am Arbeitsplatz. Ein Neuling am	**Behauptung**
	Bau oder in der Fabrik ist zwangsläufig unsicher und	Begründung
	ungeübt im Umgang mit technischen Geräten. Ein Fach-	durch Beispiel
	arbeiter kann monatelang an einer komplizierten Maschine	

ausgebildet werden, ein Ferienjobber aber ist gezwungen, in nur wenigen Stunden sich mit eben dieser Maschine vertraut zu machen und sich einzuarbeiten. Erschwerend ist noch, dass so mancher Betrieb es mit den Sicherheitsbestimmungen oft nicht allzu genau nimmt. Nicht immer wird streng darauf geachtet, dass der Arbeiter an einer Bohrmaschine die unbequeme, aber unvermeidliche Schutzbrille trägt. Das Argument eines erhöhten Unfallrisikos ist somit nicht von der Hand zu weisen.

Steigerung durch weiteres Beispiel

Abrundung als Rückführung

1.1.3 *Bisher wurden nur die kurzfristigen und unmittelbaren gesundheitlichen Gefahren skizziert.* Ärzte warnen aber immer mehr auch vor **längerfristigen Schädigungen,** die am Arbeitsplatz auftreten und denen jugendliche Ferienarbeiter ausgesetzt sind. Übermäßiger Lärm, verursacht durch laute Maschinen wie Presslufthammer, Stanzgeräte, Sägen oder Schleifmaschinen führt auf Dauer zur Schädigung des Gehörs. Wenn Jugendliche in einem Zementwerk beschäftigt sind, kann durch die ständige intensive Staubentwicklung die Lunge angegriffen werden. Fließbandarbeiten, die unter extremem Zeitdruck zu leisten sind, verursachen nicht selten nervliche Überreizung. Die Liste der Beispiele ließe sich fortsetzen, etwa dahin gehend, dass Brotzeiten nicht in einem ruhigen, erholsamen Raum, sondern in unmittelbarer Nähe der lärmenden Maschinen eingenommen werden müssen. All diese ungesunden Arbeitsbedingungen tragen zur Inhumanität am Arbeitsplatz bei.

Überleitung

weitgefasste Behauptung

Beispiele mit Folgenangabe

Abrundung als Rückführung zum Thema

1.1.4 Wenn von Humanität am Arbeitsplatz die Rede ist, so muss auf einen Missstand hingewiesen werden, dem bevorzugt Ferienarbeiter ausgesetzt sind, nämlich dass sie **als billige Arbeitskräfte oft ausgenutzt werden**. Arbeiten, die anderen Kollegen zu schmutzig oder unbequem, manchmal auch zu gefährlich sind, werden nicht selten den jugendlichen Jobbern zugeschoben, die aus Angst, wieder ausgestellt oder als „Bleistift spitzende" Schwächlinge verspottet zu werden, solche Arbeiten ohne Wider-

Überleitung
Anknüpfung an vorausg. Begründung

Behauptung
Begründung

spruch verrichten. So konnte ich zum Beispiel vor einiger Zeit beobachten, wie ein Schüler, der bei einer Baufirma arbeitete, auf der Dachspitze ohne jede Sicherung herumklettern und Holznägel einschlagen musste. Dass Schüler auch an unfallträchtigen Stellen eingesetzt werden, ist also durchaus möglich.

Beispiel aus dem eigenen Erfahrungsbereich

Abrundung

1.2 *Bislang* war *nur* von körperlichen Gefährdungen die Rede. Arbeitspsychologen und Mediziner warnen in zunehmendem Maße *jedoch auch* vor den geistig-seelischen Gefahren, denen gerade jugendliche Arbeitnehmer am ihnen unvertrauten Arbeitsplatz ausgesetzt sind. Wer nämlich aus dem moralisch noch einigermaßen behüteten Schulbereich herauskommt, dem **wird das raue Arbeitsklima** nicht selten geradezu schockartig bewusst. Die aggressiven Umgangsformen gerade in Stresssituationen oder nach stundenlanger nervenaufreibender Fließbandarbeit, die groben und verletzenden Schimpfwörter, die zweideutigen Witze, all dies gehört zum Alltag am Arbeitsplatz und setzt manchen Jugendlichen psychischen Belastungen aus, denen er oft nicht gewachsen ist.

...

Überleitung von 1.1 zu 1.2

Behauptung

Begründung durch Beispiele

Abrundung als Rückführung zum Thema

2 *Die Liste der Nachteile ist also durchaus beachtlich und bedenkenswert.* Deswegen scheint es geradezu erstaunlich, dass sich dennoch nach wie vor so viele Jugendliche um Ferienjobs bemühen. Dieser große Andrang lässt viele Vorteile einer solchen Tätigkeit vermuten.

Überleitung von 1 zu 2

2.1 **Der nahe liegendste Vorteil ist wohl das Geld**, das
2.1.1 damit zu verdienen ist. Ferienjobs werden nämlich relativ gut bezahlt; die Stundenlöhne liegen immerhin zwischen 10 und 20 Mark je nach Betrieb und Tätigkeit. Hinzu kommt noch, dass Schüler keine Steuerabgaben und Krankenversicherungsbeiträge zu entrichten haben. So kann es ein Aushilfsbierfahrer bei entsprechender Überstundenzahl durchaus in vier Wochen auf zwei- bis dreitausend Mark bringen. Mit diesem Verdienst kann er sein

Behauptung

Begründung durch Tatsachen

Beispiel

vielleicht knapp bemessenes Taschengeld aufbessern oder sich größere Sonderwünsche erfüllen, wie z. B. eine Stereoanlage, einen Heimcomputer oder ein Moped. Auch schafft ein eigenes Einkommen ein wenig mehr Freiheit und Unabhängigkeit von den Eltern und ihrem Geldbeutel.

Folgen

2.1.2 *Obendrein* werden auch die Eltern Freude daran haben, wenn sie sehen, dass ihr **Sprössling seine reichliche Freizeit in den Ferien durch eine bezahlte Beschäftigung sinnvoll nutzt.** Während andere Jugendliche gerade in den Sommerferien schon bald über Langeweile klagen, oft untätig herumlungern und nicht selten auf schlechte Gedanken kommen, weil sie nicht wissen, was sie in und mit ihrer reichlichen Freizeit anstellen sollen, geht der Ferienjobber einer geregelten Tätigkeit nach, die ihm durch die neuen Erfahrungen großen Nutzen bringt. Sie ist auch insofern sinnvoll, als sie, wie schon erwähnt, angemessen bezahlt wird.

Überleitung
Anknüpfen an vorausg. Gedanken
Behauptung
Begründung durch Gegenüberstellung

Abrundung als wiederholender Gedanke

2.1.3 *Ganz zu schweigen von* der höchst willkommenen **Abwechslung zum insgesamt doch recht monotonen, ewig gleichen Schulalltag**, in dem man täglich sechs Stunden und mehr absitzen muss und nahezu ausschließlich geistig gefordert wird. Die meist reichlich bemessenen Hausaufgaben lassen nicht viel Raum für körperlichen Ausgleich. So freuen sich viele Schüler auf ihre Ferienarbeit, wo sie häufig die Möglichkeit haben, sich körperlich richtig auszuarbeiten. Schaufeln und Pickeln sind dann weniger Mühsal und Plage als vielmehr beinahe schon sportliche Aktivitäten, die auch Freude machen können.

...

Überleitung
durch Steigerung
Behauptung

Begründung

Abrundung durch Beispiele

3 *Wäge ich nun die Vor- und Nachteile einer Ferienarbeit gegeneinander ab, so komme ich zu dem Ergebnis, dass die Vorteile für mich eindeutig überwiegen.* Allerdings

Stellung-nahme

3.1 kann man nicht uneingeschränkt jedem Schüler zu einer bezahlten Ferientätigkeit raten. **Nur jene Jugendlichen sollten während der Ferien arbeiten, die in der Schule zufrieden stellende Leistungen erbringen.** Kein Schüler sollte es riskieren, schlechte Noten zu schreiben oder gar das Klassenziel nicht zu erreichen, nur weil ihn das Geld zu sehr lockt. Längerfristig ist nämlich eine gute Schulausbildung für die Zukunft wichtiger als ein kurzfristiges Einkommen.

Behauptung

Begründung

3.2 *Auch* sollte ein Schüler **nur unter günstigen Arbeitsbedingungen einen Fereinjob annehmen**, damit seine Gesundheit nicht gefährdet wird. Deshalb müsste er sich genau über die Arbeitszeit, das Arbeitsklima und die Tätigkeit selbst informieren. Auf zu anstrengende Beschäftigungen sollte er verzichten, um sich nicht zu sehr zu verausgaben und um keinen Schaden zu erleiden.

Überleitung

Behauptung

Begründung mit Lösungsmöglichkeit

3.3 *Schließlich* muss *noch* gewährleistet sein, dass trotz des Ferienjobs **genügend Zeit für Erholung bleibt.** Dazu bietet sich eine Kompromisslösung an. Entweder sucht sich der Jugendliche nur eine stundenweise Beschäftigung oder er arbeitet während der ersten Ferienhälfte, damit er sich in der zweiten Hälfte von seiner sicherlich anstrengenden Tätigkeit erholen und mit neuer Kraft das nächste Schuljahr beginnen kann.

Überleitung

Behauptung

Begründung mit Lösungsmöglichkeit

C. Zusammenfassend kann man sagen, dass jeder Schüler aus seiner eigenen Situation heraus entscheiden muss, welche Lösung für ihn die günstigere ist. Auf jeden Fall sollte er aber, auch wenn er keinen Job annimmt, nicht untätig zu Hause sitzen, sondern seine Ferienzeit sinnvoll nutzen, indem er einerseits einen körperlichen Ausgleich zur Schule schafft und sich andererseits verstärkt seinen Interessen widmet; zusätzlich könnte er sich durch Gelegenheitsarbeiten in der Familie nützlich machen. Diese bringen zwar keinen finanziellen Gewinn, doch können sie zu einer entspannten Familienatmosphäre beitragen und ihn zugleich körperlich fordern, was sicherlich in seinem Sinne ist; denn ein altes Sprichwort besagt: „Wer rastet, der rostet."

Zweite Möglichkeit der Stellungnahme:

Die Entscheidung kann auch in den Schluss verlegt werden, wobei dann Punkt 3 der Gliederung wegfällt. Die Entscheidung darf allerdings nicht zu knapp ausfallen!

C. Wenn ich nun Vor- und Nachteile gegeneinander abwäge, so würde ich mich grundsätzlich für die Ausübung eines Ferienjobs entscheiden. Allerdings müssten dabei einige Bedingungen erfüllt sein, nämlich, dass der Jugendliche in der Schule nicht gefährdet und nicht auf das Lernen in den Ferien angewiesen ist. Auch sollte er nur unter für ihn günstigen Bedingungen eine Ferienarbeit annehmen, weshalb er sich vorher erst gründlich über Arbeitszeit, Arbeitsbedingungen und die Tätigkeit selbst informieren sollte. Vor allem aber muss noch genügend Zeit für die körperliche und geistige Erholung bleiben, damit er das nächste Schuljahr mit neuer Energie beginnen kann, denn trotz aller Vorteile eines Ferienjobs darf die Schule und deren Bedeutung für das weitere Leben des Jugendlichen nicht außer Acht gelassen werden.

B Hinweise auf häufige Fehlerquellen – Arbeitsaufträge

Es gibt bestimmte Fehlerquellen, die bei Schülern in der Erörterung immer wieder auftreten. Arbeite folgende Seiten genau durch, dann kannst du sie vermeiden. Wir haben bei den einzelnen Punkten Falschbeispiele angegeben, die du selbstständig verbessern und anschließend mit den Lösungen ab S. 209 ff. vergleichen sollst. Dabei sind mehrfach **verschiedene Lösungen** möglich, sodass deine Ergebnisse nicht immer genau mit unseren Vorschlägen übereinstimmen müssen.
Durch die fett gedruckten Wörter bzw. Sätze wird auf den jeweiligen Fehler hingewiesen; dabei kann es durchaus sein, dass du nicht nur das einzelne Wort durch ein anderes ersetzen, sondern den ganzen Satz neu umgestalten musst.

Verbessere folgende Negativbeispiele und berücksichtige dabei die angegebenen Arbeitsanweisungen:

1 Fehler bei der Gliederung

Arbeitsaufträge

1 **Die Rechtschreibung am Zeilenanfang ist nicht einheitlich.**

Fertige zwei Lösungen an!

1 *V*orteile für die Gesundheit
1.1 *s*chöne Wanderwege
1.2 *f*rische, gesunde Luft

2 *G*uter Service
2.1 *k*omfortable Zimmer
2.2 *f*reundliche Bedienung

3 *K*limatische Gründe
3.1 *g*roße Trockenheit
3.2 *h*ohe Temperaturen

2 Einleitung und Schluss werden nicht konkret formuliert.

„Warum ist Italien ein beliebtes Reiseziel?"

A. Aktueller Anlass
B. Gegensatz
C. Zusammenfassung

3 Die Formulierungen sind uneinheitlich.

Formuliere in Kernwörtern, also entsprechend Aufgabe 1!

1 Gründe für das Rauchen
1.1 Erleichterung der Kontaktaufnahme
1.2 kurzfristige Leistungssteigerung *möglich*
1.3 Eltern *sind* Vorbilder
1.4 Werbung *macht* neugierig

4 Beispiele werden als Unterpunkte verwendet.

Fasse die Beispiele zu einem Unterpunkt zusammen!

„Was sind die Nachteile der Landstraßen?"

1	Langsames Vorwärtskommen	
1.1	Traktoren	}
1.2	Radfahrer	} Beispiele
1.3	Mofafahrer	}

„Warum reisen viele Deutsche nach Italien?"

1	Vielseitige Freizeitgestaltung	
1.1	Schwimmen im Meer	}
1.2	Surfen	} Beispiele
1.3	Tretbootfahren	}

„Welche Folgen ergeben sich aus dem Alkoholkonsum?"

1	Folgen	
1.1	Nierenschäden	}
1.2	Leberschäden	} Beispiele
1.3	Schädigung der Bauchspeicheldrüse	}

5 Folgen, Ursachen und Beispiele werden vermischt.

Streiche die unpassenden Punkte weg!

„Was sind die Nachteile der Landstraßen?"
1 langsames Vorwärtskommen
1.1 schlecht ausgebaute Straßen (= Ursache oder Nachteil)
1.2 *kurvenreiche Straßen* (= Beispiel von 1.1)
1.3 *viele Schlaglöcher* (= Beispiel von 1.1)
1.4 *starke Abnutzung des Autos* (= Folge von 1.1)
1.5 *hoher Benzinverbrauch* (= Folge von 1.1)
1.6 langsam fahrende Verkehrsteilnehmer (= Ursache oder Nachteil)

„Warum geraten Jugendliche auf die schiefe Bahn?"
1 umweltbedingte Ursachen
1.1 zerrüttete Ehen
1.2 Berufstätigkeit der Eltern
1.3 *Schlüsselkinder* (= Folge von 1.2)
1.4 *keine Beaufsichtigung der Kinder* (= Folge von 1.2)
1.5 *häufiger Streit der Eltern* (= Beispiel von 1.1)

„Wie wird der Wald bedroht?"
1 durch die Industrie
1.1 Luftverschmutzung
1.2 *Ausstoß von Schwefeldioxid* (= Beispiel von 1.1)
1.3 *wenig Filteranlagen* (= Beispiel von 1.1)
1.4 *Schädigung der Wurzeln* (= Folge)
1.5 Wasserverschmutzung
1.6 *keine Kläranlagen* (= Beispiel von 1.5)

6 Die Gliederung ist nicht steigernd aufgebaut.

Ordne die 4 Oberbegriffe neu!

„Welche Vorteile hat die Autobahn?"

1 große Sicherheit
1.1 kein Gegenverkehr
1.2 gut ausgebaute Straßen

2 *Wirtschaftlichkeit*
2.1 Schonung des Autos
2.2 sparsamer Kraftstoffverbrauch

3 *schnelles Vorankommen*
3.1 mehrere Spuren
3.2 keine Geschwindigkeitsbegrenzung

4 *guter Service*
4.1 schnell arbeitender Winterdienst
4.2 viele Rastmöglichkeiten

7 **Unterpunkte stehen häufig alleine.**

Ergänze jeweils einen zweiten!

„Welche Vorteile bringt das Landleben mit sich?“

1 finanzielle Vorteile
1.1 niedrige Lebenshaltungskosten

2 gesundheitliche Vorteile
2.1 geringe Lärmbelästigung

8 **Die Gliederung ist nicht ausgewogen,** d. h. ein Teilbereich wird zu ausführlich behandelt, während ein anderer vernachlässigt wird.

Ordne Punkte von 2 bei 1 ein!

„Was sind die Vorteile der Autobahn?“

1 schnelles Vorankommen
1.1 keine Geschwindigkeitsbegrenzung
1.2 mehrere Spuren

2 große Sicherheit
2.1 gut ausgebaute Straßen
2.2 kein Gegenverkehr
2.3 keine Behinderung durch langsame Fahrzeuge
2.4 eigene Standspur
2.5 übersichtliche Beschilderung
2.6 guter Straßenzustand
2.7 kein Wildwechsel

2 Fehler bei der Ausführung

Arbeitsaufträge

2.1 Inhaltliche Mängel

9 **Argumente aus dem Hauptteil werden in der Einleitung vorweggenommen.**

Lasse Unzutreffendes weg und ergänze, falls nötig!

- Wenn man sich mit dem Thema „Mode" beschäftigt, muss man sich darüber klar sein, dass nicht nur Kleidung, Frisur und Schmuck modern oder unmodern sein können, sondern dass fast alle Güter des täglichen Bedarfs, sogar unser soziales Verhalten, der Mode unterworfen sind. Vor allem wir Jugendlichen richten uns gern nach der Mode, *um von anderen bewundert und akzeptiert zu werden.* Es gibt aber noch viele andere Gründe, warum junge Menschen meistens mit der Mode gehen.
- Erst vor wenigen Tagen konnte man in der Zeitung lesen, dass auf der Autobahn München – Landsberg ein „Geisterfahrer" einen schweren Verkehrsunfall verursachte. Er war auf der falschen Fahrbahnseite mit einem Kleinbus zusammengestoßen. Solche Unfälle kommen immer wieder vor, jedoch benutzen die Autobahn trotzdem viele Menschen, *weil sie schneller ans Ziel kommen.* Welche Vorteile haben unsere Autobahnen noch?

10 **Bei Entscheidungsfragen wird in der Einleitung bereits im Voraus gewertet.**

Lasse Unzutreffendes weg und ergänze, falls nötig!

- In den letzten großen Ferien war ich in einem Büro beschäftigt. *Mir gefiel es gar nicht und ich war davon sehr enttäuscht. Darum kann ich nur jedem abraten, in den Ferien zu jobben.* Trotzdem sollte man sich Vor- und Nachteile einer Ferienarbeit überlegen, damit man zu einer Entscheidung kommen kann.
- Die Ferien stehen vor der Tür und endlich kann ich wieder einen Campingurlaub planen, der mir auch voriges Jahr *großen Spaß gemacht hat. Dieses Jahr will ich zusammen mit ein paar Freunden in Oberitalien zelten.* Man muss sich auch immer wieder fragen, ob man überhaupt in den Ferien campen soll.

11 **Die Argumentation ist lückenhaft, d. h., dass der Schüler wichtige Gedanken in der Beweisführung überspringt.**

Ergänze an markierter Stelle sinngemäß!

Umweltzerstörung: „unvernünftiges Handeln des Einzelnen"
- Unvernünftiges Handeln, z. B. Ölwechsel auf der Wiese, ... löst Kettenreaktionen in der Tier- und Pflanzenwelt aus.

Ursachen der Jugendkriminalität: „Berufstätigkeit beider Elternteile"
- Eine weitere Ursache der Jugendkriminalität kann die Berufstätigkeit der Eltern sein. Sie sind den ganzen Tag nicht zu Hause, ... weshalb dann der Jugendliche in Supermärkten stiehlt.

Warum bekommen Jugendliche keine Lehrstelle? „Schüchternheit"
- Manche Jugendliche verhalten sich bei Vorstellungsgesprächen nicht natürlich ... und bekommen deswegen die Lehrstelle nicht.

12 **Das Argument ist nicht geradlinig aufgebaut.**

Streiche Falsches weg und verbinde flüssig!

Nachteile des Mofas: „hohe Kosten"
- Einer der größten Nachteile, die die Anschaffung eines Mofas mit sich bringt, sind die für einen 15-Jährigen hohen Kosten. Da er zumeist noch nichts verdient, muss er die finanziellen Belastungen mit dem Taschengeld decken oder ist auf die Unterstützung der Eltern angewiesen. *Viele davon sind nur allzu gerne bereit, finanziell beizusteuern, weil sie glauben, mangelnde Liebe durch Geld ersetzen zu müssen oder weil sie ihren Sprösslingen gegenüber viel zu nachgiebig sind* (kein Bezug zur Behauptung). Zu dem einmaligen Anschaffungspreis kommen nämlich noch andere Kosten, wie etwa die jährliche Versicherungsrate, der Benzinverbrauch und die Inspektion, hinzu. So muss der Jugendliche monatlich mit deutlichen Mehrausgaben rechnen.

Wie kann die Technik der Hausfrau helfen? „kostensparende Vorratswirtschaft"
- Ein wesentlicher Gesichtspunkt ist, dass durch die Technik eine Kosten sparende Vorratswirtschaft möglich wird. Die Hausfrau kann in modernen technischen Geräten, wie Kühlschrank oder Gefrierschränken, Waren tage-, ja sogar monatelang aufbewahren. *Immer wieder wird aber der Verbraucher darauf hingewiesen, dass bestimmte Produkte, z. B. Pilze oder Spinat, nicht zu lange*

oder gar nicht aufbewahrt bzw. eingefroren werden sollten (Gegen-satz zur Behauptung). Ansonsten jedoch wird eine Hausfrau Sonderangebote nützen oder auch saisonbedingte Produkte, etwa Erdbeeren, günstig erstehen und eingefrieren. Deshalb ist es nicht verwunderlich, dass die moderne Hausfrau nicht mehr auf technische Hilfsmittel verzichten will.

13 **Die Gedankenführung bewegt sich im Kreis,** d. h., die Behauptung wird anstelle einer Begründung in veränderter Form mehrmals genannt.

Führe eine logische Begründung aus!

- Der Jugendliche sollte sich bei der Berufswahl zuerst über die **Zukunftschancen** Gedanken machen. Dabei sollte sich der Heranwachsende überlegen, ob sein auserwählter Beruf ein *Zukunftsberuf* ist. Denn man sollte wissen, ob dieser Beruf im späteren Leben noch gefragt ist.
- Auch die Frage, ob der *Beruf oft* gewählt wird, spielt eine große Rolle. Bevor man sich einen Beruf aussucht, sollte sich der Jugendliche erkundigen, *wie oft der Beruf* gewählt wird.
- Viele Jugendliche wollen wegen ihrer schicken, modernen Kleidung von anderen *bewundert* werden. Sie tragen ein neues Kleidungsstück, um dadurch jemandem zu *imponieren.* So kann man feststellen, *dass* viele nur deshalb mit der Mode gehen, weil sie anderen *imponieren* wollen.

14 **Der Aufbau der Argumente ist eintönig.**

Schreibe abwechslungsreiche Argumente!

- Eine Ursache der Jugendkriminalität ist der Traum vom Reichtum. *Viele Jugendliche, die* in ärmeren Verhältnissen leben, wollen sich mehr leisten können. Sie versuchen teilweise durch Diebstahl oder andere kriminelle Taten ans große Geld zu kommen. *So sehen wir, dass* der Traum vom großen Geld eine Ursache der Jugendkriminalität ist.
- Aber auch umweltbezogene Ursachen spielen eine große Rolle. So ist der Grund für die Jugendkriminalität der Gruppenzwang. *Viele Teenager, die* in eine Gruppe aufgenommen werden wollen, müssen erst etwas Kriminelles als Mutprobe begehen. Damit sie anerkannt werden, fügen sie sich dem Willen der Gruppe und rauben z. B. eine Handtasche. *Daraus kann man ersehen, dass* Gruppenzwang eine Ursache für Jugendkriminalität ist.

- Ebenso ist eine Ursache die Angeberei. *Viele Heranwachsende, die* vor anderen etwas gelten wollen, prahlen mit kriminellen Handlungen. So knacken sie Automaten oder beschädigen parkende Autos, um sich die Anerkennung einer Gruppe zu verschaffen. *So sehen wir, dass* die Angeberei eine Ursache für Jugendkriminalität ist.

15 Es wird kein Bezug zum Thema bzw. zum Gliederungsüberpunkt hergestellt.

Verbessere anhand der Hilfen am Rand!

Thema: „Welche Probleme bringt die vermehrte Freizeit mit sich?"

1 in sozialer Hinsicht

1.1 Kennenlernen falscher Freunde

Man kann aber durch die viele Freizeit an falsche Freunde geraten, die es nur darauf anlegen, irgendjemanden auszunutzen, *und nur deshalb die Freundschaft eingegangen sind. Das Problem liegt darin, dass viele Menschen es gar nicht merken, wenn sie ausgenutzt werden.*

wie, wo?

Bezug zu „sozial"?

Bezug zu „vermehrter" Freizeit?

2 in gesundheitlicher Hinsicht

2.1 zunehmende Verkehrsunfälle

Ein anderes Problem der Freizeit sind ... die zunehmenden Verkehrsunfälle. *Nach Geschäftsschluss ist in Großstädten besonders viel Verkehr. Es kommt zu Staus an den Ampeln oder es gibt Auffahrunfälle. In letzter Zeit kommt es oft zu solchen Unfällen, da man nach der Arbeit schnell nach Hause kommen möchte und tüchtig Gas gibt.*

Bezug zur „Freizeit"?

Bezug zum Thema?

3 im Hinblick auf die Umwelt

3.1 verstärkter Massentourismus

Aber auch der Massentourismus ist ein Nachteil im Hinblick auf die Umwelt. Im Urlaub fährt ein Großteil der Bevölkerung in südliche Länder. Deshalb steigen in den Ballungsorten *die Preise, weil die Geschäfte, besonders die Souvenirläden, einen großen Umsatz erzielen wollen. Die Preise steigen dann natürlich auch für die Einheimischen, die oft sowieso arm sind. Die Kultur wird in diesen Ländern auch zerstört.*

Bezug zur „vermehrten" Freizeit?

= wirtschaftlich

= kulturell

Bezug zur Umwelt?

16 Es werden zu persönliche Beispiele verwendet.

Formuliere allgemeiner!
- *Ich kenne einen Mann,* der seit Jahren Alkoholiker ist.
- *Ein Bekannter von mir* hat erst vor wenigen Monaten eine Entziehungskur begonnen.
- Darum warnt mich *mein Vater* immer vor Alkoholgenuss.

17 Beispiele werden erfunden und sind nicht repräsentativ.

Formuliere allgemeiner!
- Ein Auto verbraucht durchschnittlich 40 l pro Woche, während das Fahrrad nur etwas Schmieröl benötigt.
- Von 10 Unfallverletzten kommt für 6 jede Hilfe zu spät.
- So kann es passieren, dass an stark befahrenen Straßen täglich 60 Autos vorbeirasen.

18 Extrembeispiele werden angeführt.

Finde allgemein gültige Aussagen!
- Asylanten sind bei uns in Räumen untergebracht, in denen es *kein elektrisches Licht und kein fließendes Wasser gibt.*
- Viele werden nur dann in eine Clique aufgenommen, wenn sie *rauchen, trinken, Rauschgift nehmen und Diebstähle begehen.*
- Ein Jugendlicher kann auch deshalb keine Arbeitsstelle bekommen, weil er sich die *Haare rot gefärbt hat.*

19 Häufig wird stark übertrieben und verallgemeinert.

Schränke ein!
- Wohin man auch geht, *überall* sieht man Jugendliche auf ihren Mofas.
- *Der Menschheit* ist der Nutzen des Waldes gleichgültig.
- Wenn man ohne Eltern in den Urlaub fährt, kann man zudem *tun und lassen, was man will.*

2.2 Stilistische Mängel

20 **Es wird kein sachlicher, sondern ein Erzählstil verwendet.**

Erläutere sachlich!

Thema: „Wie trägt der Einzelne zur Umweltverschmutzung bei?"
- Es gibt Landstraßen, die führen über ein Eisenbahngleis. Fährt einmal ein Zug vorbei, so werden die Schranken logischerweise geschlossen und die Verkehrsteilnehmer müssen warten. Vielen Autofahrern ist es zwar langweilig, aber sie stellen den Motor nicht ab. So kommen viele Abgase in die Luft.

Thema: „Was sind die Ursachen für Verkehrsunfälle?"
- Es stand sogar einmal in der Zeitung, dass ein junger Mann, nämlich Kurt M., nur darum an den Folgen des Unfalls gestorben war, weil er keinen Sturzhelm getragen hatte.

Thema: „Worin siehst du die Ursachen der Jugendkriminalität?"
- Auch die beengten Wohnverhältnisse spielen eine Rolle. Der Jugendliche wohnt in einer Großstadt mit 5–6 oder noch mehr Familienmitgliedern in einer sehr kleinen Wohnung. Wenn er nach Hause kommt, sind diese Verwandten ständig um ihn herum. Seine oft kleineren Geschwister spielen laut, toben herum und seine Mutter klappert mit dem Geschirr, während er seine Hausaufgaben machen muss. Dadurch entstehen in ihm Aggressionen, ...

21 **Suggestivfragen, die dem Leser die gewünschte Antwort in den Mund legen, werden gestellt.**

Formuliere zutreffende Aussagesätze!

- Wem ist es noch nicht passiert, dass er wütend wurde und einen Gegenstand an die Wand schmeißen wollte?
- Wer würde denn schon gerne im Schwarzwald Urlaub machen, wenn es keine Wälder mehr dort gibt?
- Wer will schon in einer Gegend wohnen, wo sich Fuchs und Hase gute Nacht sagen?

22 Fragesätze treten gehäuft auf.

Formuliere zutreffende Aussagesätze!

Thema: „Was kann getan werden, um den Frieden auf der Welt zu sichern?“
Argument: Frieden im Bereich der Familie

- Friedliches Zusammenleben fängt bereits in der Familie an. *Doch wie steht es mit dem häuslichen Frieden? Ist nicht oft das Familienleben durch Zank und Streit geprägt?* Der junge Mensch muss aber in der Familie lernen, dass man durch aggressives Verhalten und zu harte Auseinandersetzungen nichts erreicht, und ebenso, dass es nötig ist, einmal zu verzichten und Fehler einzugestehen. Dann wird er diese Erkenntnis später seiner eigenen Familie und auch seinen Mitmenschen weitergeben und kann somit zu einem friedlichen Zusammenleben im kleinen Kreis beitragen.

Thema: „Welche Vorteile hat ein eigenes Zimmer?“
Argument: Zurückziehen in einen eigenen Bereich

- ... Oft quält einen ein Problem oder man ist einfach abgespannt und müde. *Ist da nicht ein eigenes Zimmer sehr von Vorteil? Wünscht sich in dieser Situation nicht ein jeder einen Raum für sich allein,* in den er sich zurückziehen und über alles in Ruhe nachdenken kann? ...

Thema: „Die Weltraumfahrt – Pro und Contra“
Argument: großer finanzieller Aufwand

- Ein ganz wesentlicher Gesichtspunkt ist, dass dieser Zweig der Wissenschaft enorme Geldsummen verschlingt. *Hätte nicht die Menschheit viel wichtigere Aufgaben zu erfüllen? Hört man nicht immer wieder von Hungerkatastrophen in der Dritten Welt? Wäre hier nicht unsere finanzielle Hilfe viel nötiger? ...*

23 Eintönige und schwerfällige Überleitungen werden gewählt.

Leite abwechslungsreich über!

- Dies waren die Ursachen des Waldsterbens, aber nun muss ich auch noch die Folgen des Waldsterbens erörtern.
- Aber nicht nur die Ursachen hinsichtlich der besseren Gesundung, sondern auch die Ursachen hinsichtlich der zwischenmenschlichen Beziehungen in der Stadt sind ausschlaggebend dafür, dass immer mehr Menschen von der Stadt aufs Land ziehen.

- Ein zweiter wichtiger Punkt neben der Tatsache, dass zerrüttete Familienverhältnisse eine Ursache der Kriminalität sind, ist, wenn auch der Freundeskreis eine wichtige Rolle für die Straffälligkeit Jugendlicher spielt.

24 Der Satzbau ist unübersichtlich.

Teile in Einzelsätze auf!

- Da, wenn der Wald nicht mehr vorhanden ist, er keine Ruhe mehr bietet, weil der Lärm nicht abgehalten wird, muss der Mensch, ob er will oder nicht, auf seinen größten Erholungsraum verzichten, der für ihn lebenswichtig ist und in dem er sich vom Großstadtlärm regenerieren könnte.
- Auch kann sich die Mutter, wenn sie zu Hause bleibt, viel intensiver mit ihren Kindern beschäftigen, vor allem, weil sie ohne den Arbeitsstress, dem sie als Berufstätige ausgesetzt wäre, mehr Geduld für die Kinder aufbringt und ausgeglichener ist, was sich insgesamt positiv auf das Familienklima auswirkt.
- Der Müll wird in Dosen und Fässern in den Wald geworfen, wo er verrotten soll, wobei die Leute allerdings nicht bedenken, dass die Fässer und Dosen mit der Zeit rosten und durch solche Roststellen deren Inhalte, wie z. B. Lacke und Abbeizmittel, in den Boden gelangen, wo sie mit dem Regenwasser von den Baumwurzeln aufgenommen werden und den Baum von innen heraus zerstören.

25 Der Satzbau ist eintönig.

Gestalte abwechslungsreich um!

- *Dass* wir in einer Wohlstandsgesellschaft leben, ist wohl unbestritten. Bei uns muss kaum jemand Hunger leiden. Es ist sogar so, *dass* ein Teil unserer Bevölkerung überernährt ist. Auch die Tatsache, *dass* viele Familien einen Zweitwagen besitzen, zeugt vom allgemeinen Wohlstand.
- Bei einem Buch kann der Leser immer wieder nachschlagen, *wenn* er etwas nicht sofort verstanden hat. Der Fernsehzuschauer hingegen hört einen Beitrag oder sieht eine Szene und *wenn* er sie nochmals überdenken will, so hat er höchstens die Möglichkeit einer Videoaufzeichnung, *wenn* er ein solches Gerät überhaupt besitzt.
- Ein Jugendlicher, *der* schon im Elternhaus, *in dem* ständig getrunken wird, erfährt, *dass* Alkohol als Problemlöser angesehen wird, wird ihn auch später in Situationen, *in denen* er vor Schwierigkeiten steht, als möglichen Lösungsweg betrachten.

26 Wortwiederholungen stören.

Gestalte abwechslungsreich um!

- Fährt *man dann* fort und gerät in einen Stau, *dann* wünscht man sich, *man* wäre lieber zu Hause geblieben. Der gesamte Urlaub ist *dann* wenig erholsam, beginnt *man* ihn schon gestresst.
- Jugendliche gehen *auch* deshalb mit der Mode, weil andere es *auch* tun. Viele kaufen bestimmte Modeartikel nur, da sie die Freundin *auch* besitzt.
- **Jeder** hat eine Aufgabe, die *jeden* fordert, zu erfüllen, ob in der Schule oder im Beruf. Folglich braucht also *jeder* die notwendige Abwechslung, die er vielleicht im Sport findet. *Jeder* Mensch kann hierbei einmal richtig abschalten.
- Sportliche Betätigung *sollte* in erster Linie der Gesundheit des Einzelnen zugute kommen, aber man *sollte* dabei niemals vergessen, *dass* sie auch Spaß machen *sollte.*

27 Umgangssprachliche Ausdrücke werden verwendet.

Ersetze sie durch hochsprachliche Wendungen!

- Man sollte sich nicht *ausgeflippt* kleiden, obgleich es natürlich Jugendliche gibt, die *auf ausgeflippte Typen stehen.*
- Jeder muss *mal* aus dem Alltags*trott raus*kommen.
- Man muss *einfach* alles tun, um *stressige* Situationen zu vermeiden.
- Gerade die Werbung macht uns auf *tolle* Angebote aufmerksam.

28 Unsinnige Bilder werden angeführt.

Verbessere sinnvoll!

- Die einzige Aufgabe der Hausfrau und Mutter war es früher, *Kind und Kegel zu hegen und zu pflegen.*
- Ich bin dafür, dass die Frau zu Hause bleibt, da der Mann das *Haupt*, die Frau das *Herz* und die Kinder der *Sonnenschein* der Familie sind. *Wie könnte ein Mensch ohne Herz leben?*
- Menschen werden unter Alkoholeinfluss zu *randalierenden Bestien,* die alles *zermalmen,* was sich ihnen in den Weg stellt.

29 **Es wird im Nominalstil geschrieben,** d. h., anstelle treffender Verben werden unnötige Substantive bzw. substantivierte Verben verwendet.

Vereinfache die Substantivierungen durch Verben und Adjektive!

- Die Ursache für die *Vereinsamung* alter Menschen ist die zunehmende *Bereitschaft* zur *Unterbringung* im Altersheim vonseiten der Kinder.
- Eine weitere Ursache, nämlich das zu späte *Erkennen* und *Einschreiten* gegen den *Befall* von Schädlingen, muss in *Erwägung* gezogen werden.
- Aber auch durch die *Abladung* von Hausabfällen kommt es zur *Schädigung* und *Zerstörung* des Waldes.

30 **Häufig werden Hilfszeitwörter oder blasse Verben verwendet.**

Finde treffende Verben!

haben	Sie *haben* Neid auf andere.
	Sie *haben* nicht viel Geld.
	Sie *haben* keine Geduld mit ihren Kindern.
	Die Arbeitslosigkeit *hat* viele Nachteile.
	Der Wald *hat* reine Luft.
sein	Ein schlechter Freundeskreis *ist* eine Ursache für Drogenabhängigkeit.
	Ein weiterer Nachteil *ist* die Abgeschiedenheit.
	Trotz der vielen Vorteile *sind* für mich die Nachteile wichtiger.
	Da *ist* einmal die Unvernunft der Menschen.
	Auch die beengten Wohnverhältnisse *sind* eine Ursache der Kriminalität.
	Viele *sind* passiv.
	Sie muss da *sein* für ihre Familie.
machen/	Sie *machen* Einbrüche.
tun	Sie *machen* das große Geld.
	Sie *machen* viele Handgriffe.
	Sie wollen die Arbeiten nicht *machen*.
	Sie *machen* den Baum krank.
	Sie *machen* unüberlegte Dinge.
	Sie *tut* nichts im Haushalt.

31 Die direkte Rede wird verwendet.

Vermeide sie, indem du neu formulierst!

Thema: „Warum gehen gerade junge Menschen meistens mit der Mode?"
Argument: Stärkung des Selbstbewusstseins

- Außerdem wäre noch zu erwähnen, dass die Mode das Selbstbewusstsein eines Menschen stärken kann. So mancher leidet unter Minderwertigkeitskomplexen oder ist in vielerlei Hinsicht unsicher. Wenn Bemerkungen fallen wie: *„Du siehst ja aus wie dein eigener Opa!"*, so kann dies sehr deprimierend sein. Hat man aber eine moderne Frisur und kleidet sich modebewusst, sagen Freunde und Bekannte: *„Der Haarschnitt und deine neue Kleidung stehen dir aber gut!"* Dies steigert auf jeden Fall das Selbstvertrauen und bewirkt ein sichereres Auftreten.

Thema: „Welche Folgen hat der Massentourismus?"
Argument: Stresssituationen bei An- und Rückfahrt

- Wie oft hört man im Radio die Durchsage: *„Stau auf der Brennerautobahn!"* So kommt der Urlauber nach meist stundenlangem Fahren gestresst am Zielort an und denkt sich vielleicht: *„Zu Hause wäre der Ferienbeginn ruhiger gewesen."* ...

Thema: „Ursachen für den steigenden Alkoholkonsum Jugendlicher"
Argument: Gruppendruck

- Vielfach wird der Jugendliche in seinem Freundeskreis dazu angeleitet, Alkohol zu trinken. Die einen sagen: *„Sei doch kein Feigling!"* Andere behaupten: *„Das bisschen Alkohol schadet doch nicht."* Dadurch wird der Jugendliche animiert, Bier, Wein oder gar Schnaps zu trinken. ...

2.3 Häufige Grammatikfehler

Folgende Grammatikfehler können auftreten:

32 **Richtige Bezüge werden nicht beachtet.**

Verbessere die Bezugsfehler!

- ... auch *der Mensch* von heute sehnt sich nach Geborgenheit und Liebe. *Sie* haben ebenso das Bedürfnis ...
- *Die Schulabgänger* bedenken oft nicht, dass **er** auch im Beruf viel leisten muss. Stattdessen meint *er* ...
- *Die Wälder* sind auch durch die Natur selbst bedroht. So wird *er* z. B. durch extreme Witterungsverhältnisse ...

33 **Das Prädikat wird nicht an das nachgestellte Subjekt angeglichen.**

Schreibe richtig!

- Durch das unnötige Anhalten der Autos *wird* vermehrt *Abgase* an die Luft abgegeben.
- Dadurch *wird* das *Getriebe und die Bremsbeläge* abgenutzt.
- So *wird* erst gegen Mittag die *Fahrbahnen* freigelegt.

34 **Der Dativ wird in Verbindung mit Adjektiven falsch gebildet.**

Setze die fehlenden Endungen richtig ein!

Regel: Steht **vor** dem Adjektiv ein Artikel im Dativ, so erhält das Adjektiv **keine** Dativendung.

- Ab ein... gewiss... Alter ...
- Nach ein ... anstrengend ... Tag ...
- Der Autofahrer, der ein ... plötzlich auf die Fahrbahn hereinlaufend ... Reh ausweicht, ...

Regel: Steht vor dem Adjektiv **kein** Artikel, so erhält das Adjektiv die Dativendung.

- Er kann mit gut ... Gewissen sagen, ...
- Bei schlecht ... Wetter ...
- Stoffe aus beständig ... Material ...

Regel: Stehen vor einem Substantiv **mehrere** Adjektive, so erhalten sie normalerweise alle die gleiche Endung; orientiere dich dabei an den beiden vorausgehenden Regeln.

- Mit ein ... älter ..., abgenutzt ... und schäbig ... Auto passieren leicht Unfälle.
- Bei gleichmäßig ..., langsam ..., aber konzentriert ... Fahren kann man sich gut erholen.
- Nach ein ... lang ..., anstrengend ... Urlaub ...

35 Die indirekte Rede wird nicht erkannt oder grammatikalisch falsch geschrieben.

Präge dir die Regeln ein!

Die indirekte Rede steht im Normalfall im Konjunktiv I. Ist dieser mit dem Indikativ Präsens gleich lautend, muss auf den Konjunktiv II ausgewichen werden. Ist auch er mit dem Indikativ Präteritum identisch oder weist er eine veraltete Form auf (z. B. fahren – fuhr – führe), so muss man mit „würde" umschreiben.

- Er forderte dazu auf, dass man mehr Maßnahmen gegen das Waldsterben ergreifen *müsse*.
  (Konjunktiv I ist *nicht* gleich lautend mit dem Indikativ).
- Ein bekannter Wissenschaftler wies erst kürzlich darauf hin, dass wir alle gegen die drohende Umweltkatastrophe etwas unternehmen *müssten*.
  (Indikativ: wir müssen/Konjunktiv I: wir müssen → also Konjunktiv II: wir *müssten*).
- In einem Zeitungsartikel war davon die Rede, dass die Ölreserven auf der Welt noch etwa 30 Jahre reichen *würden*.
  (Indikativ: sie reichen/Konjunktiv I: sie reichen → also Konjunktiv II: sie reichten → gleich lautend mit Indikativ Präteritum → also Umschreibung mit „würde").

C Exemplarische Lösungsgliederungen und Aufsätze aus dem Bereich „Jugend"

1 Jugend und Freizeit

1.1 Was hältst du davon, in den Ferien zu trampen?

A. Die Deutschen sind als reiselustig bekannt.

B. Welche Vor- und Nachteile hat das Trampen? Wie sollte man sich entscheiden?

1 Argumente für das Trampen
1.1 günstige Reisemöglichkeit
1.1.1 kein Kostenaufwand
1.1.2 Unabhängigkeit von öffentlichen Verkehrsmitteln

1.2 abenteuerliche Reiseart
1.2.1 keine langen Vorausplanungen
1.2.2 Kennenlernen vieler verschiedener Menschentypen

2 Argumente gegen das Trampen
2.1 mögliche Unannehmlichkeiten
2.1.2 Unsicherheit der Übernachtungsmöglichkeiten
2.1.3 lange Wartezeiten

2.2 Gefahren des Trampens
2.2.1 kein verkehrssicherer Fahrzeuglenker
2.2.2 unlautere Absichten des Fahrzeuglenkers

3 Entscheidung: Ablehnen des Trampens
3.1 Zunahme der Gefahrenquellen in den letzten Jahren
3.2 günstige Sonder-Reisepässe für Jugendliche bei der Bundesbahn
3.3 Möglichkeit zu einem weniger gefährlichen Erlebnisurlaub

C. Auch ein Urlaub zu Hause kann erholsam und erlebnisreich sein.

1.2 Welche Probleme ergeben sich aus dem übermäßigen Fernsehkonsum für den Jugendlichen? Wie kann die Familie diesem Konsum entgegenwirken?

A. Durchschnittlicher Fernsehkonsum Jugendlicher liegt bei mehreren Stunden täglich.

B. Welche Probleme ergeben sich daraus für den Jugendlichen? Wie kann die Familie diesem Konsum entgegenwirken?

1 Probleme für den Jugendlichen
1.1 körperlicher Art
1.1.1 Kreislauferkrankungen
1.1.2 Beeinträchtigung des Sehvermögens
1.1.3 Haltungsschäden

1.2 geistiger Art
1.2.1 Konzentrationsmangel in Schule und Beruf
1.2.2 Verkümmerung der Fantasie
1.2.3 Kreativitätsverlust

1.3 seelischer Art
1.3.1 Entstehen von Aggressionen
1.3.2 Angstzustände
1.3.3 Abstumpfung gegenüber Gewalt
1.3.4 geringe Achtung vor der Würde des Menschen

1.4 gesellschaftlicher Art
1.4.1 falsches Bild von der Wirklichkeit
1.4.2 Förderung der Kriminalität
1.4.3 Vernachlässigung zwischenmenschlicher Beziehungen

2 Gegenmaßnahmen vonseiten der Familie
2.1 verstärkte Aufmerksamkeit
2.1.1 strengere Kontrollen
2.1.2 mehr Zuwendung

2.2 Vermittlung des sinnvollen Umgangs mit diesem Medium
2.2.1 eingeschränkter Fernsehkonsum der Eltern
2.2.2 kritische Auswahl des Programms

2.3 gemeinsame Freizeitgestaltung
2.3.1 Unternehmungen
2.3.2 gemeinsames Ansehen und Besprechen von Filmen
2.3.3 Pflegen von Gesprächen

C. Die Vorteile des Fernsehens sollten besser genutzt werden.

1.3 Weshalb finden neue Formen sportlicher Aktivität gerade bei jungen Menschen schnell Anklang?

A. Zur Zeit erfreuen sich Rollerskates großer Beliebtheit.

B. Welche Gründe gibt es dafür, dass junge Menschen schnell von neuen sportlichen Aktivitäten begeistert sind?

1 Ansporn durch die Medien
1.1 viel Werbung
1.2 informative Artikel und Sendungen
1.3 neues Schönheitsideal

2 Wunsch, „in" zu sein
2.1 prominente Vorbilder
2.2 neuartige Kleidung

3 Vorteile für den Körper
3.1 Förderung der Gesundheit
3.2 Beibehalten einer guten Figur

4 Vergnügen
4.1 ansprechende Begleitmusik
4.2 neuartige Bewegungsformen
4.3 Freitzeitgestaltung mit Gleichgesinnten

C. Sich immer nach dem neuesten Trend zu richten, ist oft mit finanziellen Aufwendungen verbunden.

1.4 Spielautomaten – warum sind sie bei Jugendlichen so beliebt, worin liegen die Gefahren?

A. Rund 17 Millionen Menschen in der Bundesrepublik versuchen jährlich ihr Glück an Geldspielgeräten.

B. Warum sind Spielautomaten bei Jugendlichen so beliebt, worin liegen die Gefahren?

1 Ursachen für die Spielleidenschaft
1.1 Ausblick auf Gewinn
1.2 Beherrschen der Technik
1.3 Verdrängen von Problemen
1.4 Abbau von Aggressionen
1.5 Steigerung des Selbstbewusstseins
1.6 Möglichkeit der Unterhaltung

2 Gefahren der Spielleidenschaft
2.1 Geldverlust
2.2 Abkapselung von der Umwelt
2.3 Abstumpfung des Geistes
2.4 falsches Bild von der Realität
2.5 Abhärtung der Gefühle

C. Welche Möglichkeiten der sinnvolleren Freizeitgestaltung gibt es?

1.5 Aufsatzbeispiel

A. Nach neuesten Erkenntnissen von Wissenschaftlern versuchen rund 17 Millionen Menschen jährlich ihr Glück an Geldspielautomaten. Darunter sind auch viele Jugendliche, die sicherlich wenig in öffentlichen Spielhallen anzutreffen sind, da dies § 8 des Jugendschutzgesetzes untersagt. Besonders beliebt sind bei ihnen die Geldspielgeräte und Elektronik-Automaten in Gaststätten oder Diskotheken. Angesichts dieser Entwicklung muss man sich fragen, was die Ursachen dafür sind, dass diese Spielleidenschaft bei Jugendlichen so um sich greift. Wichtig ist es auch, die Gefahren, die sich daraus ergeben können, zu erkennen.

B. 1 Zunächst mag, gerade wenn man die Geldspielautomaten anspricht, die
1.1 Aussicht auf einen Gewinn der Anlass für das Spiel sein. Bei den meisten dieser Geräte drehen sich Scheiben oder Walzen mit Ziffern, wobei der Spieler bei einer bestimmten Zahlenverbindung eine Gewinnausschüttung erwarten kann. So mancher Jugendliche hofft auf eine Glückssträhne und glaubt, sein Taschengeld etwas aufbessern zu können. Meist ist dies allerdings ein Trugschluss.

1.2 Darüber hinaus ist es das Ziel eines so manchen jungen Spielers, die Technik möglichst gut zu beherrschen. Er will seine Fingerfertigkeit und seine Reaktionsfähigkeit testen. Steht man vor dem Automaten, muss das

Auge konzentriert dem Spiel folgen und der Finger zur rechten Zeit den richtigen Knopf oder Hebel drücken. Nur so können möglichst viele Punkte und vielleicht Freispiele erzielt werden. Diese Spieltechnik bedarf jedoch nur mechanischer Reflexe.

1.3 Gerade die heutige Jugend steht vielfältigen Schwierigkeiten gegenüber. Arbeitslosigkeit und Leistungsdruck sind nur zwei von vielen. Mancher junge Mensch versucht nun, indem er in die Welt der Elektronik-Automaten flieht, den tristen Alltag zu vergessen. Hier muss er sich auf das Geschehen am Bildschirm konzentrieren und die Probleme werden verdrängt. Dieser Spieltaumel schafft allerdings nur eine vorübergehende Ablenkung, Probleme lösen kann man damit nicht.

1.4 Ein weiterer Grund, warum Jugendliche den Kampf mit den Automaten aufnehmen, mag der Abbau von Aggressionen sein. Wollen sie eine unterdrückte Wut abreagieren oder müssen sie eine Enttäuschung hinnehmen, ziehen manche von ihnen den Zweikampf mit Außerirdischen einem Gespräch mit dem Mitmenschen vor. Sie können ihre zerstörerische Energie insofern ausleben, als sie mit voller Kraft auf die Tasten drücken, der Automat nimmt es hin. Möglicherweise ist dies gar nicht so schlecht, denn sonst würde sich der Jugendliche vielleicht mit einem Mitschüler schlagen.

1.5 Beim Spiel übernimmt der junge Mensch stets die Rolle des Stärkeren, des Herren über Leben und Tod. Bei vielen „Video-Games“ geht es nämlich um Bombenwürfe, das Eindringen von Außerirdischen und Ähnlichem. Hier im Kampf gegen angebliche Feinde sucht so mancher junge Mensch die Selbstbestätigung, die ihm im Leben eventuell versagt bleibt. Am Automaten und nicht auf der Schulbank, wo er vielleicht keine großartigen Leistungen erzielt, fühlt er sich stark. Diese Vortäuschung von Überlegenheit ist sicher eine wesentliche Ursache dafür, dass Spielautomaten eine so große Anziehungskraft besitzen.

1.6 Für viele aber ist die bloße Unterhaltung das wichtigste Motiv für das Spielen. Der Automat wird als willkommenes Mittel der Freizeitgestaltung betrachtet. So braucht nicht erst ein Programm für den freien Nachmittag oder das Wochenende entworfen zu werden, sondern die Video-Automaten bieten die gewünschte Unterhaltung. Zusammen mit anderen „Spiel-Freaks“ beteiligt man sich mit Tasten oder Steuerknüppeln am Geschehen. Der Automat vertreibt so vielen Heranwachsenden die Langeweile.

2 So harmlos, wie dies jedoch klingen mag, sind eine Reihe von automatischen Spielgeräten aber nicht. Es gibt einige Gefahrenmomente, die von
2.1 ihnen ausgehen. Weniger eine Gefahr als vielmehr einen finanziellen Verlust bedeuten die meisten Automaten. Abgesehen davon, dass die Gewinnchance bei Geldautomaten sehr gering ist und nur der Aufsteller immer davon profitiert, kann man bei fast allen „Video-Games" gar nichts gewinnen. Im Gegenteil, sie verschlingen von so manchem jugendlichen Spieler einen Großteil seines Taschengeldes. Es ist also ein teures und fragwürdiges Hobby.

2.2 Fragwürdig ist es auch deshalb, weil sich der einzelne Spieler gewollt oder ungewollt von der Umwelt abkapselt. Keine echte Geselligkeit, kein Gemeinschaftserlebnis kann zustande kommen, wenn der Spieler am Bedienungspult gegen sein anonymes Gegenüber kämpft. Kommunikation mit anderen ist hierbei nicht gefragt, bis schließlich bei einigen Jugendlichen das Bedürfnis nach Gesprächen ganz abflaut. Man kann in diesem Stadium fast schon von einer Sucht sprechen, was allerdings wohl nur auf wenige Jugendliche zutrifft.

2.3 Eines ist aber sicher, der Geist stumpft durch tägliches und stundenlanges Spielen ab. Denn es geht hier keinesfalls um gedankliche Auseinandersetzungen, da eigene Ideen nicht gefragt sind. Das vorprogrammierte Geschehen kann nur durch Knopfdruck am Bedienungspult beeinflusst werden. Logisches, selbstständiges Denken, wie es z. B. bestimmte Karten- oder Brettspiele erfordern, wird dadurch nicht geschult. Fingerfertigkeit, aber nicht geistige Beweglichkeit, scheint also das Einzige zu sein, was durch Spielautomaten erlernbar ist.

2.4 Ganz wesentlich ist zudem, dass manche junge Menschen, die von der Spielleidenschaft beherrscht sind, allmählich ein anderes Bild von unserer Welt entwickeln. In dem Automaten treffen sie auf Außerirdische, Bombenschützen und Monster. Dabei gibt es nicht, wie es im wirklichen Leben sein sollte, Absprachen, Verträge, Übereinkünfte oder auch einen Rückzug – allein der Sieg zählt. So erscheint das Leben in solchen „War-Games" nur als ständiger gnadenloser Überlebenskampf. Diese Anschauung kann den Jugendlichen im Unterbewusstsein prägen und ihm ein falsches Bild von der Realität vermitteln.

2.5 Hinzu kommt, dass allmählich Gefühle wie Trauer oder Mitleid abstumpfen können. Das zu erreichende Ziel ist ja die erfolgreiche Vernichtung des fiktiven Gegners, was ein pausenloses Schießen oder Erschossenwerden bedingt. Im Mittelpunkt des Geschehens bei solchen Spielautomaten stehen also Tod und Zerstörung. Beides wird im Laufe der Zeit als etwas Selbstverständliches angesehen. So braucht man sich nicht zu wundern, wenn junge Menschen im Alltag Probleme ebenfalls mit Gewalt lösen wollen und in bestimmten Situationen unbarmherzig und gnadenlos reagieren.

C. Gerade wenn man sich mögliche Gefahren der Spielautomaten vor Augen geführt hat, bleibt es zu wünschen, dass sich die jungen Menschen von heute bessere Möglichkeiten der Freizeitgestaltung suchen. Angebote dazu gibt es mehr als genug. So etwa könnte sich der Heranwachsende sportlich betätigen. Legt er dabei unbedingt Wert auf „Zweikämpfe", kann er entsprechende Sportarten, z. B. Judo oder andere Formen der Selbstverteidigung, wählen. Dies ist nicht nur sinnvoller, sondern dient oft als körperlicher Ausgleich.

2 Jugend und Beruf

2.1 Was muss der Jugendliche von heute bei der Wahl seines Berufes bedenken?

1. Möglichkeit

A. Jeder steht vor der schwierigen Entscheidung, einen Beruf zu wählen.

B. Was muss der Jugendliche von heute bei seiner Berufswahl bedenken?

1 Welche Voraussetzungen bringt er mit?

1.1 Welchen körperlichen Belastungen kann er ausgesetzt werden?
1.2 Inwieweit hält er seelischem Druck stand?
1.3 Wo liegen seine Begabungen?
1.4 Welche schulische Ausbildung hat er?

2 Wie sieht die berufliche Ausbildung aus?

2.1 Wie lange dauert die Lehrzeit?
2.2 Wo befindet sich die Lehrstelle?
2.3 Ist die Ausbildung finanziell aufwendig?
2.4 Ist die Ausbildung gut und breit gefächert?
2.5 Besteht nach der Lehrzeit die Möglichkeit der Weiterbeschäftigung?

3 Welche Arbeitsbedingungen sind absehbar?
3.1 Sind die Arbeitszeiten günstig?
3.2 Wird genügend Urlaub gewährt?
3.3 Erfordert die Lage des Arbeitsplatzes große Flexibilität?
3.4 Kann ihn der Beruf ausfüllen?

4 Ist ein späteres berufliches Fortkommen gewährleistet?
4.1 Ist ein Bedarf auf dem Arbeitsmarkt vorhanden?
4.2 Ist der Berufszweig ausbaufähig?
4.3 Unterliegt der Beruf schnellen technischen Entwicklungen?
4.4 Gibt es Aufstiegschancen?
4.5 Wird die Arbeit gut bezahlt?
4.6 Ist der Beruf krisensicher?

C. Man muss sich die Berufswahl gründlich überlegen.

2. Möglichkeit

A. Jeder steht vor der schwierigen Entscheidung, einen Beruf zu wählen.

B. Überlegungen des Jugendlichen von heute bezüglich seiner Berufswahl

1 im Hinblick auf seine Voraussetzungen
1.1 körperliche Eignung
1.2 seelische Belastbarkeit
1.3 mögliche Begabungen
1.4 schulische Ausbildung

2 im Hinblick auf seine berufliche Ausbildung
2.1 Dauer der Lehrzeit
2.2 Ort der Lehrstelle
2.3 finanzielle Belastung
2.4 Qualität der Ausbildung
2.5 Möglichkeit der Weiterbeschäftigung nach der Lehrzeit

3 im Hinblick auf die Arbeitsbedingungen
3.1 günstige Arbeitszeiten
3.2 genügend Urlaub
3.3 Lage des Arbeitsplatzes
3.4 Erfüllung im Beruf

4 im Hinblick auf sein berufliches Fortkommen
4.1 Bedarf auf dem Arbeitsmarkt
4.2 große Bandbreite des Berufszweiges

4.3 schnelle technische Entwicklungen in dieser Berufssparte
4.4 gute Aufstiegschancen
4.5 angemessene Bezahlung
4.6 Krisensicherheit

C. Man muss sich die Berufswahl gründlich überlegen.

2.2 Welche Auswirkungen hat die Jugendarbeitslosigkeit? Welche Gegenmaßnahmen bieten sich dazu an?

A. Immer wieder gibt es Zeiten der Arbeitslosigkeit.

B. Welche Auswirkungen hat die Jugendarbeitslosigkeit?
Welche Gegenmaßnahmen bieten sich an?

1 Auswirkungen der Jugendarbeitslosigkeit
1.1 auf Staat und Gesellschaft
1.1.1 im politischen Bereich
1.1.1.1 sinkendes Ansehen im Ausland
1.1.1.2 zunehmende Staatsverdrossenheit
1.1.1.3 Desinteresse an Staat und Gesellschaft
1.1.1.4 Gefahr des Radikalismus

1.1.2 im wirtschaftlichen Bereich
1.1.2.1 geringere Steuereinnahmen
1.1.2.2 Bedrohung der wirtschaftlichen Stabilität
1.1.2.3 Senkung des Lebensstandards

1.1.3 im sozialen Bereich
1.1.3.1 Gefährdung der Altersversorgung
1.1.3.2 verstärkter Drogenkonsum
1.1.3.3 zunehmende Jugendkriminalität

1.2 auf die Familie
1.2.1 im sozialen Bereich
1.2.1.1 sinkendes Ansehen
1.2.1.2 Beeinträchtigung des harmonischen Familienlebens

1.2.2 im finanziellen Bereich
1.2.2.1 ständige Belastung durch Mitversorgung des Jugendlichen
1.2.2.2 Einschränkung der Konsumwünsche

1.3 auf den Jugendlichen selbst
1.3.1 im finanziellen Bereich
1.3.1.1 ständige Abhängigkeit vom Elternhaus
1.3.1.2 Verzicht auf materielle Wünsche
1.3.1.3 keine Existenzgrundlage für späteres Leben

1.3.2 im sozialen Bereich
1.3.2.1 keine soziale Versorgung
1.3.2.2 zunehmende Isolation
1.3.2.3 Neigung zu Radikalität und Kriminalität
1.3.2.4 sozialer Abstieg

1.3.3 im psychischen Bereich
1.3.3.1 Gefühl der Unzufriedenheit und Leere
1.3.3.2 Verlust des Selbstwertgefühls
1.3.3.3 Flucht in Drogen
1.3.3.4 Hinwendung zu Sekten
1.3.3.5 Neigung zu Selbstmordversuchen

2 Möglichkeiten der Abhilfe
2.1 vonseiten des Einzelnen
2.1.1 Verzicht auf überhöhte Lohnforderungen
2.1.2 Job-Sharing
2.1.3 Flexibilität
2.1.4 Bescheidung

2.2 vonseiten der Wirtschaft
2.2.1 keine Beschäftigung von Schwarzarbeitern und illegal eingereisten Ausländern
2.2.2 Ausbau befristeter Arbeitsverträge
2.2.3 Ermöglichung der Arbeitsplatzteilung

2.3 vonseiten des Staates
2.3.1 gesetzliche Maßnahmen
2.3.1.1 Verlängerung der Schulzeit
2.3.1.2 Verkürzung der Arbeitszeit
2.3.1.3 weitere Senkung des Rentenalters
2.3.1.4 Verbot von Überstunden
2.3.1.5 strengere Gesetze gegen Schwarzarbeit

2.3.2 ausführende Maßnahmen
2.3.2.1 verstärkte Kontrollen der Unternehmen

2.3.2.2 hohe Strafen bei Zuwiderhandlung gegen bestehende Gesetze
2.3.2.3 weitere Vermittlung von Leiharbeit

2.3.3 finanzielle Maßnahmen
2.3.3.1 Förderung neuer Technologien
2.3.3.2 zusätzliche Rückkehrhilfen für Ausländer
2.3.3.3 steuerliche Entlastung der Arbeitgeber
2.3.3.4 Schaffung neuer Arbeitsplätze

C. Eine gute Berufsausbildung ist gerade in Zeiten hoher Arbeitslosigkeit sehr wichtig.

2.3 Warum wird an vielen Schulen Informatik angeboten und weshalb belegen zahlreiche Schüler dieses Fach?

A. Informatik-Unterricht wird auch an unserer Schule erteilt.

B. Weshalb wird an vielen Schulen Informatik-Unterricht angeboten? Warum interessieren sich so viele Schüler für dieses Fach?

1 Gründe für das Angebot an Informatik-Unterricht
1.1 Schulung des logischen Denkens
1.2 Ansporn des Arbeitseifers
1.3 Vertrautwerden mit den neuen Medien
1.4 Chancengleichheit gegenüber anderen Schulen
1.5 Bessere Vorbereitung auf das Berufsleben

2 Gründe für die Teilnahme am Informatik-Unterricht
2.1 Neugierde der Schüler
2.2 Interesse an Computerspielen
2.3 Grundlage für eine Ausbildung
2.4 Sorge um die berufliche Zukunft

C. Moderne Heimcomputer werden immer beliebter

2.4 Inwiefern ist die Schule eine Vorbereitung auf das Berufsleben?

1. Möglichkeit

A. „Nicht für die Schule, sondern für das Leben lernen wir."

B. Inwiefern ist die Schule eine Vorbereitung auf das Berufsleben?

1 im Hinblick auf die geistige Leistungsfähigkeit
1.1 Vermittlung von Wissen

1.2 Anleitung zum Denken in Zusammenhängen
1.3 Anregung zu kritischem und logischem Denken

2 im Hinblick auf das soziale Verhalten
2.1 Eingliederung in eine Gemeinschaft
2.2 Zusammenarbeit mit anderen
2.3 Umgang mit Vorgesetzten
2.4 Übernahme von Verantwortung

3 im Hinblick auf das spätere Arbeitsverhalten
3.1 Hinnahme und Verarbeitung von Enttäuschungen
3.2 Vermittlung des Leistungsprinzips
3.3 Vertrautwerden mit Stresssituationen
3.4 Hilfen zur Beurteilung der eigenen Leistungsfähigkeit
3.5 Vermittlung sinnvoller Arbeitstechniken
3.6 Förderung des selbstständigen und zuverlässigen Arbeitens

C. Die Schule könnte teilweise noch praxisbezogener sein.

2. Möglichkeit in Kurzsätzen

A. Die Schule – ein notwendiges Übel?

B. Die Schule dient als Vorbereitung auf das Berufsleben

1 Sie schafft die geistigen Grundlagen.
1.1 Sie vermittelt grundlegendes Wissen.
1.2 Sie lehrt, in Zusammenhängen zu denken.
1.3 Sie regt zu kritischem und logischem Denken an.

2 Sie beeinflusst das Sozialverhalten.
2.1 Sie fördert die Eingliederung in eine Gemeinschaft.
2.2 Sie lehrt, mit anderen zusammenzuarbeiten.
2.3 Sie ermöglicht den unbefangenen Umgang mit Vorgesetzten.
2.4 Sie verlangt Verantwortungsgefühl und Engagement.

3 Sie prägt das spätere Arbeitsverhalten.
3.1 Sie lässt Enttäuschungen erleben und verlangt deren Bewältigung.
3.2 Sie stellt hohe Anforderungen.
3.3 Sie lässt den Schüler vertraut werden mit Stresssituationen.
3.4 Sie hilft, die eigene Leistungsfähigkeit richtig einzuschätzen.
3.5 Sie vermittelt sinnvolle Arbeitstechniken.
3.6 Sie fördert selbstständiges und zuverlässiges Arbeiten.

C. „Nicht für die Schule, sondern für das Leben lernen wir".

2.5 Soll sich ein Jugendlicher noch während der Schulzeit oder der Berufsausbildung für einen längeren Auslandsaufenthalt entscheiden?

A. In meinem Heimatort werden Gastfamilien und Praktikantenstellen für Ausländer gesucht.

B. Welche Vorteile, aber auch Nachteile hat ein längerer Auslandsaufenthalt für einen Jugendlichen, der noch zur Schule geht bzw. dessen Ausbildung noch nicht abgeschlossen ist? Wie sollte man sich entscheiden?

1 Man muss die Vorteile bedenken.
1.1 Es gibt materielle Gesichtspunkte.
1.1.1 Man lernt das betreffende Land gründlich kennen.
1.1.2 Man kann in Nachbarländer reisen.
1.1.3 Man zieht daraus eventuell einen Nutzen für den späteren Beruf.
1.1.4 Man erwirbt sich gute Sprachkenntnisse.

1.2 Es gibt ideelle Gesichtspunkte.
1.2.1 Man vertieft seine Menschenkenntnis.
1.2.2 Man versteht Ausländer im eigenen Land besser.
1.2.3 Man lernt Eigenverantwortung.
1.2.4 Man lernt Selbstständigkeit und Unabhängigkeit.

2 Man muss die Nachteile bedenken.
2.1 Es gibt materielle Gesichtspunkte.
2.1.1 Man kann als Au-pair-Mädchen möglicherweise ausgenutzt werden.
2.1.3 Man verfügt teilweise über wenig Taschengeld.

2.2 Es gibt ideelle Gesichtspunkte.
2.2.1 Man verliert vielleicht Freunde im Heimatland.
2.2.2 Man kann keine direkte Hilfe oder Unterstützung von der Familie bekommen.

3 Ein längerer Auslandsaufenthalt ist zu begrüßen, wenn
3.1 die schulische bzw. die berufliche Ausbildung nicht zu sehr darunter leidet.
3.2 der junge Mensch innerlich reif dazu ist.

C. Millionen von Bundesbürgern reisen alljährlich ins Ausland.

2.6 Aufsatzbeispiel in Auszügen

A. Erst vor kurzem konnte ich in der Zeitung lesen, dass vier Norwegerinnen Gastfamilien und Praktikantenstellen in meinem Heimatort suchen. Nur drei Wochen werden sie sich in Deutschland befinden, anschließend wollen sie ihren insgesamt zweimonatigen Auslandsaufenthalt in Großbritannien abschließen. Den vier Abiturienten eröffnen sich nicht zuletzt wegen ihrer ausgedehnten Reisen gute Berufsaussichten. Für diese Skandinavier bringt die Fahrt in fremde Länder sicherlich Vorteile. Allerdings muss man gerade bei einem längeren Aufenthalt auch die Nachteile bedenken, um dann erst beide gegeneinander abwägen zu können.

Einleitungsgedanke: aktueller Anlass

Überleitung

Themenformulierung als Entscheidungsfrage

B. 1 Überlegt man sich *zunächst die Vorzüge*, werden zahl-
1.1 reiche *materielle Gesichtspunkte* deutlich, wie etwa die Tatsache, dass man in dem betreffenden Land **viel**
1.1.1 **Sehens- und Wissenswertem** begegnet. Im Gegensatz zu einem Kurzaufenthalt bietet sich hier die Möglichkeit, Vergangenheit und Gegenwart des Landes vor Ort und genau zu studieren. Ein so weiträumiger Staat wie die USA lässt sich wohl kaum in einem kurzen Urlaub kennen lernen. Nur wenn man Wochen, ja Monate dort verbringt, bekommt man einen Einblick etwa in die geographische Vielfalt dieses Landes, aber man wird auch etwas über Rassenprobleme oder die hohe Kriminalität in den Millionenstädten erfahren. Besonders der junge Mensch ist noch für vieles Neue aufnahmefähig und darum sollte er die Gelegenheit zu einer längeren Auslandsreise, sofern sie sich ihm bietet, nützen. ...

Überleitung von 1 zu 1.1

Behauptung

Begründung

Beispiele

Abrundung als Ratschlag

1.1.4	*Ein ganz wesentlicher Gesichtspunkt* ist die Tatsache, dass	*Überleitung*
	man im Ausland seine **Sprachkenntnisse vertiefen** kann.	**Behauptung**
	Ein Schüleraustausch bietet dazu gute Möglichkeiten. Der Schüler wohnt vielleicht bei einer englischen Gastfamilie und ist hier gezwungen, die Landessprache anzuwenden.	Beispiel
	Die Aussprache oder bestimmte Redewendungen werden ihm dadurch weit besser vermittelt als in den mehr theoretischen Schulstunden. Die praktische Sprachbegegnung kann einem Schüler sehr von Vorteil sein und	Begründung
	seine Englischnote aufbessern. Auch ist es möglich, dass der eine oder andere die erworbenen Sprachkenntnisse in seinem späteren Beruf verwertet.	Folge als Abrundung
1.2	*Allerdings muss man ebenso* ideelle Gesichtspunkte in Erwägung ziehen. Fest steht sicherlich, dass der Jugendliche bei einem längeren Aufenthalt im Ausland seine	*Überleitung*
1.2.1	**Menschenkenntnis vertiefen** kann. Ob er nun in England, Frankreich oder gar in Übersee lange Zeit verbringt,	**Behauptung**
	überall stößt er auf verschiedene Charaktere. Erst jetzt kann er beurteilen, inwieweit typische Wesensmerkmale, die bestimmten Völkern zugesprochen werden, richtig sind oder nicht. Vielleicht erfährt der junge Mensch tat-	Begründung
	sächlich die Aufgeschlossenheit, den Zukunftsglauben und den Nationalstolz vieler Amerikaner oder die Gastfreundschaft und den trockenen Humor zahlreicher Engländer. Er wird auch im Land selbst durch den Kontakt mit vielen Menschen seine allgemeine	Beispiele
	Menschenkenntnis erweitern. Gerade dies kann dem Jugendlichen ein Leben lang von Vorteil sein. ...	Abrundung als Rückführung zum Thema
2	*Doch nicht immer* ist der Aufenthalt so vorteilhaft, wie es bis jetzt scheint, *zahlreiche Nachteile* sind zu bedenken,	Überleitung von 1 zu 2 bis zu 2.1.1
2.1	gerade auch in materieller Hinsicht. So mancher	
	Jugendliche findet sich als „Servierer“ in England oder „Küchenmädchen“ in Frankreich wieder und verrichtet fast dieselbe Arbeit wie zu Hause.	Beispiele

2.1.1 Oft wird man als „Mädchen für alles" betrachtet, wobei man sehr **leicht ausgenutzt** wird, gerade weil sich der Jugendliche aufgrund der Sprachschwierigkeiten nicht zur Wehr setzen kann. Man sollte also nie aus den Augen verlieren, dass Frankreich, England und all die anderen fernen Länder nicht nur aus Erlebnis und Abenteuer bestehen, sondern ebenso ihren Alltag aufweisen. ...

Behauptung mit Begründung

Abrundung als Rückführung zum Thema

3 *Trotz genannter Vorteile* lässt sich insgesamt sagen, dass ein **längerer Auslandsaufenthalt in der Regel durchaus zu begrüßen** ist. Allerdings müssen zwei Einschränkungen gemacht werden.

Überleitung zu 3

3.1 Zum einen sollte die **schulische oder berufliche Ausbildung nicht zu sehr darunter leiden.** Was nützen die sehr guten Kenntnisse in einer Fremdsprache, wenn der Jugendliche sie im Beruf oder späteren Leben nicht verwerten kann? Stattdessen wäre eine um ein Jahr früher abgeschlossene Berufsausbildung oder eine konstant durchgezogene Schulzeit für viele ein besserer Start ins Berufsleben; denn je länger man im Ausland lebt, umso schwerer wird die Wiedereingliederung in der Heimat fallen.

Entscheidung mit zwei Einschränkungen

1. Einschränkung

Begründung anhand von Beispielen

3.2 *Zum anderen*, und das ist wohl die wichtigere Überlegung, muss der **junge Mensch innerlich reif** dazu sein, sein Heimatland und damit seine gewohnte Umgebung für längere Zeit zu verlassen. Ist ein Jugendlicher noch leicht beeinflussbar, unsicher im Auftreten und hat noch keine festen Meinungen, so wird er sich wahrscheinlich im Ausland kaum zurechtfinden und wohl fühlen. Die Gefahr, seelisch unter der Trennung von den Eltern oder dem Freundeskreis zu leiden, ausgenützt zu werden oder in schlechte Gesellschaft zu geraten, wäre viel zu groß. ...

Überleitung

2. Einschränkung

Begründung anhand von Beispielen

3 Jugend und Gesellschaft

3.1 Zu allen Zeiten kritisierten Jugendliche die bestehenden Verhältnisse. Auf welchen Gebieten und warum zeigen Jugendliche heute ihre Opposition?

A. Immer wieder sehen und hören wir von Demonstrationen Jugendlicher.

B. Gegen welche Verhältnisse und warum lehnen sich heutige Jugendliche auf?

1 gegen die etablierten Religionen
1.1 mangelndes Interesse an der Kirche
1.2 unerfüllte Sehnsucht nach Geborgenheit
1.3 Ablehnung bestimmter christlicher Lehren

2 gegen den Staat
2.1 Protest gegen bestimmte Parteien
2.2 Anklage gegen soziale Missstände
2.3 Vorbehalte gegenüber umstrittenen Projekten

3 gegen die Gesellschaft
3.1 Ablehnung der Überbetonung materieller Werte
3.2 Ausbruch aus der Leistungsgesellschaft
3.3 Verneinung überlieferter Lebensvorstellungen
3.4 Ablehnung eines genormten äußeren Erscheinungsbildes

C. Eine Demokratie lebt erst durch Opposition.

3.2 Ausbrüche von Gewalt, auch im Schulalltag, sind keine Seltenheit. Wo sind die Ursachen zu suchen?

A. Was versteht man unter legitimer und illegitimer Gewalt?

B. Wo sind die Ursachen für die Gewaltanwendung Jugendlicher, auch im Schulalltag, zu suchen?

1 durch die Medien bedingt
1.1 Wecken schwer erfüllbarer Wünsche
1.2 Verherrlichung der Gewalt

2 durch die Gesellschaft bedingt
2.1 Anonymität in Städten
2.2 zunehmende Kinderfeindlichkeit und Wohnungsnot
2.3 Ellenbogen- und Leistungsgesellschaft

3 durch die Familie bedingt
3.1 schwierige Familienverhältnisse
3.2 Leistungsdruck durch überhöhte Ansprüche an das Kind
3.3 Auflösung altbewährter Familienstrukturen
3.4 zu wenig Zeit und Kraft für die Kinder

4 durch die Schule bedingt
4.1 Unpersönlichkeit durch zu große Klassen
4.2 Überforderung durch Stofffülle
4.3 Notengebung als Druckmittel

5 durch den Einzelnen bedingt
5.1 Unbeherrschtheit aufgrund der schwierigen Phase der Pubertät
5.2 Unfähigkeit, Frustrationen zu ertragen und zu verarbeiten

C. Es gibt nicht nur körperliche Gewaltanwendung, sondern auch psychischen Terror.

3.3 Auf welche Ursachen ist die Jugendkriminalität zurückzuführen? Welche Gegenmaßnahmen können ergriffen werden?

A. Die Zeitungen melden täglich neue Verbrechen.

B. Auf welche Ursachen ist die Jugendkriminalität zurückzuführen? Welche Gegenmaßnahmen können ergriffen werden?

1 Ursachen der Jugendkriminalität
1.1 durch den Charakter bedingt
1.1.1 Triebhaftigkeit
1.1.2 Labilität
1.1.3 Selbstüberschätzung
1.1.4 Geltungsbedürfnis
1.1.5 wenig Leistungsbereischaft

1.2 durch die Zeitumstände bedingt
1.2.1 politischer Art
1.2.1.1 Unzufriedenheit mit der Regierung
1.2.1.2 Protest gegen bestehende Missstände
1.2.1.3 Gefühl der Ohnmacht gegenüber dem Staat

1.2.2 wirtschaftlicher Art
1.2.2.1 Verlockung durch die Werbung
1.2.2.2 Auswirkungen der Wohlstandsgesellschaft
1.2.2.3 mögliche Arbeitslosigkeit

1.3 durch die Umwelt bedingt
1.3.1 vonseiten der Familie
1.3.1.1 falscher Erziehungsstil
1.3.1.2 zu hohe Anforderungen
1.3.1.3 schwierige Familienverhältnisse
1.3.1.4 zu wenig Zeit und Kraft für die Kinder
1.3.1.5 mangelndes Verständnis und Vertrauen

1.3.2 vonseiten der weiteren Umgebung
1.3.2.1 Anonymität in Großstädten
1.3.2.2 Mangel an echten Vorbildern
1.3.2.3 Reizüberflutung durch die Medien
1.3.2.4 Verherrlichung der Gewalt in den Medien
1.3.2.5 schlechter Einfluss von Freunden
1.3.2.6 erhöhter Leistungsdruck in Schule und Beruf

2 mögliche Gegenmaßnahmen
2.1 durch die Mitglieder der Familie
2.1.1 gemäßigter Erziehungsstil
2.1.2 gemeinsame Unternehmungen
2.1.3 Beschränkung des Fernsehkonsums
2.1.4 mehr Verständnis und Zeit füreinander

2.2 durch die Gesellschaft
2.2.1 Integration der Randgruppen
2.2.2 Verbesserung der sozialen Umstände
2.2.3 Abbau von Vorurteilen

2.3 durch den Staat
2.3.1 Verstärkung der Gesetze
2.3.2 Verschärfung der Kontrollen
2.3.3 finanzielle Mittel für Jugend- und Freizeitzentren
2.3.4 Schaffung von Arbeitsplätzen

C. Zustände wie in manch anderen Ländern müssen verhindert werden.

3.4 Welchen besonderen Problemen ist die Jugend von heute ausgesetzt?

A. Die Jugend von heute hätte eigentlich allen Grund, zufrieden zu sein.

B. Besondere Probleme der Jugend von heute

1 hohe psychische Belastungen
1.1 Vorurteile der älteren Generation
1.2 hoher Leistungsdruck
1.3 harte Arbeitswelt
1.4 „kinderfeindliche" Umwelt
1.5 vorhandene Orientierungslosigkeit

2 ungünstige Zukunftsperspektiven
2.1 drohende Arbeitslosigkeit
2.2 schwieriger Aufbau einer Existenz
2.3 fortschreitende Zerstörung der Umwelt
2.4 Möglichkeit atomarer Katastrophen

3 unmittelbare Gefahrenquellen
3.1 neuartige Krankheiten wie Aids
3.2 Opfer krimineller Delikte
3.3 Verführung durch Sekten
3.4 Gefährdung durch großes Drogenangebot
3.5 Gefahren im Straßenverkehr

C. Laut neuesten Umfragen sieht die Jugend von heute trotz vieler Probleme hoffnungsvoll in die Zukunft.

3.5 Aufsatzbeispiel in Auszügen

A. Die Jugend von heute hätte eigentlich allen Grund, optimistisch zu sein. Sie lebt in einer Zeit des Friedens, des Wohlstands, in einer Überflussgesellschaft. Sie genießt viele Freiheiten, kann eine bestmögliche Schulbildung erhalten – und doch mehren sich die Anzeichen dafür, dass die heutigen Jugendlichen nicht zufrieden sind. Protestbewegungen, steigende Jugendkriminalität und zunehmender Drogenkonsum deuten auf unbewältigte Probleme hin. Die ältere Generation steht dieser Tendenz ratlos gegenüber, weshalb sich die Frage stellt, welche besonderen Probleme sich für die Jugend von heute ergeben.

Einleitungsgedanke

Überleitung

Themafrage

B. 1 1.1	Die Jugend von heute ist in vielerlei Hinsicht **hohen psychischen Belastungen** ausgesetzt. Die **Voreingenommenheit der älteren Generation** gegenüber den Jugendlichen ist noch als geringfügigeres Problem einzustufen, wenngleich die Vorurteile wie „faul, leistungsunwillig, aufsässig und ungepflegt" immer häufiger zu Tage treten. Vor allem auf das provozierende Äußere von Skinheads oder Punkern reagieren die Erwachsenen oft mit beleidigenden Äußerungen, ohne jedoch über die Ursachen eines derartigen Auftretens nachzudenken. Dieser Mangel an Anerkennung und die Vorurteile vonseiten der älteren Generation lassen die jungen Leute entweder verzweifeln oder aggressiv werden.	**Behauptung** Begründung Beispiele Zusammenfassung mit Folge
1.2	*Jedoch nicht* nur Vorurteilen ist die Jugend von heute ausgesetzt, *sondern auch* einem **großen Leistungsdruck.** Dieser beginnt bereits in der Schule, bedingt durch die gestiegenen Anforderungen in den einzelnen Fächern. Außerdem wird der Schulstress noch verstärkt, weil jeder Schüler gute Noten haben muss, um eine passende Lehrstelle zu bekommen. In unserer Gesellschaft zählt nur, wer etwas leistet, was wiederum indirekt psychischen Druck auf den Jugendlichen ausübt. Nicht von ungefähr klagen junge Leute häufig über Schlafstörungen und Magenbeschwerden, denn sie verkraften den Leistungsdruck nicht mehr.	Überleitung **Behauptung** Begründung anhand von Beispielen steigernde Begründung Folge als Abrundung
2 2.1	Es dürfen *auch* nicht die **ungünstigen Zukunftsperspektiven** vergessen werden. Die **drohende Arbeitslosigkeit** ist ein Hauptthema in den Medien, da es sich nicht um eine kurzfristige und vorübergehende, sondern vermutlich um eine anhaltende Zeiterscheinung handelt; denn immer mehr Stellen werden wegrationalisiert, Menschen durch Maschinen ersetzt oder ganze Betriebszweige wegen günstigerer Produktion ins Ausland verlegt. Vor allem steigt die Zahl der arbeitslosen Jugendlichen, die keine abgeschlossene Berufsausbildung oder keinen qualifizierten Schulabschluss haben. Sehr bedenklich ist, dass auch junge Menschen mit guter Berufsausbildung zunehmend arbeitslos werden oder	Überleitung von 1 zu 2 **Behauptung** Begründung Beispiele

Schulabgängern kein Ausbildungsplatz vermittelt werden kann. Diese Situation und die negativen Zukunftsperspektiven wirken auf die jungen Menschen sehr bedrückend.

Abrundung

. . .

3.2 *Besonders* tragisch ist die Tatsache, dass Kinder und Jugendliche vermehrt **Opfer krimineller Delikte** werden. In der Bundesrepublik werden schätzungsweise jedes Jahr 300.000 Kinder missbraucht. Offensichtlich suchen sich die Täter die schwächsten Glieder der Gesellschaft, um ihre abartigen Wünsche zu befriedigen. Sexueller Missbrauch von Kindern wird zwar in letzter Zeit verstärkt thematisiert, doch in Familien, Kindergärten, Schulen und in der Jugendarbeit bleibt dies vielfach noch ein Tabu-Thema. Mögliche Signale der Heranwachsenden weiß man nicht zu deuten, sodass die Täter oft unentdeckt bleiben. Alle, die mit Kindern und Jugendlichen arbeiten, sind gefordert, diese Realität wahrzunehmen und zu verändern.

Überleitung
Behauptung
Beispiel
Begründung
steigernde Begründung anhand von Beispielen
Folgerung

3.3 *Darüber hinaus* darf die **Verführung durch Sekten** als Problemfaktor nicht unterschätzt werden. Gerade Heranwachsende, einsam oder bindungslos, fallen auf die geschickte Werbung durch Sektenmitglieder herein. Doch entpuppt sich diese „religiöse Gemeinschaft“ häufig als „Gefängnis“, in dem die Mitglieder von ihrer früheren Umgebung isoliert und stark unter Druck gesetzt werden. In jüngster Zeit geriet Scientology vermehrt ins Kreuzfeuer der Kritik. Diese Organisation, die nach eigenen Angaben in Deutschland über 30.000 Mitglieder verfügt, will in erster Linie eines, nämlich Geld und Macht. Dies erreicht sie durch teure Kurse und Seminare, in denen auch zweifelhafte psychotherapeutische Verfahren angewandt werden. Sich später von einer solchen Organisation zu lösen, gelingt nur wenigen jungen Menschen.

Überleitung
Behauptung
Begründung
Beispiel
Abrundung

. . .

3.5 *Nicht zuletzt* birgt die **deutliche Zunahme des Straßenverkehrs** gerade für junge Menschen ein **hohes Risiko**. Zum einen fehlt den jungen Verkehrsteilnehmern die notwendige Erfahrung und damit Sicherheit, zum anderen sind sie mit für Jugendliche typischen Fahrzeugen wie Fahrrad, Mofa, Motorrad oder Roller besonderen Gefährdungen ausgesetzt; denn sie bieten wenig Schutz und werden von anderen oft als Fahrzeug „zweiter Klasse" angesehen. Fast jeden Tag hört man von Verkehrsunfällen, an denen Jugendliche beteiligt sind. Vor allem die Gruppe der 18- bis 25-Jährigen trägt ein erhöhtes Unfallrisiko. Dies ist eine der größten Gefahrenquellen für junge Leute.

Überleitung
Behauptung
Begründung

Beispiel

Rückführung zum Thema

C. Jugendliche stehen also heute vor einer Vielzahl von Problemen, die frühere Generationen nicht gekannt haben und die das Leben entscheidend beeinflussen können. Doch ist ein No-Future-Denken bei der Jugend von heute nicht unbedingt gefragt; im Gegenteil – immer mehr junge Menschen haben wieder eine optimistische Lebenseinstellung und versuchen durch Eigeninitiative eine bessere Welt und somit eine bessere Zukunft für sich und ihre Kinder zu schaffen. Es bleibt zu hoffen, dass dies gelingt.

II Textgebundener Aufsatz

A Erläuterungen zum Erstellen eines textgebundenen Aufsatzes

1 Definition des Begriffs textgebundener Aufsatz

In den Jahrgangsstufen 9 und 10 ist der textgebundene Aufsatz die zweite bedeutende Aufsatzform neben der Erörterung.

Der Begriff als solcher weist bereits darauf hin, dass sich deine Arbeit an einem **vorgegebenen Text** orientieren muss und du deine Arbeitsergebnisse und Gedanken als Sprachganzes, also als **Aufsatz mit Einleitung (A), Hauptteil (B) und Schluss (C)** niederzuschreiben hast. Du darfst demzufolge nicht Einzelergebnisse losgelöst von einem inneren Zusammenhang aneinanderreihen oder gar stichpunktartig antworten, sondern du musst einen sprachlich und gedanklich geschlossenen Gesamtaufsatz erstellen. An jeden Text schließt sich ein Aufgabenkomplex an, der dir Arbeitsschwerpunkte vorgibt, d. h. die Gesichtspunkte, unter welchen du den Text anzugehen hast. Gleichzeitig bilden diese Aufgabenstellungen ein Grundgerüst und damit eine Hilfe für die geforderte **Gliederung,** die du auch bei dieser Aufsatzart – genauso wie bei der Erörterung – in der Abschlussprüfung anfertigen musst.

Der Hauptteil des textgebundenen Aufsatzes besteht aus zwei Aufgabenbereichen (genauere Erklärungen siehe Punkt 3.2), einer **Texterschließung** und einer **weiterführenden Erörterung.**

Erschließungsteil

Im Erschließungsteil werden die Analyse des Inhalts, des Aufbaus, der Sprache, der Textsorte, die Absicht (Intention) des Autors, der historische Hintergrund und Parallelen zur Gegenwart, die Bewertung des Textes und eine eigene Stellungnahme im Mittelpunkt stehen, wobei nicht immer alle genannten Bereiche von dir behandelt werden müssen. Orientiere dich hier ausschließlich an den **vorgegebenen Leitaufgaben.**
In diesem Erschließungsteil musst du zumeist deine Arbeitsergebnisse argumentativ darstellen, d. h. deine Beobachtungen mit Textstellen begründen.

Weiterführende Erörterung

Die zweite Hälfte des Hauptteils umfasst die weiterführende Erörterung. Beruhen die Ergebnisse des Erschließungsteils allein auf einer Auseinandersetzung mit der Textvorlage, so geht die weiterführende Erörterung darüber hinaus, wenngleich die Thematik von dem Text bestimmt wird.
Der Begriff besagt, dass bestimmte Textaussagen weiter erläutert werden müssen. Dies geschieht in Form von Argumenten entsprechend der Erörterung. Folglich musst du in diesem Abschnitt des textgebundenen Aufsatzes die Arbeitstechniken anwenden, die du im Erörterungsteil A des Trainingsbuches erlernt hast.

Die genaue Aufgabenstellung hast du wiederum den Leitaufgaben zu entnehmen. Sie können in unterschiedliche Richtungen weisen:
- Ergänzung und Weiterführung des Textinhalts
- Vertiefung der Argumentation des Autors
- Widerlegung der Argumentation des Verfassers
- Beurteilung der genannten Ursachen, Folgen, Maßnahmen etc.
- Erörterung der Problematik an Beispielen aus dem eigenen Erfahrungsbereich

Mit Hilfe eines Grobschemas, das in den nächsten Trainingsabschnitten weiter ausgebaut wird, lässt sich das Grundgerüst des textgebundenen Aufsatzes vereinfacht darstellen.

Der textgebundene Aufsatz als Sprachganzes

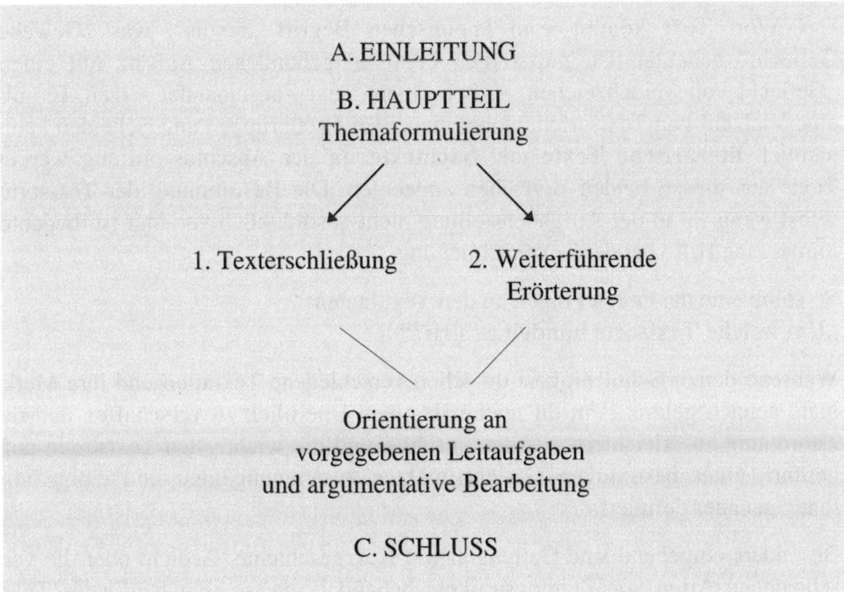

2 Wichtige Textsorten und Fachbegriffe

Das Wort Text kommt vom lateinischen Begriff „textus", was „Gewebe, Geflecht" bedeutet. Du musst dich beim textgebundenen Aufsatz mit einem „Geflecht von Sprachzeichen" – eben einem Text – auseinander setzen. Es gibt eine Vielzahl von Textsorten, wobei man zwei Großgruppen unterscheiden kann, nämlich **literarische Texte** und **Sachtexte.** In der Abschlussprüfung werden Texte aus diesen beiden Bereichen angeboten. Die Bestimmung der Textsorte, selbst wenn sie in der Aufgabenstellung nicht ausdrücklich verlangt ist, bedeutet immer eine Hilfe bei der Texterschließung.

So sollte eine der ersten Fragen an den Text lauten:
„Um welche Textsorte handelt es sich?"

Während deiner Schulzeit hast du schon verschiedene Textarten und ihre Merkmale kennen gelernt. Um dir nochmals einen Überblick zu verschaffen und die Zuordnung zu erleichtern, werden anschließend die wichtigsten Textsorten aufgeführt, unter bestimmten Gesichtspunkten zusammengefasst und einige von ihnen genauer definiert.

Besonders eingehend sind Gattungen wie Kurzgeschichte, Gedicht oder die verschiedenen Arten von Zeitungsartikeln behandelt, da sie sehr häufig als Textgrundlage dienen. Bei den übrigen Textsorten sind zumeist nur wesentliche Erkennungsmerkmale genannt.

Bei den Definitionen werden einige Begriffe verwendet – bei der Erstnennung jeweils mit * gekennzeichnet –, deren genaue Erklärung du auf S. 93 f. unter der Rubrik „Ergänzende Fachbegriffe" vorfindest.

2.1 Literarische Texte

Bei literarischen bzw. poetischen Texten unterscheidet man drei verschiedene Grundgattungen, und zwar **Epik, Lyrik** und **Dramatik.**

Als Textauswahl für die schriftliche Abschlussprüfung bieten sich unter den literarischen Texten vor allem bestimmte **epische Kurzformen** und **der lyrische Bereich** an. Andere Teile der Epik (z. B. Roman, Novelle) und Dramatik (z. B. Tragödie, Komödie) sind als Ganzwerk zu umfangreich, können aber in Ausschnitten (bestimmte Szenen oder ausgewählte Textabschnitte) bearbeitet werden.

EPIK
Sie ist die erzählende Dichtung in Versen oder Prosa*, wobei Menschen und Zustände in breiter Form oder knapp gedrängt geschildert werden. Die Epik gilt als objektiver als die Lyrik und subjektiver als die Dramatik. So wird bei der Epik aus einer gewissen Distanz etwas erzählt und auf die Fantasie des Lesers abgezielt, wobei man verschiedene Erzählhaltungen* unterscheiden muss.

Epische Formen:
Epos, Roman, Saga ... = **Großepik**

Novelle, Erzählung, Kurzgeschichte, Essay, Fabel, Sage, Märchen, Legende, Parabel, Parodie, Satire, Anekdote ... = **Kurzepik**

Die wichtigsten epischen Formen:

- **Roman**
  Er ist eine Großform der Erzählkunst in Prosa, gekennzeichnet durch die Vielschichtigkeit von Inhalt und Form. Der Roman umfasst zumeist breite Ausschnitte aus dem Leben einer oder mehrerer Personen. Romaneinteilungen kann man nach unterschiedlichen Gesichtspunkten vornehmen, so etwa nach Stoffen und dargestellten Personen (z. B. Liebesroman, Gesellschaftsroman), nach den Erzählverfahren (z. B. Briefroman), nach den Adressaten (z. B. Frauenroman, Jugendroman) oder nach Anspruch und Verfahrensweise (z. B. Trivialroman, Problemroman).

- **Novelle**
  Die Novelle ist eine im Vergleich zum Roman kürzere Prosaerzählung einer tatsächlichen oder zumindest möglichen Einzelbegebenheit mit einem einzigen zentralen Konflikt. Epische Breite und Charakterausmalung des Romans treten zurück, indem die straffe Handlung geradlinig auf ein Ziel hinführt. Typische Merkmale sind außerdem ein Höhe- und Wendepunkt und bestimmte Vorausdeutungstechniken wie Leitmotive* oder Dingsymbole*.

- **Erzählung**
  Hier wird der Verlauf von wirklichen oder gedachten Geschehnissen meist in Prosa, aber auch in Versen dargestellt. Im engeren Sinn steht die Bezeichnung für einen kurzen und schlichten Erzähltext. Im weiteren Sinn ist es der Sammelbegriff für alle epischen Textsorten, die keine klaren Gattungsmerkmale aufweisen.

- **Kurzgeschichte**
  Der Begriff stammt von der amerikanischen „short story“ und hat bei uns vor allem nach dem 2. Weltkrieg durch Autoren wie Heinrich Böll, Wolfgang Borchert, Wolfdietrich Schnurre, Siegfried Lenz u. a. Bedeutung erlangt. In knapper Form und ohne Handlungsvielfalt beinhaltet die Kurzgeschichte zumeist einen entscheidenden Augenblick im Leben eines Menschen, sodass eine Zentralfigur im Mittelpunkt des alltäglichen Geschehens steht.
  Deutliche Kennzeichen des Aufbaus sind der unmittelbare Beginn, die Steigerung der Spannung bis zum Höhepunkt, der zugleich Wendepunkt ist, und der offene Schluss. Sprachlich gesehen wird der Dialog* nur sparsam eingesetzt, hingegen treten häufiger bildhafte Vergleiche (Metaphern) und Dingsymbole auf. Eine Alltagssprache herrscht vor.

- **Fabel**
  Sie ist eine in Vers oder Prosa abgefasste, kurze und lehrreiche Erzählung, in der zumeist Tiere, aber auch Pflanzen oder Gegenstände wie Menschen sprechen und handeln. Sie befinden sich in Konfliktsituationen, in denen menschliche Schwächen aufgedeckt werden. Durch eine wirkungsvolle Schlusspointe* wird der Belehrungscharakter unterstrichen.

- **Märchen**
  Man unterscheidet zwischen **Volks- und Kunstmärchen.** Volksmärchen (Sammlung der Kinder- und Hausmärchen der Gebrüder Grimm) sind eine vom Umfang begrenzte, mündlich überlieferte Prosaerzählung, deren Inhalt frei erfunden und die von Fantasiegestalten geprägt ist. Folglich widersprechen sowohl Personen als auch Handlungen vielfach den Naturgesetzen. Ein Märchen lässt sich nicht zeitlich-räumlich festlegen und es wird nicht zwischen Wirklichkeit und Unwirklichkeit getrennt. Es ist von Gegensätzen geprägt (gut/böse, reich/arm, klug/dumm), wobei dem Guten in der Regel zum Sieg verholfen wird. Märchen haben dadurch eine moralische Wirkung. Die meisten Märchen beginnen mit der Formel „Es war einmal“.

- **Parabel**
  Sie ist eine lehrhafte Erzählung, in der eine Lebensweisheit durch ein Gleichnis anhand eines prägnanten Einzelfalls veranschaulicht wird. Beispiele von Parabeln findet man im Neuen Testament, in der modernen Dichtung etwa bei Kafka und Brecht.

- **Parodie**
  Sie ist die verspottende oder übertreibende (satirische) Nachahmung eines bekannten literarischen Werkes oder einzelner Teile. Die äußere Form wird dabei beibehalten, der ursprüngliche Inhalt jedoch verändert. Parodien können harmloser, rein spielerischer Art sein, aber es kann auch ein Werk oder dessen Verfasser dadurch entlarvt oder lächerlich gemacht werden.

- **Satire**
  Durch Übertreibung, Ironie und Spott übt sie an Personen oder/und Ereignissen Kritik und macht sie lächerlich. Dadurch soll sie helfen, bestimmte Zustände oder Verhaltensweisen zu verbessern oder wenigstens darüber nachzudenken. Als Satire wird nicht nur eine bestimmte Textsorte bezeichnet, sondern auch eine in allen literarischen Gattungen anzutreffende Darstellungsform. Ein bekannter zeitgenössischer Satiriker ist Ephraim Kishon.

- **Anekdote**
  Die Anekdote erzählt in knapper, oft heiterer Form eine besondere Begebenheit. Durch sie werden eine zumeist bekannte Person, ein außergewöhnlicher Vorfall, eine Zeitepoche, eine Gesellschaftsschicht oder ein Menschentyp scharf charakterisiert. Am Schluss der um Objektivität bemühten Darstellung steht eine Pointe.

LYRIK
Man verstand darunter ursprünglich Gesänge, die mit Lyrabegleitung (Saiteninstrument) vorgetragen wurden. Die Lyrik gilt als Urform der Dichtung und weist eine relativ konstante äußere Form (Rhythmus, Vers, Reim etc.) auf. Sie ist die persönlichste der literarischen Gattungen, setzt auf die Symbolkraft des Bildes und zielt auf die Gestimmtheit des Lesers ab.

Lyrische Formen:
Gedicht, Ballade, Elegie, Hymne, Lied, Ode, Sonett ...

Die wichtigsten lyrischen Formen:

- **Gedicht**
  Diese Bezeichnung ist eine Art Sammelbegriff für verschiedene lyrische Formen. Das Gedicht, in dem inhaltlich auf die Darstellung von Begründungen verzichtet wird, ist eine sehr subjektive Form. In ihm werden sowohl seelische Stimmungen (Freude, Trauer) als auch das Verhältnis vom Ich zum Mitmenschen (Liebe, Freundschaft, Isolation) und von Seele und Welt (Natur, Vergänglichkeit) thematisiert. Moderne Gedichte greifen gesellschaftspolitische Themen (Umwelt, Medien ...) auf. Die Sprache und Form der Gedichte ist vielfach von der Alltagssprache und einem Prosatext abgehoben und besteht in seiner klassischen Form aus Versen mit einem bestimmten Versmaß. In der Moderne ist die Grenze zwischen Gedicht und Prosa fließend, wobei sich auch das moderne Gedicht durch Klang und Rhythmus der Sprache auszeichnet, vielfach aber reimlos und in seiner Aussage verschlüsselt ist (Montagetechnik*).

- **Ballade**
  In der Ballade findet man epische (Erzählweise), dramatische (dramatischer Konflikt/Dialoge) und lyrische (strophische und gereimte Form) Elemente, sodass diese Textsorte zu den Übergangsformen zählt. Sie enthält ein ungewöhnliches und meist tragisches Geschehen aus Geschichte, Sage, Mythos, aber auch Alltägliches.

- **Ode**
  Typisch für die Ode sind meist kunstvoll aufgebaute, reimlose Strophen mit feierlich-würdevollen Themen aus den Bereichen Liebe, Freundschaft, Natur, Vaterland, Religion.

- **Sonett**
  In seiner Grundform besteht das Sonett zumeist aus zwei vierzeiligen (Reimschema abba) und zwei dreizeiligen (Reimschema cdc) Strophen, die als Quartette und Terzette bezeichnet werden. Diese strenge Form des Sonetts erfordert einen gedanklich klaren Aufbau.

DRAMATIK
In Dramen werden Gesprächssituationen (Dialoge, Monologe*) in einer in sich abgeschlossenen Handlung festgehalten. Das klassische Drama ist meist pyramidenförmig aufgebaut mit Einführung, Steigerung der Handlung, Höhepunkt mit plötzlicher Wende, fallende Handlung und Ausklang. Das moderne Drama ist nicht mehr streng in Akte (3 bzw. 5 Akte des klassischen Dramas) gegliedert, vielmehr reihen sich Einzelszenen lose aneinander.

Dramatische Formen:
Komödie, Tragödie, Schauspiel, Tragikkomödie, Hörspiel, Fernsehspiel ...

Die wichtigsten dramatischen Formen:

- **Komödie**
  Die Komödie oder das Lustspiel ist ein Bühnenstück mit komischem oder heiterem Inhalt, in dem die Handlung nach einem scheinbaren Konflikt, der menschliche Schwächen entlarvt, glücklich oder zumindest versöhnlich endet. Nach Inhalt und Intention unterscheidet man die Charakterkomödie, Situationskomödie, Intrigenkomödie, rührende Komödie und Unterhaltungskomödie.

- **Tragödie**
  Der Begriff ist nahezu gleichzusetzen mit dem Trauerspiel. Die Tragödie gehört zusammen mit der Komödie zu den Hauptgattungen des Dramas. In ihr wird eine ernste, in sich abgeschlossene Handlung in einzelnen Szenen vorgeführt. Der Konflikt, nämlich der Kampf gegen die Umwelt oder eigene Leidenschaften, endet tragisch.

- **Tragikomödie**
  In ihr findet man sowohl komische als auch tragische Elemente.

- **Schauspiel**
  Diese Bezeichnung wird zum einen als Oberbegriff für Tragödie und Komödie gesehen, zum anderen als breiter angelegte Dramenform verstanden. Ein Schauspiel ist ebenso ein Drama mit ernster Grundstimmung, in dem das Tragische durch eine rechtzeitige Besinnung des Helden überwunden wird. Auch das epische Theater Brechts kann man zu dieser Gattung zählen.

- **Hörspiel**
  Diese dramatische Literaturgattung ist erst durch das Medium Rundfunk im 20. Jahrhundert entstanden. Sie ist gekennzeichnet durch den Wegfall alles Optischen zugunsten rein akustischer Gestaltungsmittel, wie z. B. des gesprochenen Wortes, der Musik und der Geräusche. Die oft kurze Sendedauer bedingt ein möglichst überschaubares Geschehen mit einer begrenzten Personenzahl. Das alles wird entsprechend der dramatischen Form in Dialogen, Monologen und berichtenden Teilen von einem Erzähler vorgetragen.

2.2 Sach- und Gebrauchstexte

Jeder wird mit Sach- und Gebrauchstexten täglich konfrontiert. Durch Artikel in Zeitschriften und Zeitungen, Postwurfsendungen, Gebrauchsanweisungen und vieles mehr sollen wir täglich informiert oder auch zu etwas überredet werden, indem der Leser gezielt beeinflusst wird.

In diesen Sachtexten werden verschiedene Themenbereiche politischer, gesellschaftlicher oder wirtschaftlicher Art berührt.
Auch bei ihnen treten Mischformen auf, d. h. Textsorten, die nicht eindeutig bestimmt werden können. In den meisten Fällen jedoch lassen sich bei Sach- und Gebrauchstexten je nach Inhalt und Zielsetzung **drei Grundtypen** unterscheiden.

Grundtyp	**Textsort**	**Ziel**
Ein vorwiegend informativer Text	Sach- und Lehrbuch, Beschreibung, Bericht, Nachricht, Protokoll, Inhaltsangabe, Reportage, Interview ...	Ereignisse und Tatsachen sollen sachlich, genau und somit objektiv dargestellt werden.
Ein vorwiegend appellativer (auffordernder) oder kommentierender Text	Aufruf, Werbetext, Flugblatt, Wahlblatt, Kommentar, Kolumne, Leitartikel, Glosse, Essay, Leserbrief, Karikatur ...	Der Verfasser will den Leser zu einer bestimmten Reaktion veranlassen oder nur seine persönliche Meinung wiedergeben.
Ein vorwiegend regelnder Text Ist als Prüfungstext kaum geeignet	Verordnung, Gesetzestext, Vertrag, Abkommen, Betriebsanleitung ...	Das Verhalten von Menschen in bestimmten Situationen soll geregelt werden.

Die wichtigsten informativen Texte:

- **Beschreibung**
  Bei ihr werden Personen, Sachen oder Vorgänge bzw. Sachverhalte in allen Einzelheiten beschrieben. Die Sprache ist sachlich, die Zeitstufe zumeist das Präsens, um klarzustellen, dass sich z. B. der Handlungsablauf immer in der gleichen Art und Weise wiederholt.

- **Bericht**
  Er informiert in sachlicher Sprache über Tatsachen, Ereignisse, Tätigkeiten und Handlungen. Er soll Informationen weitergeben, die frei sind von persönlichen Gefühlen und Meinungen. Dabei muss man auf die richtige Reihenfolge und genaue Zeit-, Orts- und Personenangaben achten.
  Zeitungsberichte gehen über die knappe Nachricht hinaus und enthalten detaillierte Informationen und manchmal auch kommentierende, also die persönliche Meinung wiedergebende Elemente.
  Der Bericht muss klar über die Fragen „Was? Wer? Wann? Wo? Wie? Warum?“ Aufschluss geben. Gleich zu Beginn, nämlich durch einen Vorspann, ist das Wesentliche der Nachricht zu lesen. Danach folgt eine genaue Darstellung des Geschehens, wobei gegen Ende des Berichts die Nachrichten inhaltlich an Wichtigkeit abnehmen.

- **Reportage**
  Sie gehört zu den wichtigsten journalistischen Stilformen, sodass sie in den Massenmedien einen breiten Raum einnimmt. Der Reporter schildert Zustände und Vorgänge, vielfach aktueller Art, möglichst konkret, lebendig und anschaulich. So kann man auch von einem persönlich gefärbten Erlebnisbericht sprechen, der auf die Gefühle des Lesers abzielt. Typisch für Reportagen sind der Perspektiven- und Aktualitätswechsel und der Einsatz der direkten Rede. Bei Reportagen in der Presse und im Hörfunk steht der Text im Vordergrund anders als in Illustrierten, im Film und Fernsehen, wo sich Text und Bild ergänzen. Eine breiter angelegte Reportage wird als „Feature“ bezeichnet.

- **Interview**
  Der Interviewer (z. B. Journalist) stellt einer Person oder einer Personengruppe (z. B. Politiker, Künstler, Sportler) Fragen. Abwechselnd kommen beide zu Wort, wobei der Interviewer durch seine Fragestellung den Gespächsverlauf bestimmt. Die Fragen können mehr sachlich, aber auch provozierend gestellt werden, auf jeden Fall sollen dem Gesprächspartner Neuigkeiten entlockt werden.

Die wichtigsten appellativen und kommentierenden Texte:

- **Essay**
  Damit ist ein kürzerer, jedoch stilistisch gehobener Prosatext gemeint. Gesellschaftliche und geistig-kulturelle Themen werden sehr subjektiv und geistreich, jedoch nicht wissenschaftlich behandelt. Sie werden nicht detailliert, eher großzügig untersucht.

- **Glosse**
  Die Glosse beurteilt auf subjektive Weise Ereignisse oder Zeiterscheinungen und weist dabei auf Missstände hin. Der Autor formuliert vielfach äußerst angriffslustig, geistreich-ironisch* und satirisch und verwendet viele bildhafte Vergleiche. In zahlreichen Zeitungen und Zeitschriften erscheinen regelmäßig Glossen mit oft aktuellem Bezug zum täglichen Leben.

- **Karikatur**
  Durch grafische Darstellungen werden menschliche Eigenarten und Schwächen überspitzt dargestellt oder es werden Menschen in seltsam-witzigen Situationen gezeigt. Ein zusätzlicher Text ist entweder nur eine Art Überschrift oder besteht aus wenigen Worten, die den Sinn der Karikatur verdeutlichen sollen. Es gibt aber auch Karikaturen ohne Text.

- **Kolumne**
  Stets vom selben Journalisten verfasster, kommentar-ähnlicher Beitrag, der regelmäßig an einer bestimmten Stelle einer Zeitung oder Zeitschrift erscheint.

- **Kommentar**
  Im Mittelpunkt des Kommentars steht die Meinung, also die Grundhaltung des Journalisten, wobei ein Kommentar zum tieferen Verständnis eines Ereignisses oder einer Entscheidung beitragen soll. Der Leser muss bei dieser Textsorte zwischen Meinung und Information trennen. Es werden Hintergründe und nähere Umstände analysiert und Tatsachen in Zusammenhängen gesehen. Dabei bewertet der Journalist nicht nur aktuelle Themen, sondern auch sich abzeichnende Entwicklungen auf politischem, sozialem, wirtschaftlichem und kulturellem Gebiet. Ein Kommentar kann ernsthaft und aggressiv formuliert sein; aber auch die Ironie ist als Stilmittel möglich.

- **Leitartikel**
  Er ist eine Sonderform des Kommentars, also ebenfalls ein meinungsbildender Beitrag.

- **Leserbrief**
  Der Leserbrief ist eine Zuschrift von Lesern an Zeitungen oder Zeitschriften. Er will teilweise in sachlicher, aber zumeist subjektiver oder sogar stark emotionaler Form berichtigen, ergänzen oder kritisieren. Leserbriefe und deren Veröffentlichung sind ein Zeichen für Demokratie.

- **Werbetext**
  Werbetexte sind produkt- und dienstleistungsbezogen und wollen den möglichen Käufer beeinflussen. Sie sollen zunächst durch Schrift und Bild die Aufmerksamkeit des Lesers und somit sein Interesse wecken, was schließlich zum Besitzwunsch und zum Kauf führen soll. Werbetexte rufen im Menschen oft Triebe, Ängste, Schuldkomplexe und Sehnsüchte hervor. Dabei ist die Werbesprache, die mit Mitteln wie Reim, Wortneuschöpfungen, Wortspielen, Alliterationen, Modewörtern oder bestimmten Sprachstilen arbeitet, von entscheidender Bedeutung, ebenso wie die Verwendung optischer Mittel.

2.3 Ergänzende Fachbegriffe

- **Dingsymbol**
  An wichtigen Stellen des Textes erscheint ein Gegenstand von symbolhafter Bedeutung, also ein Sinnbild, das für etwas nicht Sichtbares steht (z. B. Kreuz = Symbol des Leidens und der Erlösung).

- **Dialog**
  Ein Dialog ist im Gegensatz zum Monolog ein Gedankenaustausch zwischen zwei oder mehreren Personen. Er findet in allen drei Literaturgattungen Verwendung.

- **Erzählhaltung**
  Darunter wird die Perspektive verstanden, von der aus der Autor die Handlung schildert.

  Ich-Erzähler: Darstellung nur aus eigenem Erleben und eigener Erfahrung, ohne aber unbedingt mit dem Autor identisch zu sein

  Er-Erzähler: Darstellung aus der Sicht einer bestimmten Person, wodurch der Blickwinkel eingeschränkt ist (personaler Erzähler); reiner Beobachter von außen, der eigene Gedanken (Erzählkommentar) zum Geschehen äußert (auktorialer Erzähler)

- **Ironie**
  Ironie ist eine Redeweise, die das Gegenteil des Gesagten meint (Das geht aber schnell! = Das dauert ziemlich lange!). Ihr Spott kann von Heiterkeit bis zur Bitterkeit reichen.

- **Leitmotiv**
  Darunter versteht man ein immer wiederkehrendes Motiv (z. B. Dingsymbol), sich wiederholende Redewendungen bestimmter Personen oder wiederholte Handlungsteile. Leitmotive haben die Aufgabe, etwas hervorzuheben und Textzusammenhänge herzustellen.

- **Monolog**
  Ein Monolog ist das Selbstgespräch einer einzelnen Person und findet vor allem in Dramen Verwendung. Der innere Monolog ist die Wiedergabe unausgesprochener Gedanken.

- **Montage**
  Der Begriff wurde aus der Filmtechnik in den Bereich der Literatur übernommen. Man versteht darunter die gewollte Verknüpfung sprachlicher, stilistischer und auch inhaltlich unterschiedlicher Textteile. In der modernen Literatur wird sie in allen Gattungen, also sowohl in der Lyrik als auch Epik und Dramatik, angewandt.

- **Pointe**
  Sie ist eine überraschende Wende, z. B. in einer Anekdote oder einem Witz.

- **Prosa**
  Prosa ist die nicht durch Rhythmus oder Reim gebundene, also die sog. freie Redeweise. Sie umfasst verschiedene literarische Bereiche der erzählenden Dichtung.

3 Aufbau des textgebundenen Aufsatzes

Wie jeder Aufsatz besteht auch diese Art aus:

A. Einleitung
B. Hauptteil
C. Schluss

3.1 Einleitung

Die Einleitung soll das Interesse des Lesers wecken und zur Thematik des Textes hinführen. Sie kann, je nach Textsorte, je nach deinem Vorwissen oder je nach Aufgabenstellung im Hauptteil, folgende Punkte enthalten:

- Informationen über den Autor, seine Biographie (Lebenslauf), seine Lebensumstände, seine politische und geistige Haltung, seine bevorzugten Themen
- Seine wichtigsten Werke
- Daten zum Text, wie z. B. Titel, Erscheinungsort, Erscheinungsjahr, bei Zeitungstexten Quellenangaben
- Einordnung des Textes in die entsprechende literarische Epoche
- Erörterung der Zeitumstände, des politischen und sozialen Hintergrunds
- Bestimmung der Textsorte
- Hinführung zur Thematik durch einen nahe liegenden, eigenständigen Einleitungsgedanken wie bei der Erörterung bei nur spärlichen Vorinformationen
- Hauptthema des Textes in Kurzfassung

Beachte: Nimm keine Punkte aus dem Hauptteil vorweg!

3.2 Hauptteil

Zum Hauptteil gehören:

• Die Inhaltsangabe • Die Textsorte • Der Aufbau • Die Stil- oder Sprachanalyse • Die Absicht des Autors und die Wirkung des Textes	} Texterschließung
• Der weiterführende erörternde Teil	} erörternder Teil

3.2.1 Inhaltsangabe oder Kurzwiedergabe des Textes

Voraussetzung für eine sinnvolle Inhaltsangabe ist ein grundlegendes Textverständnis.

Hilfen zum Verständnis

Um das Wesentliche erfassen zu können, ist ein **mehrmaliges Lesen** des ganzen Textes oder bestimmter Textstellen nötig. Nimm einen Stift zur Hand, um schwer verständliche oder besonders markante Stellen kennzeichnen zu können.

Erstlesen	***Zweit- oder Mehrfachlesen***
Du erfährtst im Groben, worum es eigentlich geht.	Du erkennst bereits einzelne Besonderheiten, Zusammenhänge werden klar.

Löse noch vorhandene Verständnisprobleme, indem du
- Fachbegriffe, dialektgefärbte Begriffe oder Fremdwörter in einem Nachschlagewerk (z. B. Duden) klärst,
- Unklarheiten aus dem Textzusammenhang zu entschlüsseln suchst.

Hilfen zur Wiedergabe des Inhalts

1. Formuliere einen **einleitenden Basissatz**, indem du in einem Satz die Kernaussage des Textes festhältst.
2. Beantworte die so genannten **W-Fragen** (Wer, Wo, Weshalb, Wann ...).
3. Beschränke dich auf die wesentlichen Punkte des Geschehens (Grund, Folge) und beschreibe **keine Nebensächlichkeiten** (keine Nacherzählung!).
4. Stelle diese wichtigen Inhalte in einer **geradlinigen Reihenfolge** dar.
5. Achte auf eine **inhaltliche Ausgewogenheit**, d. h., du darfst in deiner Inhaltsangabe nicht bestimmte Textabschnitte zu ausführlich wiedergeben und andere zu knapp.
6. Bevorzuge einen **sachlichen, nüchternen Schreibstil** ohne ausmalende Elemente.
7. Verwende **Nebensätze** vor allem kausaler (da, weil ...), konzessiver (obgleich, obwohl ...) und modaler Art (indem, anstatt zu, als ob ...).
8. Gebrauche die **indirekte Rede** (Konjunktiv) anstelle der direkten.
9. Formuliere in einer von der Textvorlage unabhängigen, **eigenständigen Sprache**.
10. Wähle das **Präsens** als Zeitstufe.

3.2.2 Textsorte

Die wichtigsten Kriterien für die Bestimmung der Textsorte findest du ab Seite 84 unter Punkt 2.
Begründe im Aufsatz deine Entscheidung anhand der typischen Merkmale, die du im Text vorfindest.

3.2.3 Aufbau oder Formanalyse

Der äußere Aufbau des Textes

Durch die Analyse des Aufbaus lassen sich wichtige Rückschlüsse auf den Inhalt und auf die Textsorte ziehen.

Zunächst betrachtest du dir die äußere Form des Textes und beschreibst sie nach den folgenden Kriterien. Dabei sollst du aber immer die damit verfolgte Absicht des Autors berücksichtigen.

- Ist eine Überschrift vorhanden? Welchen Bezug hat sie zum restlichen Text?
- Ist der Text in viele kleinere Abschnitte unterteilt, also stark gegliedert? Viele Einzelhandlungen, viele verschiedene Gedanken oder Dialoge vermitteln Bewegtheit, eine sich eventuell aufbauende Spannung.
- Ist der Text nur schwach gegliedert, also in wenige Absätze aufgeteilt? Mögliche Absicht: beschreibender oder erörternder, evtl. wissenschaftlicher Text.
- Welche optischen Mittel setzt der Autor ein? Was möchte er durch Fettdruck, Großbuchstaben, durch eine bestimmte Zeilenanordnung, durch eine besondere graphische Gestaltung, durch farbige Unterlegung des Textes oder durch Bilder hervorheben?

Bei manchen Textsorten, wie z. B. beim Gedicht oder beim Zeitungsbericht, ist der äußere Aufbau ganz typisch.

Das Gedicht

Faulheit, jetzo will ich d**ir** **Reim**
Auch ein kleines Loblied br**ingen –**
Oh, – wie sau – er wird es m**ir**,
Dich – nach Würden – zu bes**ingen**!
Doch ich will mein Bestes **tun**,
Nach der Arbeit ist gut **ruhn**.

} 6 Zeilen ⇨ Strophe

Aus: „Ein Lob der Faulheit“ von G. E. Lessing

Fachbegriffe zum Aufbau des Gedichts

- **Enjambement**
  Zeilensprung, d. h., der Satz reicht über das Zeilenende in die nächste Zeile hinein.
- **Metrum oder Versmaß**
  Geregelte Anzahl oder Abfolge von langen oder kurzen, betonten oder unbetonten Silben, von **Hebungen** und **Senkungen**.
  Die geläufigsten Versmaße sind:

Jambus:	v-v-	regelmäßiger Wechsel von unbetonten und betonten Silben
Trochäus:	-v-v	beginnt mit einer betonten Silbe
Anapäst:	vv-vv-	auf zwei unbetonte Silben folgt eine betonte
Daktylus:	-vv-vv	auf eine betonte Silbe folgen zwei unbetonte

- **Reim**
  Gleichklang zweier oder mehrerer Wörter am Zeilenende. Man unterscheidet zwischen einem *männlichen* (endet mit einer Hebung) und einem *weiblichen* (endet mit einer Senkung) Reim. Das Reimschema wird mit den ersten Buchstaben des Alphabets dargestellt.
  Wir beschränken uns auf die häufigsten Reimarten:

Paarreim:	Gedicht	a	**Kreuzreim**:	Tal	a
	Licht	a		versunken	b
	zerronnen	b		Qual	a
	Wonnen	b		gewunken	b
Umarmender Reim:	Unverstand	a	**Schweifreim**:	Stunde	a
	geschiedener	b		Grunde	a
	gemieden	b		gehn	b
	gebannt	a		Frieden	c
				beschieden	c
				stehn	b

- **Strophe**
  Zusammenfassung von Zeilen, Versen zu einer Einheit. Ein Gedicht besteht aus mehreren Strophen, die gleich viele oder unterschiedlich viele Zeilen enthalten können. Vierzeiler z. B. nennt man ein Quartett, Dreizeiler ein Terzett. Durch die gleichmäßige oder ungleichmäßige Anordnung der Zeilen kann man eine bestimmte Wirkung erzielen. Gleichmäßigkeit z. B. kann Ruhe vermitteln, Unregelmäßigkeiten können Auflehnung, Unruhe oder Aufgewühltheit andeuten.
- **Vers**
  Die von einem bestimmten Rhythmus getragene Zeile.

Zeitungstexte

Viele Zeitungstexte haben einen ähnlichen Aufbau.

Dachzeile → Resistenz gegen Antibiotika entwickelt

Schlagzeile (Headline) → **„Gefährliche Keime in Berliner Groß-kliniken“**

Untertitel → Bericht des „Spiegel“ / Auch britische Ärtze warnen

Vorspann (Lead) → **HAMBURG (dpa/ap). In Berliner Großkrankenhäusern treten nach einem Bericht des „Spiegel“ in jüngster Zeit durch Darmbakterien verursachte schwere Infektionen auf.**

Lauftext (eigentlicher Bericht) → Die Bakterien seien gegen Antibiotika resistent geworden, berichtet das Nachrichtenmagazin in seiner neuen Ausgabe und beruft sich auf eine interne Studie der Bundesregierung. Die zum Teil lebensbedrohlichen Infektionsfälle seien im Berliner Klinikum Steglitz, an der Charité und im Virchow-Krankenhaus aktenkundig geworden. Die Bonner Studie mache für diese Entwicklung die steigende Ausgabe von Antibiotika in Kliniken und den Einsatz des Tierantibiotikums Avorpacin in deutschen Ställen verantwortlich, schreibt das Magazin.

Avorpacin sei verwandt mit dem Antibiotikum Vancomycin, das Menschen mit schweren Infektionen verabreicht werde. Avorpacin sei bislang bei der Hähnchen- und Schweinemast eingesetzt worden, damit die Tiere schneller wachsen. Dadurch hätten sich in der Darmflora der Tiere resistente Bakterien entwickelt. Diese Bakterien würden sich zum Beispiel durch Nahrungsmittel oder verseuchtes Wasser auf den Menschen übertragen und sie gegen Vancomycin resistent machen, heißt es im „Spiegel“.

Ein zu spätes Verbot?

Im vergangenen Januar sei Avorpacin erst als Futterzusatzmittel verboten worden. Das Bundesinstitut für gesundheitlichen Verbraucherschutz und Veterinärmedizin (BgVV) soll laut „Spiegel“ das Verbot hinausgezögert haben.

Britische Ärzte sind auf Bakterien gestoßen, die binnen weniger Tage nicht nur total resistent gegen ein häufig angewendetes Antibiotikum wurden, sondern bei Kontakt mit dem Medikament sogar besonders gut gediehen.

Die Mediziner äußern die Besorgnis, dass sich möglicherweise ein „Supererreger“ entwickelt habe. Die weit verbreitete Verwendung des Antibiotikums Vancomycin müsse überprüft werden.

aus MZ: 9.12.1996

Der eigentliche Bericht kann in Form eines Nachrichtendreiecks dargestellt werden:

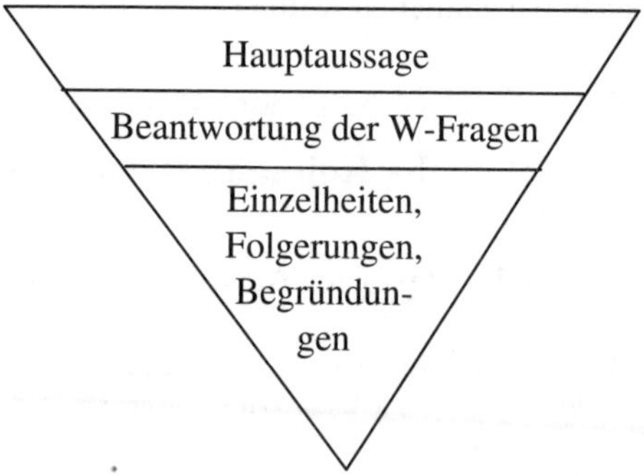

Fachbegriffe für journalistische Texte

- **Aufmacher**
  Hauptnachricht auf der Titelseite mit der größten Schlagzeile
- **Dachzeile**
  Über der Schlagzeile zusammengefasste Hauptinformation, unterstrichen, in Fettdruck, aber kleiner gesetzt als die Schlagzeile
- **Illustration**
  Bebilderung eines Textes entweder durch Fotos, Zeichnungen, Diagramme (z. B. grafische Darstellung von Statistiken) oder Karikaturen (satirische Darstellung in Zeichnungen), farbig oder schwarzweiß, in Groß- oder Kleinformat
- **Kasten**
  Ein von Linien umrahmter Text, der sich dadurch optisch von den anderen Texten abhebt
- **Lauftext**
  Eigentlicher Bericht, der die Zusammenhänge im Detail darstellt
- **Layout**
  Entwurf für die Gestaltung einer Seite durch ausgewogene Anordnung der Texte und Bilder
- **(der/das) Lead oder Vorspann**
  Fett gedruckter kurzer Text, der den nachfolgenden Zeitungsbeitrag (Lauftext) nachrichtenartig zusammenfasst

- **Legende**
  Text unter Bildern, Zeichnungen oder Karten, der die in den Bildern verwendeten Zeichen und Farben erklärt
- **Quellenangabe**
  Angaben zur Herkunft eines Textes oder Werkes
- **Schlagzeile oder Headline**
  Artikelüberschrift in Fettdruck, hebt sich deutlich durch ihre Schriftgröße vom übrigen Text ab; soll den Inhalt des Textes „schlagwortartig“ wiedergeben
- **Spaltenschreibweise**
  Einteilung des Textes in Spalten; einspaltig, zweispaltig usw.
- **Untertitel**
  Kleine Überschrift unter der Schlagzeile, aber kleiner als die Schlagzeile
- **Zwischentitel**
  Einzelne Überschriften in einem Text, die den Artikel inhaltlich und optisch gliedern

Der innere Aufbau des Textes

Der innere Aufbau ist wichtig für die Interpretation. Deshalb stelle dir folgende Fragen:
- Welche Überschriften kann ich den einzelnen Abschnitten zuordnen?
- Welche Aufgabe (Funktion) erfüllen die einzelnen Erzählabschnitte?
- Ist eine Einleitung vorhanden? Führt sie zum Thema hin oder beginnt der Text unvermittelt?
- Wie ist die Anfangssituation, wie die Schlusssituation? Wie kommt es zu diesem Schluss?
- Ist ein Wendepunkt vorhanden, der eine überraschende oder logische, zu erwartende Wende einleitet?
- Erkennst du eine Steigerung im Handlungsablauf bis hin zu einem eventuell dramatischen Höhepunkt, einem unerwarteten Schluss oder einer Pointe?
- Kann man den Aufbau in Form einer Kurve darstellen?
- Wird der Text durch den Schluss abgerundet oder muss sich der Leser den Schluss selber denken? Ist überhaupt ein Schluss vorhanden oder endet der Text abrupt?
- Welche Aufgabe (Funktion) erfüllen die einzelnen Erzählabschnitte?

3.2.4 Stil- oder Sprachanalyse

Sprachliche Besonderheiten werden vom Autor oft bewusst eingesetzt, um eine bestimmte Wirkung zu erreichen und die inhaltliche Aussage zu untermauern. Deshalb musst du bei der Sprachanalyse immer nach der Wirkung oder Absicht der sprachlichen Mittel fragen. In unserer Tabelle zur „Absicht der Stilmittel" haben wir uns auf deren allgemeine Wirkung beschränkt, da du sie sowieso im Einzelfall konkret auf den Text übertragen musst.

Zur Sprachanalyse gehören folgende Teile:
- Satzbau
- Wortschatz
- Rhetorische Mittel oder Stilmittel
- Bestimmung der Sprachebene

Satzbau

Die Untersuchung des Satzbaus muss nicht zu ausführlich sein, doch lässt auch sie einige Rückschlüsse auf den Textinhalt zu.

Satzarten

Begriff	**Beispiel**	**Wirkung, Absicht**
Aussagesatz	Er fürchtet sich nicht.	Behauptung, Feststellung, erläutert, beschreibt einen Sachverhalt
Fragesatz	Warum weinst du?	Neugier, Interesse am anderen, lebendiges Gespräch, Einbeziehung des Lesers
Aufforderungs-, Befehlssatz	Zeige mir den Ring!	befehlend, Macht ausübend
Ausrufesatz	Hast du mich erschreckt!	Verwunderung, Entsetzen, erregtes Sprechen, gefühlsbetont

Satzlänge

Begriff	Beispiel	Wirkung
kurze Sätze	Er überquerte die Straße.	übersichtlich, leicht aufnehmbar, vereinfachend, einprägsam, spannend, emotional
durchschnittliche Länge	Nach längerem Warten überquerte er schnell die Straße.	verständlich, Beschreibung von Sachverhalten
lange Sätze	Nachdem er sich vergewissert hatte, dass die Straße frei von Verkehr war, überquerte er, nicht ohne nochmals nach links und rechts zu schauen, zügig die breit angelegte Fahrbahn.	unübersichtlich, schwer aufnehmbar, verwissenschaftlichter, meist sachlicher Text, Hang zur Präzision

Satzbau

Begriff	Beispiel	Wirkung
Satzreihe: Hauptsätze werden unverbunden oder durch nebenordnende Konjunktionen aneinander gereiht.	Er reparierte das Fahrrad, denn es war kaputt und sie schaute ihm dabei zu.	einfach, leicht verständlich, überschaubar, für ein breites Publikum bestimmt
Satzgefüge: Haupt- und Nebensätze werden durch unterordnende Konjunktionen aneinander gefügt.	Während er das Fahrrad, das kaputt war, reparierte, schaute sie ihm zu, obwohl sie sich nicht dafür interessierte.	Wiedergabe von komplizierten Gedankengängen, anspruchsvoll, unübersichtlich, Ansprechen eines gehobenen Publikums, hohe Stilebene

Wortschatz

Wortarten

Die Betrachtung der Wortarten gibt dir Aufschluss über den Sprachstil und die Stilebene.

Zu den für die Textanalyse wichtigsten Wortarten gehören:

Wortart	Beispiel	Wirkung
Substantiv	Kindheit, Altertum, Gleichnis, Heiterkeit	klare Benennung, Präzisieren von Sachverhalten, statisch
Verb	begeistern, erschrecken, verlassen, erzählen	drücken Bewegung, Gefühle, Handlung aus, lebendig
Adjektiv	langweilig, einsam, blaugrün, eilig, froh, stimmungsvoll	ausmalend, beschreibend, schildernd, lassen ein genaues Bild entstehen
Partizip Präsens **Partizip Perfekt**	lachend, weinend, drohend gelacht, aufgeschlossen, veraltet	beschreibend, ausmalend, genau

Je nachdem, welche Wortarten bevorzugt werden, unterscheidet man den

Nominalstil: Es werden auffallend häufig Substantive und substantivierte Verben verwendet. Er wirkt etwas unnatürlich, statisch und wird oft im Amtsdeutsch oder in wissenschaftlichen Texten gebraucht. Er dient auch zur verdichtenden Darstellung.

Verbalstil: Die bevorzugte Verwendung von Verben lässt den Text lebendig erscheinen, vermittelt Bewegung, Handlung, lässt eine Entwicklung erkennen.

Wortwahl

Bei der Untersuchung der Wortwahl solltest du darauf achten, welche Ausdrücke der Autor auffallend oft einsetzt. Auch sie geben dir Hinweise zur Aussage des Textes.

Wortwahl	Beispiel	Wirkung
leitmotivische Schlüsselwörter; sie tauchen immer wieder im Text auf	Ratten Kaninchen	hässlich, Ekel erregend, Angst einflößend, vermitteln negative Gefühle flauschig, weich, vermitteln Zärtlichkeit, Hoffnung, positive Gefühle
Fremdwörter	Recycling, Photosynthese, Charisma	sachlich, wissenschaftlich, gehobenes Niveau, Fachsprache
umgangssprachliche Ausdrücke	da drin, der da, seinen Senf dazugeben, pauken	Realitätsnähe, Bezug zum normalen, einfachen Alltagsleben, Identifikation des Lesers mit der Hauptperson
Dialekt	wia im Lem, nix leana	Alltagsnähe, Sprechweise des Einzelnen in einer bestimmten Gegend
Modewörter, aus anderen Sprachen übernommen	Kids, Fun, Telelearning, sportiv	Ansprechen eines bestimmten Publikums, um modern, aktuell zu erscheinen

Rhetorische Mittel oder Stilmittel

Auch diese setzt der Autor bewusst ein, um eine bestimmte Wirkung zu erzielen. Aus der großen Palette an Stilmitteln haben wir nur die häufigsten aufgeführt. Die Absicht der Stilmittel beschreiben wir relativ allgemein, da du sowieso deren Wirkung auf den Einzelfall im Text abstimmen musst.

Rhetorische Figur	Beispiel	Wirkung
Abwertung	Was ist es wert, euer lächerliches Streben	herabsetzen, abwerten
Alliteration (Stabreim): gleicher Anfangsbuchstabe in aufeinander folgenden Wörtern	über Stock und Stein, Mann und Maus, bei Nacht und Nebel	Betonung, fördert die Merkfähigkeit, lautmalerisch, melodisch

Rhetorische Figur	**Beispiel**	**Wirkung**
Anapher: Wiederholung gleicher Satzanfänge	Welche Wonne, welch ein Glück!	Hervorhebung, gefühlsmäßige Beteiligung
Anspielung: Hinweis in versteckter, beiläufiger Form	Ich will ja nichts verraten, aber ...	Neugier wecken, aufmerksam machen
Antithese: Gegensatz, Gegenüberstellung	Der Wahn ist kurz, die Reu' ist lang; fragte sie leise, schrie er laut.	positive und negative Seiten gegenüberstellen, Gegensatz besonders betonen
Beispiel	Kinder lieben Süßes; wenn sie z. B. an einem Süßigkeitenstand vorbeikommen, ...	veranschaulichen, verdeutlichen
Hyperbel: Übertreibung	himmelhoch jauchzend, zu Tode betrübt	übertreibend, um etwas deutlich zu machen, z. T. bloßzustellen
Ironie	Bei einem Small Talk kommt es nicht darauf an, etwas zu wissen, sondern seine Unwissenheit geschickt zu verbergen.	verschleiert die Wahrheit sagen, versteckt Kritik üben, Missstand bloßstellen
Klimax: stufenweise Steigerung	Ich könnte Tage, Wochen, Monate in Italien bleiben.	Betonung des Wunsches
Antiklimax: Steigerung vom Wichtigen zum weniger Wichtigen	Kein Tod, kein Leid, kein Beinbruch können ihn aus der Bahn werfen.	Betonung seiner Stabilität
Lautmalerei: Nachahmung von Klängen, Lauten	Das Feuer leckt, schleckt, knistert, knattert.	anschaulich, Spiel mit der Sprache

Rhetorische Figur	**Beispiel**	**Wirkung**
Litotes: doppelte Verneinung	nicht selten = oft; nicht unvollkommen = vollkommen	Hervorheben durch Untertreibung, meint das Gegenteil
Metapher: bildhafter Ausdruck mit übertragener Bedeutung, kann nicht wörtlich genommen werden	Bücher verschlingen = sehr gerne lesen; er ist ein Rabenvater = schlechter Vater	Veranschaulichung, Betonung
Neologismus: Wortneuschöpfung	Zuckerschlecker lecker; wirrflirrbunt	aussagekräftig, oft erheiternde Wirkung, Ausdruck von Freude
Personifikation: persönliche Darstellung eines leblosen oder abstrakten Begriffs	König Fußball; das Fenster gähnt	betonend, als wichtig herausgehoben
Vergleich	Haare wie Gold; bettelarm	Veranschaulichung
Widerspruch	interesselose Beflissenheit	stutzig machen, Missstand, Widerspruch aufdecken
Wiederholungen	Sein Lachen wirkt ansteckend, sein Lachen erfüllt den Raum.	Hervorhebung, Betonung, Lachen als Ausdruck der Lebenslust und Freude
Wortspiel	Ich habe den Saal schon voller und leerer gesehen, aber so voller Lehrer noch nie.	witzig, komisch, erheiternd, geistreich

Rhetorische Mittel im Bereich des Satzbaus

Rhetorische Figur	**Beispiel**	**Wirkung**
Ellipse: verkürzter Satz durch Auslassen von Satzteilen	Was tun? (Was sollen wir tun?) Endlich allein! (Endlich bin ich allein!)	erregtes, gefühlsbetontes Sprechen als Ausdruck von Freude, Angst, Entsetzen, Verzweiflung
Inversion: Umstellung der normalen Satzstellung S-P-O	Unendlich mühsam war der Weg!	Verstärkung, Untermalung, Betonung
Parallelismus: gleich oder ähnlich gebaute, aufeinander folgende Sätze	In meinen Adern welches Feuer! In meinem Herzen welche Glut!	Verstärkung
Parenthese: Einschub in einen Satz	Die Errichtung der Mauer – wir werden dies nie vergessen – hat viel Unglück über uns gebracht.	erregtes Sprechen, ergänzender, kommentierender Gedanke, Betonung
unvollendeter Satz	Oh, wenn sie doch ...!	erregtes Sprechen, starke gefühlsmäßige Beteiligung

Bestimmung der Sprachebene

Durch die genaue Untersuchung des Wortschatzes lassen sich Rückschlüsse ziehen auf die Sprachebene und somit auch auf die Zielgruppe, die der Autor ansprechen will.

Man kann unterscheiden zwischen:

Hochsprache oder **Standardsprache:** Vorbildliche, allgemein verbindliche Form einer Sprache, die im öffentlichen Leben, in wissenschaftlichen und literarischen Texten, in den Massenmedien verwendet wird. Präzise und gehobene Wortwahl sowie anspruchsvoller Satzbau sind ihre Kennzeichen.

Umgangssprache: Sie wird in der täglichen Unterhaltung verwendet und steht zwischen Hochsprache und Dialekt. Sie hält sich zwar an die Regeln der Hochsprache, wendet sie aber nicht streng an. Typisch für sie sind kurze Sätze, Satzreihen, z. T. einfache Wortwahl, Verkürzungen, aber auch bildhafte Wendungen und vereinzelt mundartliche Ausdrücke. Die Umgangssprache ist die Redeweise des „einfachen Mannes“, des Durchschnittsbürgers.

Dialekt oder **Mundart:** Der Dialekt hebt sich von der Hochsprache durch Aussprache, Grammatik und Wortwahl ab und ist regional sehr unterschiedlich, immer begrenzt auf ein bestimmtes Gebiet.

Soziolekt: Eine Sondersprache, die für eine bestimmte gesellschaftliche (soziale) Gruppe typisch ist, z. B. Jugend- oder Teenagersprache, Fachsprache, wie z. B. aus dem medizinischen oder literarischen Bereich, Computersprache, Jägersprache, Sprache des Sports, der Politik usw.

3.2.5 Absicht des Autors und Wirkung des Textes

Das Ziel jeder Textanalyse ist es, dass der Leser am Schluss die Absicht des Autors erkennt. Da dies ein wesentlicher Bestandteil des Aufsatzes ist, solltest du dich gründlich damit befassen und deine Gedanken ausführlich und argumentativ darstellen. Belege deine Behauptungen immer anhand der entsprechenden Textstellen.
Meistens enthält ein Text mehrere Gedanken oder Aspekte zu einem zentralen Thema.

Als Hilfe können dir folgende Fragen dienen:
- Was ist die zentrale Aussage des Textes?
- Welche anderen Teilaspekte spricht der Autor an?
- An wen richtet sich der Text?
- Was möchte der Verfasser mit diesem Text erreichen? Will er
  - Kritik üben an gesellschaftlichen oder politischen Missständen
  - zum Nachdenken und Weiterdenken anregen
  - nur informieren oder
  - appellieren an die Vernunft oder die Gefühle des Lesers, um eine Änderung in seinen Ansichten oder seinem Verhalten zu bewirken?

3.2.6 Weiterführende Erörterung

Für diesen Teil sind dir genaue Aufgaben gestellt. Sie verlangen von dir, dass du bestimmte Argumente, die sich an das Thema des Textes anlehnen, wie in einer Erörterung sachlich ausführst. Zum Aufbau eines Arguments siehe Erörterungsteil S. 21.

3.3 Schluss

Der Schluss soll den Aufsatz abrunden und könnte folgende Gedanken enthalten:

- Eine kurze Zusammenfassung der Ergebnisse, ohne jedoch die Argumente des Hauptteils zu wiederholen
- Kritische Stellungnahme zur Absicht des Autors, zur Aktualität des Textes oder zur Thematik selbst
- Ergänzende Angaben zum Text, die aufgrund der Themenstellung im Hauptteil nicht verlangt wurden, sich aber anbieten und als Ergänzung wichtig erscheinen, wie z. B. Textsorte oder mögliche Wirkung des Textes auf die heutige Zeit und den Leser von heute

4 Gliederung

Wie bei der Erörterung musst du auch beim textgebundenen Aufsatz eine Gliederung mit

A. Einleitung
B. Hauptteil
C. Schluss

anfertigen. Die Gliederung ergibt sich aus der Aufgabenstellung. Entweder es sind Einzelaufträge vorgegeben oder der allgemeine Arbeitsauftrag „Beschreiben Sie den Text“. Zunächst gehen wir davon aus, dass konkrete Einzelaufgaben gestellt sind. Dabei hast du nach folgenden Schritten vorzugehen:

1. Bearbeite zunächst die **Aufgaben zur Texterschließung** und formuliere sie so um, dass du sie **als Oberpunkte in der Gliederung** verwenden kannst.
2. Schreibe diese Gliederungspunkte mit ausreichendem Zwischenraum in der **richtigen Reihenfolge** auf einem Notizblatt auf.
3. Erstelle eine Art **Stoffsammlung**, indem du die einzelnen Aufgaben stichpunktartig unter den jeweiligen Gliederungspunkten beantwortest.
4. Nimm jetzt, nachdem du z. B. formale, sprachliche ... Kennzeichen des Textes erarbeitet hast, **diese Gedanken als Unterpunkte in die Gliederung** auf.

Beispiel für einen Arbeitsauftrag:

Erläutern Sie genau den Aufbau des Textes.

Dieser Arbeitsauftrag ergibt folgenden Oberpunkt in der Gliederung:

1 Texterschließung

1.1 Aufbau des Textes

Die Unterpunkte ergeben sich nach der genaueren Untersuchung.

1 Texterschließung

1.1 Aufbau des Textes
1.1.1 Untergliederung in ... Abschnitte
1.1.2 optische Gestaltung
1.1.3 Gegenüberstellung der Ausgangs- und Schlusssituation
...

5. Halte alle Ergebnisse der **Texterschließungsaufgaben** auf diese Weise konkret fest.

Nun wendest du dich der zweiten Hälfte der Gliederung zu.

6. Befasse dich jetzt mit der **weiterführenden Erörterung.**
7. Sammle wie bei der Erörterung **Argumente zum gestellten Thema** (siehe Teil A in diesem Buch). Achte auf die genaue Aufgabenstellung!
8. Beschränke dich auf eine **begrenzte Anzahl** von Argumenten, da sonst der Rahmen eines textgebundenen Aufsatzes gesprengt würde.

Beispiel für einen Arbeitsauftrag:

In dem Text wird über die Gewaltanwendung an deutschen Schulen und deren Ursachen berichtet. Erörtern Sie, wie die Familie dem entgegensteuern kann. Welche Möglichkeiten stehen aus Ihrer Sicht der Schule zur Verfügung?

Deine Überlegungen könnten zu folgendem Ergebnis führen:

2 weiterführende Erörterung: Gegenmaßnahmen der Familie und der Schule

2.1 Gegenmaßnahmen seitens der Familie
2.1.1 gemeinsame Aufarbeitung von Problemen
2.1.2 gutes Vorbild der Eltern

2.2 Gegenmaßnahmen seitens der Schule
2.2.1 Diskussion über die Problematik im Unterricht
2.2.2 regelmäßiger Kontakt zum Elternhaus
...

9. Formuliere in der Gliederung bei B das **Gesamtthema** als eine Art **Leitsatz**.
10. Überlege dir einen **Einleitungs- und** einen **Schlussgedanken** und nimm ihn in die Gliederung auf.

Nachfolgendes Gliederungsschema soll dir einen Überblick verschaffen. Es ist nur allgemein gehalten. Du musst deine Gliederung auf den vorgegebenen Text abstimmen.

Der textgebundene Aufsatz als Sprachganzes

A. Einleitung

- Informationen über den Autor
- wichtige Werke
- Daten zum Text
- zeitliche bzw. literarische Einordnung des Textes
- Erörterung der Zeitumstände
- Hinführung zur Thematik durch einen eigenen Einleitungsgedanken
- Hauptthema des Textes in Kurzfassung

alternativ je nach Textvorlage, Thematik und Aufgaben im Hauptteil

B. Themaformulierung: Titel des Textes – weiterführende Erörterung

1 Texterschließung

1.1 kurze Wiedergabe des Inhalts

1.2 Textsorte

1.3 Aufbau des Textes
1.3.1 äußerer Aufbau
1.3.1.1 optische äußere Gestaltung
1.3.1.2 Strophen, Metrum, Reim... (bei Gedichten)
1.3.1.3 Anzahl der Textabschnitte
...
1.3.2 innerer Aufbau
1.3.2.1 Gliederung des Textes in Sinneinheiten
1.3.2.2 Beziehung zwischen Text und Überschrift
1.3.2.3 Vergleich von Anfangs- und Schlusssituation mit eventueller Wende
...
1.4 Stil- oder Sprachanalyse
1.4.1 Satzbau
1.4.1.2 bevorzugte Satzarten
1.4.1.3 Verhältnis Satzreihe/Satzgefüge
...

1.4.2 Wortschatz
1.4.2.1 bevorzugte Wortarten
1.4.2.2 spezielle Wortwahl
1.4.3 rhetorische Mittel
1.4.3.1 }
1.4.3.2 } siehe S. 105 ff.
1.4.4 Bestimmung der Sprachebene (siehe S. 108 f.)

1.5 Absicht des Verfassers und Wirkung des Textes
...

2 weiterführende Erörterung: Thema
2.1 Oberbegriff
2.1.1 Unterbegriff
2.1.2 Unterbegriff

2.2 Oberbegriff
2.2.1 Unterbegriff
2.2.2 Unterbegriff
...

C. Schluss

- kurze Zusammenfassung
- kritische Stellungnahme
- weitere ergänzende Angaben, wie z. B. Wirkung des Textes
- abrundende Erläuterungen zur Thematik

> alternativ je nach Textvorlage, Thematik und Aufgaben im Hauptteil

Beachte bei der Ausführung einer Gliederung:

1. Verwende **einheitliche Formulierungen** in Kurzsätzen oder Stichpunkten.
2. Der **Leitsatz B** muss **beide Bereiche**, nämlich Titel des Textes und Thema der weiterführenden Erörterung beinhalten.
3. Trage **konkrete Ergebnisse** in die Gliederung ein.

Geht man davon aus, dass anstelle von Einzelaufgaben bei der Texterschließung nur der allgemeine Arbeitsauftrag „Bearbeiten Sie den Text“ vorgegeben ist, so musst du selbstständig alle Teile der Texterschließung bearbeiten (siehe S. 95 ff.).

5 Hilfen für die Erstellung eines textgebundenen Aufsatzes

5.1 Einzelne Arbeitsschritte und zusammenfassende Regeln

1. **Lie**s dir zuerst den Text **gründlich** durch.
2. **Unterstreiche**, was dir auf Anhieb sowohl sprachlich als auch inhaltlich auffällt, arbeite mit verschiedenen Farben oder Symbolen.
3. Überlege, welche Punkte in der **Aufgabenstellung** verlangt sind.
4. Setze entsprechend der Aufgabenstellung eine **Grobgliederung** auf. Lasse dabei aber genügend Platz unter den einzelnen Punkten, damit du deine späteren Ergebnisse eintragen kannst.
5. Beginne nun mit der **Bearbeitung der Aufgaben** in der vorgegebenen Reihenfolge.
6. Halte deine **Ergebnisse stichpunktartig** auf einem gesonderten Blatt fest.
7. Hast du alle Punkte bearbeitet, so **formuliere deine Gedanken** sauber **aus** und schreibe sie gleich ins Reine. Zeit zum Aufsetzen des ganzen Aufsatzes wirst du nicht haben.
8. Trage gleichzeitig deine erarbeiteten **Ergebnisse in die Grobgliederung** ein.
9. Frage dich bei der Textanalyse immer, wozu der Autor seine sprachlichen Mittel z. B. einsetzt, welche **Absicht** er damit verfolgt. **Belege** deine Behauptung **durch Textstellen**.
10. Formuliere nun eine **Einleitung** aus. Nimm dabei keine Gedanken aus dem Hauptteil vorweg.
11. Nach Abschluss der Textanalyse beginnst du mit der **weiterführenden Erörterung**. Beziehe dich genau auf die Fragestellung und weiche nicht vom Thema ab.
12. Runde den Aufsatz mit einem **ansprechenden Schluss** ab.
13. Formuliere nun die **Gliederung** sauber aus und überprüfe, ob du **keine Punkte vergessen** hast.
14. Achte immer darauf, dass der **Aufsatz** ein Sprachganzes ist, das **gewandt und flüssig** geschrieben sein soll.

15. Zum Schluss **überarbeitest** du den Aufsatz noch einmal:
    - Überprüfe, ob du alle Punkte gemäß der Aufgabenstellung bearbeitet hast.
    - Bessere ungenaue oder umgangssprachliche Formulierungen, Wortwiederholungen, holprigen oder unübersichtlichen Satzbau aus.
    - Achte auf Überleitungen zwischen den einzelnen Aufsatzteilen.
    - Sieh nach, ob du richtig zitiert hast.
    - Korrigiere die Rechtschreibung und Grammatik.
    - Achte auf Absätze und eine saubere äußere Form.

5.2 Formulierungshilfen

- **Ähnliche Ausdrücke für „Autor"**
  Verfasser, Erzähler, Schriftsteller, Dichter, Schreiber, Berichterstatter, Journalist, Reporter, Redner

- **Verknüpfung der Gedanken durch sprachliche Wendungen, Überleitungen**
  - einleitend, in der Einleitung, zu Beginn, am Anfang
  - anschließend, im Anschluss daran, dann, zusätzlich
  - bevor er, neben der Sprachanalyse, ergänzend
  - im nächsten Abschnitt, während er im 1. Abschnitt ...
  - abschließend, zum Schluss fällt auf ...

- **abwechslungsreiche Verben, Wortfelder**
  Der Autor
  - leitet ein mit, beginnt mit, geht über zu
  - stellt fest, begründet, untermauert seine Aussage mit, belegt
  - erörtert, beschreibt, verdeutlicht, geht davon aus, dass
  - verweist auf, weist hin auf, nennt als Beispiel, führt an
  - möchte damit sagen, dass ..., ergänzt, erläutert, legt dar, behauptet
  - widerspricht der Aussage, entgegnet, kritisiert, wendet ein
  - pflichtet bei, bestätigt, gibt zu, gesteht
  - fordert, verlangt, ruft auf
  - wendet sich an, appelliert an, spricht an
  - beendet den Text mit, schließt ab, rundet ab, kommt zu dem Ergebnis.

5.3 Richtiges Zitieren

Da du deine Beobachtungen und Schlussfolgerungen immer mit Textstellen belegen sollst, musst du diese auch richtig zitieren können.
Zitate werden durch **Anführungszeichen** gekennzeichnet; die Textstelle wird dahinter in Klammer mit genauer Zeilenangabe belegt.

Folgende Möglichkeiten bieten sich an:

- **Der Satz wird *nach* dem Kommentar vollständig zitiert.**
  Der Autor äußert sich über den Aufstand: „Der Aufstand wurde brutal niedergeschlagen.“ (Z. 9)

  Regel: Ankündigung des Zitats durch Doppelpunkt, anschließend Anführungszeichen, große Anfangsbuchstaben, Originalsatzzeichen des Textes, Anführungszeichen.

- **Der Satz wird *vor* dem Kommentar vollständig zitiert.**
  „Ungeduldig trat er von einem Bein auf das andere“ (Z. 5), drückt aus, dass er nicht mehr länger warten will.
  „Wann besuchst du uns wieder?“ (Z. 9), beschreibt die Neugier der Frau.
  „Pass gut auf dich auf!“ (Z. 13), verdeutlicht ihre Sorge um ihn.

  Regel: Anführungszeichen, große Anfangsbuchstaben, Originalsatzzeichen, der Schlusspunkt allerdings entfällt, nach dem zitierten Satz ein Komma, klein weiterschreiben.

- **Der zitierte Satz wird in den Kommentar eingefügt.**
  Sein kritisches „Er macht es den anderen sehr schwer“ (Z. 12) irritiert den Leser.
  Ihr ständiges „Wann kommst du endlich!“ (Z. 14) drückt ihre Ungeduld aus.
  Ihre Frage „Wie oft warst du im Kino?“ (Z. 15/16) macht deutlich, wie sehr sie sich für ihn interessiert.

  Regel: Der Schlusspunkt im Originalsatz fällt weg, Ausrufe- und Fragezeichen des Originalsatzes werden beibehalten, kein Komma.

- **Satzausschnitte, Satzteile werden zitiert.**
  Seine Unsicherheit wird angedeutet durch „... hielt sich am Stock fest.“ (Z. 17)

  Regel: Drei Auslassungspunkte am Anfang des Zitats ersetzen den ausgelassenen Text, Anführungszeichen am Anfang und am Ende, Originalsatzzeichen am Ende.

Die Aussage des Mannes **„Ja** hat man euch denn nicht gesagt ..." (Z. 5) leitet eine Wende ein.

Regel: Stehen die Auslassungspunkte am Ende, so steht kein Schlusspunkt, der Kommentar geht weiter.

- **Teile innerhalb eines Zitats werden ausgelassen.**
  „Eine Ursache der zunehmenden Kriminalität **[...]** ist das Fehlen von Wertmaßstäben**."** (Z. 10)

  Regel: Lässt man innerhalb eines zitierten Satzes Wörter oder Satzteile weg, so müssen die Auslassungen durch drei Punkte in eckigen Klammern gekennzeichnet sein.

- **Wörter oder Wortgruppen werden zitiert.**
  Die Adjektive „lauernd" (Z. 5), „prüfend" (Z. 9) drücken das Misstrauen der Hauptperson aus.

  Regel: Die zitierten Wörter werden ohne Satzzeichen in Anführungszeichen gesetzt.

B Textbeispiele mit Erläuterungen

Hinweis:
Du findest die journalistischen Textbeispiele zweimal abgedruckt vor. Die erste stark verkleinerte Fassung soll dir nur dazu dienen, die typische äußere Form des Textes zu erkennen, während die zweite größer gedruckte Fassung für die eigentliche Arbeit am Text gedacht ist. Außerdem wurde grundsätzlich in den literarischen Texten und in den journalistischen Originaltexten die alte Rechtschreibung beibehalten; in der größer gedruckten zweiten Fassung wurde die neue Rechtschreibung verwendet.
Bei den Arbeitsaufträgen haben wir uns an der Aufgabenstellung der Abschlussprüfung orientiert und die Anrede „Sie" gewählt.

1 Literarische Texte

1.1 Wolfgang Borchert: Nachts schlafen die Ratten doch

Das hohle Fenster in der vereinsamten Mauer gähnte blaurot voll früher Abendsonne. Staubgewölke flimmerte zwischen den steilgereckten Schornsteinresten. Die Schuttwüste döste.

Er hatte die Augen zu. Mit einmal wurde es noch dunkler. Er merkte, daß jemand gekommen war und nun vor ihm stand, dunkel, leise. Jetzt haben sie mich! dachte er. Aber als er ein bißchen blinzelte, sah er nur zwei etwas ärmlich behoste Beine. Die standen ziemlich krumm vor ihm, daß er zwischen ihnen hindurchsehen konnte. Er riskierte ein kleines Geblinzel an den Hosenbeinen hoch und erkannte einen älteren Mann. Der hatte ein Messer und einen Korb in der Hand. Und etwas Erde an den Fingerspitzen.

Du schläfst hier wohl, was? fragte der Mann und sah von oben auf das Haargestrüpp herunter. Jürgen blinzelte zwischen den Beinen des Mannes hindurch in die Sonne und sagte: Nein, ich schlafe nicht. Ich muß hier aufpassen. Der Mann nickte: So, dafür hast du wohl den großen Stock da?

Ja, antwortete Jürgen mutig und hielt den Stock fest.

Worauf paßt du denn auf?

Das kann ich nicht sagen. Er hielt die Hände fest um den Stock. Wohl auf Geld, was?

Der Mann setzte den Korb ab und wischte das Messer an seinem Hosenboden hin und her.

Nein, auf Geld überhaupt nicht, sagte Jürgen verächtlich. Auf ganz etwas anderes.

Na, was denn?

Ich kann es nicht sagen. Was anderes eben.

Na, denn nicht. Dann sage ich dir natürlich auch nicht, was ich hier im Korb habe.

Der Mann stieß mit dem Fuß an den Korb und klappte das Messer zu.

Pah, kann mir denken, was in dem Korb ist, meinte Jürgen geringschätzig, Kaninchenfutter.

Donnerwetter, ja! sagte der Mann verwundert, bist ja ein fixer Kerl. Wie alt bist du denn?

Neun.

Oha, denk mal an, neun also. Dann weißt du ja auch, wieviel drei mal neun sind, wie?

Klar, sagte Jürgen, und um Zeit zu gewinnen, sagte er noch: Das ist ja ganz leicht. Und er sah durch die Beine des Mannes hindurch. Dreimal neun, nicht? fragte er nochmal, siebenundzwanzig. Das wußte ich gleich.

Stimmt, sagte der Mann, genau soviel Kaninchen habe ich.

Jürgen machte einen runden Mund: Siebenundzwanzig?

Du kannst sie sehen. Viele sind noch ganz jung. Willst du?

Ich kann doch nicht. Ich muß doch aufpassen, sagte Jürgen unsicher.

Immerzu? fragte der Mann, auch nachts?

Nachts auch. Immerzu. Immer. Jürgen sah an den krummen Beinen hoch. Seit Sonnabend schon, flüsterte er.

Aber gehst du denn gar nicht nach Hause? Du mußt doch essen.

Jürgen hob einen Stein hoch. Da lag ein halbes Brot. Und eine Blechschachtel.

Du rauchst? fragte der Mann, hast du denn eine Pfeife?

Jürgen faßte seinen Stock fest an und sagte zaghaft: Ich drehe. Pfeife mag ich nicht.

Schade, der Mann bückte sich zu seinem Korb, die Kaninchen hättest du ruhig mal ansehen können. Vor allem die Jungen. Vielleicht hättest du dir eines ausgesucht. Aber du kannst hier ja nicht weg.

Nein, sagte Jürgen traurig, nein, nein.

Der Mann nahm den Korb und richtete sich auf. Na ja, wenn du hierbleiben mußt – schade. Und er drehte sich um. Wenn du mich nicht verrätst, sagte Jürgen da schnell, es ist wegen den Ratten. Die krummen Beine kamen einen Schritt zurück: Wegen den Ratten?

Ja, die essen doch von den Toten. Von Menschen. Da leben sie doch von.

Wer sagt das?

Unser Lehrer.

Und du paßt nun auf die Ratten auf? fragte der Mann.

Auf die doch nicht! Und dann sagte er ganz leise: Mein Bruder, der liegt nämlich da unten. Da. Jürgen zeigte mit dem Stock auf die zusammengesackten Mauern. Unser Haus kriegte eine Bombe. Mit einmal war das Licht weg im Keller. Und er auch. Wir haben noch gerufen. Er war viel kleiner als ich. Erst vier. Er muß hier ja noch sein. Er ist doch viel kleiner als ich.

Der Mann sah von oben auf das Haargestrüpp. Aber dann sagte er plötzlich: Ja hat euer Lehrer euch denn nicht gesagt, daß die Ratten nachts schlafen?

Nein, flüsterte Jürgen und sah mit einmal ganz müde aus, das hat er nicht gesagt.

Na, sagte der Mann, das ist aber ein Lehrer, wenn er das nicht mal weiß. Nachts schlafen die Ratten doch. Nachts kannst du ruhig nach Hause gehen. Nachts schlafen sie immer. Wenn es dunkel wird, schon

Jürgen machte mit seinem Stock kleine Kuhlen in den Schutt.

Lauter kleine Betten sind das, dachte er, alles kleine Betten. Da sagte der Mann (und seine krummen Beine waren ganz unruhig dabei): Weißt du was? Jetzt füttere ich schnell meine Kaninchen, und wenn es dunkel wird, hole ich dich ab. Vielleicht kann ich eins mitbringen. Ein kleines oder, was meinst du?

Jürgen machte kleine Kuhlen in den Schutt. Lauter kleine Kaninchen. Weiße, graue, weißgraue. Ich weiß nicht, sagte er leise und sah auf die krummen Beine, wenn sie wirklich nachts schlafen.

Der Mann stieg über die Mauerreste weg auf die Straße. Natürlich, sagte er von da, euer Lehrer soll einpacken, wenn er das nicht mal weiß.

Da stand Jürgen auf und fragte: Wenn ich eins kriegen kann? Ein weißes vielleicht?

Ich will mal versuchen, rief der Mann schon im Weggehen, aber du mußt hier solange warten. Ich gehe dann mit dir nach Hause, weißt du? Ich muß deinem Vater doch sagen, wie so ein Kaninchenstall gebaut wird. Denn das müßt ihr ja wissen.

Ja, rief Jürgen, ich warte. Ich muß ja noch aufpassen, bis es dunkel wird. Ich warte bestimmt. Und er rief: Wir haben auch noch Bretter zu Hause. Kistenbretter, rief er.

Aber das hörte der Mann schon nicht mehr. Er lief mit seinen krummen Beinen auf die Sonne zu. Die war schon rot vom Abend, und Jürgen konnte sehen, wie sie durch die Beine hindurchschien, so krumm waren sie. Und der Korb schwenkte aufgeregt hin und her. Kaninchenfutter war da drin. Grünes Kaninchenfutter, das etwas grau war vom Schutt.

Wolfgang Borchert: Das Gesamtwerk. Rowohlt Verlag, Reinbek bei Hamburg 1970, S. 216–219.

Arbeitsauftrag

Lesen Sie den Text „Nachts schlafen die Ratten doch" sorgfältig durch und bearbeiten Sie folgende Aufgaben:

1. Fertigen Sie zu diesem Text eine Textanalyse an.
2. Erörtern Sie, wie Tiere für den Menschen eine Hilfe sein können.

Gliederung

A. Information über den Autor und seine wichtigsten Werke

B. Die Kurzgeschichte „ Nachts schlafen die Ratten doch“ – Inwiefern sind Tiere für den Menschen eine Hilfe?

1 Texterschließung

1.1 Inhalt: Vermittlung von Hoffnung trotz Elend des 2. Weltkriegs

1.2 Textsorte: Kurzgeschichte

1.3 Aufbau
1.3.1 äußerer Aufbau
1.3.1.1 stark gegliedert
1.3.1.2 keine Anführungszeichen bei wörtlicher Rede

1.3.2 innerer Aufbau
1.3.2.1 einzelne Sinnabschnitte
1.3.2.2 unterschiedliche Anfangs- und Schlusssituation
1.3.2.3 Wendepunkt mit Wende zum Positiven

1.4 Sprachanalyse
1.4.1 Satzbau
1.4.1.1 viele Ausrufe- und Fragesätze
1.4.1.2 häufig unvollendete Sätze
1.4.1.3 Satzreihen

1.4.2 Wortwahl
1.4.2.1 treffende Verben und Adjektive im 1. Abschnitt, blasse Verben, kaum Adjektive im restlichen Text
1.4.2.2 „Ratten“, „Kaninchen“, „Stock“, „krumme Beine“ als Leitmotive

1.4.3 rhetorische Mittel
1.4.3.1 Wiederholung, Steigerung, Wortspiel
1.4.3.2 Personifikation, Alliteration
1.4.4 Sprachebene: Hochsprache durchsetzt mit umgangssprachlichen Elementen

1.5 Absicht des Autors und Wirkung des Textes
1.5.1 Ausweg trotz zunächst hoffnungsloser Situation
1.5.2 Lösung des Problems durch einfühlsames Gespräch
1.5.3 Auslösen von Betroffenheit

2 weiterführende Erörterung: Tiere als Hilfe für den Menschen

2.1 Hilfe im Alltag

2.1.1 Schutzfunktion

2.1.2 therapeutische Wirkung

2.1.3 Schutz vor Einsamkeit

2.2 Hilfe bei besonderen Aktionen

2.2.1 Drogenfahndung

2.2.2 Rettungsaktionen

C. Aktueller Bezug zur Gegenwart: Kinder als Leidtragende bei Auseinandersetzungen der Erwachsenen

Musteraufsatz: Nachts schlafen die Ratten doch (Wolfgang Borchert)

A. Wolfgang Borchert, der von 1921 bis 1947 lebte, gilt als Dichter der entwurzelten und bindungslosen, durch den Zweiten Weltkrieg um die Jugend betrogenen Generation, die zu den Ruinen heimkehrt. Er war selbst vom Krieg betroffen, da er als Soldat an der Front schwer verwundet worden war. Als sein wichtigstes Werk gilt das Heimkehrerdrama „Draußen vor der Tür". Daneben schrieb er noch Kurzgeschichten, wie z. B. „Die Hundeblume", „Die Küchenuhr", „Die drei dunklen Könige" und „Nachts schlafen die Ratten doch".

B. 1

1.1 W. Borchert beschreibt in seiner Kurzgeschichte „Nachts schlafen die Ratten doch", wie ein alter Mann während des Zweiten Weltkriegs einem neunjährigen Jungen namens Jürgen neue Hoffnung schenkt.
Jürgen hält in einer Ruine bei seinem während eines Bombenangriffs getöteten vierjährigen Bruder Wache, damit dieser nicht von den Ratten angefallen wird. Der alte Mann gibt dem Jungen durch seine Behauptung, dass Ratten nachts schliefen und er deshalb abends heimgehen könne, neue Hoffnung. Außerdem verspricht er ihm Kaninchen und lenkt ihn so vom Elend des Krieges ab.

1.2 Bei diesem Text handelt es sich um eine Kurzgeschichte. Der geringe Umfang, die begrenzte Personenzahl, der unvermittelte Beginn ohne einführende Einleitung, der offene Schluss, der den Leser seine Schlussfolgerungen selber ziehen läßt, deuten darauf hin. Außerdem ist in der Handlung eine Steigerung bis zu einem Höhepunkt erkennbar, der die Wende zum Positiven einleitet. Auch die Thematik ist typisch für eine Kurzgeschichte. Der Text behandelt nur einen kurzen Ausschnitt aus dem Leben Jürgens, nämlich die Wache am „Totenbett" seines Bruders, die für ihn eine krisenhafte Situation darstellt. Hinzu kommt die knappe, oft andeutende, realitätsnahe Alltagssprache, die kennzeichnend ist für diese Textsorte.

1.3

1.3.1 Wendet man sich dem äußeren Aufbau zu, so fällt auf, dass diese
1.3.1.1 Kurzgeschichte stark strukturiert, also in viele kleine Absätze gegliedert ist, die den Dialog zwischen dem Jungen und dem alten Mann
1.3.1.2 hervorheben. Außerdem verwendet der Autor keine Anführungszeichen, sodass wörtliche Rede und kommentierender Text fast ineinander übergehen. Dadurch wird der Leser zum gründlichen Lesen gezwungen.

1.3.2 Was den inneren Aufbau anbelangt, so könnte man die einzelnen
1.3.2.1 Sinnabschnitte folgendermaßen zusammenfassen: Der 1. Teil schildert die Begegnung des alten Mannes mit dem Jungen. Der 2. Teil beinhaltet den Versuch des alten Mannes, Jürgen zutraulich zu machen. Anschließend wird das eigenartige Verhalten des Jungen aufgeklärt, worauf der Versuch des Mannes folgt, Jürgen zu beruhigen und ihn durch eine neue Aufgabe abzulenken. Zusammenfassend kann man sagen, dass der Autor konsequent und zielstrebig auf einen
1.3.2.2 positiven Schluss zusteuert. Dies wird auch noch dadurch unterstützt, dass die Ausgangssituation zunächst hoffnungslos ist, während der Schluss Hoffnung signalisiert. Durch das einfühlsame Gespräch und
1.3.2.3 die Notlüge des alten Mannes kommt es zu einer Wende im Verhalten des Jungen. Zunächst reagiert Jürgen nämlich auf das Erscheinen des Mannes „mutig, verächtlich“ (Z. 15/21), bis er schließlich am Wendepunkt „ganz müde“ (Z. 68) aussieht. Die Aussage des Mannes „Ja hat euer Lehrer denn nicht gesagt ...“ (Z. 66/67) leitet die Wende zum Positiven ein. Jürgens Reaktion wird immer lebhafter und schließlich freudig, voller Erwartung, was die Verben „dachte, fragte, rief, rief, rief...“, die steigernd eingesetzt sind, andeuten.

1.4

1.4.1 Bei der Betrachtung des Satzbaus fällt auf, dass der Text viele Aus-
1.4.1.1 rufe- und Fragesätze enthält, was die Gesprächssituation zwischen dem alten Mann und dem Jungen zum Ausdruck bringen soll. Auch wirkt dadurch die Erzählung lebendig und gefühlsbetont, der Leser wird in die Gedankengänge und in das Geschehen stark mit einbezo-
1.4.1.2 gen. Der Autor verwendet überwiegend kurze, z. T. unvollständige
1.4.1.3 Sätze wie „Wenn es dunkel wird, schon“ (Z. 71), sowie Satzreihen, die mit „und“ verbunden sind. Durch diesen Kurzsatzstil soll die hoffnungslose Situation eindringlich untermalt, fast eingehämmert werden. Auch entspricht dies der alltäglichen Gesprächssituation, in der nicht allzu viele Worte gemacht werden.

1.4.2 Was die Wortwahl betrifft, so unterscheidet sich der 1. Abschnitt

1.4.2.1 deutlich vom Rest der Erzählung. Treffende Verben wie „flimmerte“, „döste“, „gähnte“ (Z. 1–3), Adjektive wie „hohl“ (Z. 1), „vereinsamt“ (Z. 1), Attribute wie „blaurot“, „voll früher Abendsonne“ (Z. 1) sowie Wortzusammensetzungen wie „steilgereckt“ (Z. 2) sollen einen Eindruck von der Umgebung vermitteln und eine negative Stimmung schaffen.

Die übrige Erzählung hebt sich stilistisch von der Einleitung ab. Der Autor verwendet vor allem blasse Verben wie „sagen“, „machen“, sowie viele umgangssprachliche Ausdrücke wie „Geblinzel“ (Z. 8), „... euer Lehrer soll einpacken, wenn er das nicht mal weiß“ (Z. 81), „Was anderes eben“ (Z. 23), „Die (Sonne) war schon rot ...“ (Z. 92), „Ja, die (sie) essen doch ...“ (Z. 57), „Mein Bruder, der liegt nämlich ...“ (Z. 61).

Der Autor möchte durch die Verwendung der Umgangssprache und den sparsamen Einsatz von Adjektiven die Sprache des Alltags realitätsgetreu wiedergeben und er erreicht so eine Identifikation des Lesers mit dem Erzählten.

1.4.2.2 Durch den Text ziehen sich einige leitmotivische Schlüsselwörter. Den als bedrohend, zerstörerisch und als hässlich empfundenen Ratten werden die Kaninchen gegenübergestellt, die man sich weich, flauschig, anschmiegsam und ungefährlich vorstellt. Dadurch, dass der Junge durch die Kaninchen von den Ratten weggelockt wird, soll der Sieg des Positiven über das Bedrohliche, Negative ausgedrückt werden.

Eine ähnliche Wirkung erreicht der Autor mit seinen Farbadjektiven „Grau des Schuttes“ (Z. 95) als Symbol der Hoffnungslosigkeit, das verdrängt wird vom „Grün“ (Z. 94) des Kaninchenfutters. Grün gilt als die Farbe der Hoffnung. Als weiteres Leitmotiv kann man die krummen Beine des Mannes ansehen. Sie eröffnen dem Jungen den Ausblick in eine positivere Welt „... blinzelte [...] hindurch in die Sonne ...“ (Z. 12). Besonders deutlich wird dies am Schluss, als sich die „krummen Beine“ (Z. 91) auf die Sonne, das Symbol für Licht, Leben und Hoffnung, zubewegen (Z. 91/92).

Die Beine drücken auch den inneren Gefühlszustand des Mannes aus, wenn es heißt: “... seine krummen Beine waren ganz unruhig“ (Z. 74). Für den Jungen sind sie Ort der Zuflucht, des Trostes „... sah auf die krummen Beine“ (Z. 78). Auch der Stock fällt als Schlüsselwort auf. Er gibt dem Jungen Halt und Sicherheit „... hielt die Hände fest um den Stock“ (Z. 17).

1.4.3 W. Borchert setzt Stilmittel nur sparsam ein, so z. B. das Stilmittel der
1.4.3.1 Wiederholung: „Nein, sagte Jürgen traurig, nein, nein“ (Z. 52) oder „Nachts schlafen ... Nachts kannst du ... Nachts schlafen sie immer“ (Z. 69/72). Beide Male soll dem Leser die Eindringlichkeit seiner Aussage vor Augen geführt werden. Die mehrmalige Wiederholung von „rief ... rief ... rief“ (Z. 88/90) unterstreicht die Freude und Aufregung des Jungen.

Weiterhin verwendet der Autor das Stilmittel der Steigerung „Nachts auch. Immerzu. Immer“ (Z. 42), das die Hoffnungslosigkeit der Situation des Jungen zum Ausdruck bringt, aber auch seine Beharrlichkeit.

Das Wortspiel „Weiße, graue, weißgraue“ (Z. 77/78) verdeutlicht, dass der Junge allmählich in Gedanken damit spielt, ein Kaninchen zu bekommen.

1.4.3.2 Das Stilmittel der Personifikation „Das hohle Fenster [...] gähnte (Z. 1), „Die Schuttwüste döste“ (Z. 3) drückt aus, dass die Gegend menschenleer, trostlos, einsam ist. Die Alliteration „behoste Beine“ (Z. 6) zeigt die begrenzte Sichtweise Jürgens auf, der zunächst nicht den ganzen Mann, sondern nur einen Ausschnitt von ihm, nämlich seine Beine in Hosen, sieht.

1.4.4 Zusammenfassend kann man sagen, dass der Text mit Ausnahme des 1. Abschnitts in der Umgangssprache geschrieben ist. Die Wortwahl, der Satzbau und die sparsame Verwendung rhetorischer Mittel deuten darauf hin. Dadurch will der Autor die Identifikation des Lesers mit der Erzählung und deren Problematik erreichen und dem Leser vermitteln, dass diese Geschichte der Realität entspricht.

1.5 Der Autor möchte mit seiner Erzählung ausdrücken, dass es oft trotz
1.5.1 einer hoffnungslosen Situation, in der man nicht mehr weiterweiß, einen Ausweg geben kann. Oft kommt unerwartet von außen Hilfe, wie hier durch den alten Mann, der durch sein einfühlsames Gespräch den Lebensmut, das Interesse des Jungen weckt und ihn von der Trauer über den Tod seines kleinen Bruders ablenkt. Borchert zeigt uns auf, wie
1.5.2 man ein Problem durch ein intensives Gespräch lösen kann. Dabei nimmt der alte Mann den Jungen mit seinem scheinbar unlösbaren Problem sehr ernst, geht auf seine Einwände ein und bietet ihm so eine wirkliche Lösung an. Er hätte ihn auch mit belanglosen Worten abspeisen können. Gerade heutzutage ist es keine Selbstverständlichkeit mehr, dass Erwachsene sich intensiv mit den Problemen der Kinder auseinan-

der setzen, sich Zeit nehmen für deren Sorgen. Hätte der alte Mann Jürgen einfach zu seinen Eltern gebracht, wären die Ängste des Jungen um seinen Bruder nicht beseitigt gewesen.
Auch zeigt Borchert auf, dass Kinder das Verhalten der Erwachsenen nachahmen, sich an deren Verhalten orientieren, wie z. B. Zigaretten drehen und rauchen, und oft das, was die Erwachsenen sagen, sehr ernst nehmen und glauben.

1.5.3 Das Schicksal des neunjährigen Jungen hat mich sehr berührt, das Ausgeliefert-Sein an die äußeren Umstände, aber auch seine Liebe zu dem kleinen Bruder, den er noch im Tod beschützen will.
Vor allem aber hat mich beeindruckt, dass der Autor, obwohl er die Schrecken des Krieges hautnah erlebt hat, auf die Hoffnung verweist, die man nie verlieren sollte.

2

Der Text „Nachts schlafen die Ratten doch“ zeigt, dass Tiere dem Menschen Hoffnung geben können. So sind Tiere für den Menschen
2.1 eine große Hilfe im Alltag, weil sie oft die Beschützerrolle überneh-
2.1.1 men. Viele Leute halten sich, wenn sie etwas abgelegen wohnen, z. B. einen Hund, weil dieser von Natur aus wachsam ist und bei Gefahr anschlägt. Aber auch ein Blindenhund muss seinen Besitzer beschützen, ihn sicher im Straßenverkehr leiten oder ihn vor gefährlichen Situationen warnen.

2.1.2 Tiere haben außerdem eine therapeutische Wirkung, besonders bei Kindern und Behinderten. Es ist erwiesen, dass sich das Reiten seelisch und körperlich positiv auf behinderte Kinder und Jugendliche auswirkt. Durch den Umgang mit Tieren wird ihr Selbstvertrauen gestärkt, aber auch körperlichen Störungen bei spastisch Gelähmten, wie z. B. gesteigerte Muskelspannungen oder gestörter Gleichgewichtssinn, kann durch entsprechende Übungen am Pferd entgegengesteuert werden.

2.1.3 Ein Tier ist dem Menschen auch ein Kamerad, ein Lebensbegleiter, der ihn vor Einsamkeit schützt. Gerade ältere Menschen, deren Kinder das Elternhaus bereits verlassen haben oder deren Lebenspartner nicht mehr leben, bekommen durch ein Tier wieder eine Aufgabe. Sie können mit ihm reden und haben nicht so sehr das Gefühl, ganz alleine zu sein. Als Hundebesitzer z. B. müssen sie mehrmals täglich ihr Tier spazieren führen, sodass sie dadurch zwangsläufig Kontakt zur Außenwelt aufnehmen.

Tiere sind jedoch nicht nur im Alltag eine Hilfe, sondern sie werden
2.2 auch für besondere Maßnahmen eingesetzt. So hat sich der „Drogen-
2.2.1 hund“ bei der Drogenfahndung als sehr nützlich erwiesen. Da Hunde über einen guten Geruchssinn verfügen, eignen sie sich nach einer entsprechenden Ausbildung hervorragend für das Aufspüren von Rauschgift. Immer wieder liest man in der Presse, dass Drogenhunde maßgeblich an spektakulären Rauschgiftfunden beteiligt sind.

2.2.2 Neben dem Einsatz bei Fahndungen retten Tiere immer wieder Leben. Trotz moderner technischer Hilfsmittel werden „Lawinenhunde“ eingesetzt, um von Lawinen Verschüttete zu retten. Aber z. B. auch bei Erdbeben sind Spürhunde sehr hilfreich, da sie zuverlässig und sicher unter Schuttmassen Begrabene aufspüren und Rettungsaktionen zielgerichtet unterstützen.

C. Der Text „Nachts schlafen die Ratten doch“ von Wolfgang Borchert hat mich betroffen gemacht, weil er u. a. aufzeigt, dass Kinder in die Auseinandersetzungen der Erwachsenen zwangsläufig mit hineingezogen werden und an den Folgen leiden müssen, obwohl sie unschuldig sind und nichts dafür können. Auch in der Gegenwart ist dies immer noch der Fall. Man denke nur an das frühere Jugoslawien, in dem unzählige Kinder Eltern und Geschwister verloren haben, man denke nur an Nordirland, wo sogar Kinder z. T. Waffen tragen und sich kriegerisch gebärden. Auch Afrika gilt als Krisengebiet. Viele Kinder sind dem Flüchtlingselend ausgesetzt, d. h., sie verlieren oft neben ihrer Heimat auch noch die Familie und sind von Hunger, Durst und Seuchen bedroht.
Es liegt wohl in der Verantwortung der Erwachsenen, eine humanere Welt zu schaffen, indem man nicht mit Waffen, sondern mit Worten kämpft und so Konflikte auf friedlichem Wege austragen lernt.

1.2 J. W. v. Goethe: Willkommen und Abschied

Es schlug mein Herz, geschwind zu Pferde!
Es war getan fast eh gedacht.
Der Abend wiegte schon die Erde,
Und an den Bergen hing die Nacht;
Schon stand im Nebelkleid die Eiche,
Ein aufgetürmter Riese, da,
Wo Finsternis aus dem Gesträuche
Mit hundert schwarzen Augen sah.

Der Mond von einem Wolkenhügel
Sah kläglich aus dem Duft hervor,
Die Winde schwangen leise Flügel,
Umsausten schauerlich mein Ohr;
Die Nacht schuf tausend Ungeheuer,
Doch frisch und fröhlich war mein Mut:
In meinen Adern welches Feuer!
In meinem Herzen welche Glut!

Dich sah ich, und die milde Freude
Floß von dem süßen Blick auf mich;
Ganz war mein Herz an deiner Seite
Und jeder Atemzug für dich.
Ein rosenfarbnes Frühlingswetter
Umgab das liebliche Gesicht,
Und Zärtlichkeit für mich – ihr Götter!
Ich hofft' es, ich verdient' es nicht!

Doch ach, schon mit der Morgensonne
Verengt der Abschied mir das Herz:
In deinen Küssen welche Wonne!
In deinem Auge welcher Schmerz!
Ich ging, du standst und sahst zur Erden
Und sahst mir nach mit nassem Blick:
Und doch, welch Glück, geliebt zu werden!
Und lieben, Götter, welch ein Glück!

Textquelle mit Erläuterungen

„Willkommen und Abschied“, ein Gedicht aus den sog. „Sesenheimer Liedern“ von Johann Wolfgang von Goethe; dichterischer Anlass: Liebe Goethes zu Friederike Brion aus dem elsässischen Dorf Sesenheim während seines Jurastudiums in Straßburg; ursprüngliche Niederschrift Frühjahr 1771, in vorliegender Fassung Erstdruck 1789.

Arbeitsauftrag

Lesen Sie das Gedicht „Willkommen und Abschied“ von Johann Wolfgang von Goethe genau durch und bearbeiten Sie folgende Aufgaben:

1. Beschreiben Sie den Text.
2. Erörtern Sie, was zum Gelingen einer lang anhaltenden Partnerschaft – gerade in unserer Zeit – gehört.

Gliederung

A. Informationen über den Autor und seine wichtigsten Werke
oder:
Entstehungshintergrund (literarische Epoche, unterschiedliche Fassungen, persönliche Situation Goethes ...)

B. Das Gedicht „Willkommen und Abschied“ – Voraussetzungen für das Gelingen einer Partnerschaft

1 Texterschließung

1.1 knappe Wiedergabe des Inhalts: Weg zur Geliebten, kurze Zeit des Glücks und Abschied

1.2 Aufbau des Gedichts
1.2.1 äußerer Aufbau
1.2.1.1 Strophen und Verszeilen
1.2.1.2 Reimschema und Metrum

1.2.2 innerer Aufbau
1.2.2.1 dialektische Überschrift: Willkommen und Abschied
1.2.2.2 inhaltliche Struktur der einzelnen Strophen

1.3 Sprachanalyse
1.3.1 Satzbau
1.3.1.1 Wechsel von längeren Aussagesätzen mit kurzen Ausrufesätzen
1.3.1.2 Inversion, Ellipsen, Parallelismus

1.3.2 Wortwahl
1.3.2.1 „Herz“ als leitmotivisches Schlüsselwort
1.3.2.2 ausdrucksstarke, außergewöhnliche Wortkombinationen
1.3.2.3 Häufung von Pronomen der 1. und 2. Person

1.3.3 rhetorische Mittel
1.3.3.1 Personifikation, Anapher, Gegensatz, Metapher, Alliteration, Wiederholung
1.3.3.2 gezielter Einsatz von s-Lauten

1.4 Absicht des Verfassers
1.4.1 Erlebnisgedicht als persönliche Dichtung
1.4.2 Verknüpfung von Natur und Seelenlage der Personen
1.4.3 Dialektik der Liebe

1.5 Wirkung des Gedichts
1.5.1 Bedeutung des Themas „Liebe“ in der Dichtung
1.5.2 relativ passive Haltung des Mädchens

2 weiterführende Erörterung: Voraussetzungen für das Gelingen einer lang anhaltenden Partnerschaft in unserer Zeit
2.1 materieller Art
2.1.1 berufliche Sicherheit zumindest eines Partners
2.1.2 gewisser Lebensstandard

2.2 ideeller Art
2.2.1 Gespräche miteinander und Zeit füreinander
2.2.2 Treue und Vertrauen

C. Persönliche Stellungnahme zum Thema Partnerschaft
oder:
Fundierte persönliche Meinung zum Gedicht

Möglicher Antwortenkatalog

A. **Informationen über den Autor und seine wichtigsten Werke**
Goethe (1749–1832) zusammen mit Friedrich Schiller bedeutendster Vertreter der Klassik und einer der größten Dichter des Abendlandes, starker Einfluss seiner Werke auf die gesamte deutsche Literatur, wichtige Werke u. a.: „Die Leiden des jungen Werther“ (Roman), „Wilhelm Meister“ (Roman), „Götz von Berlichingen“ (Drama), „Faust“ (Drama), „Egmont“ (Drama), sowie zahlreiche Gedichte und Balladen
oder:
Entstehungshintergrund (literarische Epoche, unterschiedliche Fassungen, persönliche Situation Goethes ...)
Goethe Student der Rechte in Straßburg, zu dieser Zeit Liebe zu Friederike Brion aus Sesenheim, Beziehung in sog. „Sesenheimer Liedern“ festgehalten, Erstfassung 1771 in der Epoche des Sturm und Drang, vorliegende Fassung eine Überarbeitung nach 18 Jahren, also nicht mehr unmittelbare Gefühlslage, sondern Sicht aus langjähriger Distanz

B. Das Gedicht „Willkommen und Abschied“ und Voraussetzungen für das Gelingen einer Partnerschaft

1 Texterschließung

1.1 knappe Wiedergabe des Inhalts

ausführliche Beschreibung des Wegs zur Geliebten, Zusammentreffen mit ihr und kurze Zeit des Glücks, notwendiger, aber nicht verzweifelter, sondern vom Glück begleiteter Abschied

1.2 Aufbau des Gedichts

1.2.1 äußerer Aufbau

1.2.1.1 Strophen und Verszeilen

4 Strophen zu je 8 Verszeilen

1.2.1.2 Reimschema und Metrum

- Kreuzreim nach dem Muster ababcdcd
- vierfüßiger Jambus (unbetonte, betonte Silbe), Beispiel: „Es schlúg mein Hérz, geschwínd zu Pférde!“ (Z. 1)
- sowohl männliche als auch weibliche Reime
- Enjambement oder Zeilensprung vor allem in der 3. Strophe (Z. 17/18) (Z. 21/22), Wirkung: keine Unterbrechung in dieser Zeit des Glücks

1.2.2 innerer Aufbau

1.2.2.1 dialektische Überschrift: Willkommen und Abschied

„Willkommen“ in der dritten Strophe, „Abschied“ in der vierten Strophe, Titel des Gedichts für die Strophen 1 und 2 unzutreffend

1.2.2.2 inhaltliche Struktur der einzelnen Strophen

- 1. und 2. Strophe: spontaner Entschluss, zur Geliebten zu reiten, Erlebnisse beim nächtlichen Ritt durch die Natur, die sich von ihrer düsteren Seite zeigt
- 3. Strophe: Glücksgefühl bei der Begegnung („Willkommen“), gefühlsmäßige Beruhigung, als er die Geliebte sieht: „milde Freude“ (Z. 17), zartes, junges Liebesglück
- 4. Strophe: begrenzte Zeit des Glücks, notwendige Trennung, Aufbruchsstimmung, trotzdem Lebensfreude und Lebensbejahung, offensichtlich nur Abschied auf Zeit

1.3 Sprachanalyse

1.3.1 Satzbau

1.3.1.1 Wechsel von längeren Aussagesätzen mit kurzen Ausrufesätzen
- Ausrufesätze: momentane Gefühlsausbrüche, innere Unruhe, frohe Erwartung
- Verstärkung der Aussage durch paarweises Auftreten der Ausrufesätze; Beispiel: „In meinen Adern welches Feuer! In meinem Herzen welche Glut!“ (Z. 15/16)
- Aussagesätze: Naturschilderungen oder ruhigere Betrachtungen

1.3.1.2 Inversion, Ellipsen, Parallelismus
- Inversion, nämlich Umstellung der Wortfolge; Beispiel: „Dich sah ich, ...“ (Z. 17); Wirkung: Hervorhebung der Geliebten, die einen Stimmungsumschwung einleitet
- Ellipsen (verkürzte Sätze); Beispiel: Z. 31/32; Wirkung: gefühlstontes Sprechen als Ausdruck der inneren Freude und Erregtheit
- Parallelismus (gleichartige Satzkonstruktionen); Beispiel: Z. 15/16; Wirkung: Eindringlichkeit, Vorfreude, Überschwang der Gefühle

1.3.2 Wortwahl

1.3.2.1 „Herz“ als leitmotivisches Schlüsselwort
- „Herz“ als Zentralbegriff in jeder Strophe, Symbol für Liebe und Zärtlichkeit

  „Es **schlug** mein **Herz** ...“ (Z. 1); Wirkung: Erwartung, Herzklopfen

  „In meinem **Herzen** welche **Glut**!“ (Z. 16); Wirkung: Sehnsucht, Leidenschaft

  „Ganz war mein **Herz** an **deiner Seite** ...“ (Z. 19); Wirkung: Einigkeit, totale Hingabe

  „Verengt der **Abschied** mir das **Herz**:“ (Z. 26); Wirkung: Traurigkeit
- Herz als zentraler Sitz der Gefühle; Widerspiegelung der Gesamtsituation vom ungestümen Herzen bis hin zum bedrückten Herzen

1.3.2.2 ausdrucksstarke, außergewöhnliche Wortkombinationen
- vor allem aussagekräftige Adjektive, vielfach attributiv verwendet, und Substantive, „aufgetürmter Riese“ (Z. 6), „milde Freude“ (Z. 17), „süßer Blick“ (Z. 18), „rosenfarbnes Frühlingswetter“ (Z. 21); Wirkung: Verdeutlichung der Gefühlslage, anschauliche Schilderung der Situation, der Natur und der Geliebten
- anschauliche und anspruchsvolle Verben; Wirkung: bringen zunächst Bewegung in das Gedicht, vermitteln die Stimmungslage
- insgesamt ein faszinierender, überschwänglicher Wortreichtum

1.3.2.3 Häufung von Pronomen der 1. und 2. Person
Personalpronomen und Possessivpronomen überwiegend in der 1. Person; Ursache: Ich-Erzähler im Mittelpunkt des Geschehens, Hervorhebung des „Du" und damit des Mädchens nur in der 3. Strophe (Begegnung mit ihr)

1.3.3 rhetorische Mittel

1.3.3.1 Personifikation, Anapher, Gegensatz, Metapher, Alliteration, Wiederholung

- zahlreiche Personifikationen der Natur, vor allem in den beiden ersten Strophen; Beispiele: „Der Abend wiegte schon die Erde" (Z. 3), „... die Eiche, ein aufgetürmter Riese ..." (Z. 5/6), „Der Mond [...] sah kläglich aus dem Duft hervor ..." (Z. 9/10); Wirkung: Betonung der Unheimlichkeit des nächtlichen Ritts durch die Natur
- Anaphern (Wiederholung der gleichen Satzanfänge), z. B. Z. 1/2 und 27/28; Wirkung: Hervorhebung emotionaler Schwerpunkte, Eindringlichkeit
- Gegensatz: „Wonne", „Schmerz" (Z. 27/28); Wirkung: Verdeutlichung der Dialektik, Freude und Leid liegen nahe beieinander
- Metapher: „rosenfarbnes Frühlingswetter" (Z. 21); Wirkung: bildhafte Darstellung der positiven Stimmungslage
- Alliteration: „frisch und fröhlich" (Z. 14); Wirkung: kein Zurück trotz unheimlicher Natur, Waghalsigkeit, Mut aus Liebe, innere Freude
- Wiederholung: „... welch Glück, ..." (Z. 31), „... welch ein Glück" (Z. 32); Wirkung: Hervorhebung des persönlichen Glücksgefühls und gleichzeitig Dankbarkeit über dieses Liebesglück

1.3.3.2 gezielter Einsatz von s-Lauten
viele s-Laute gerade bei gedrückter Stimmung „Die Winde schwangen leise Flügel, umsausten schauerlich mein Ohr;" (Z. 11/12), „Ich ging, du standst und sahst zur Erden und sahst mir nach mit nassem Blick:" (Z. 29/30)

1.4 Absicht des Verfassers

1.4.1 Erlebnisgedicht als persönliche Dichtung

Wiedergabe der inneren Gefühlslage, Niederschrift eines persönlichen Erlebnisses (Erlebnisgedicht) des 21-jährigen Goethe, Verarbeitung seiner eigenen Empfindungen in Gedichten; Hintergrund: Aufenthalt in Straßburg (1770/1771) zum Abschluss des Studiums der Rechte, emotionaler Ausgleich durch Friederike Brion, Überarbeitung nach 18 Jahren (!), um in vorliegender Fassung größere Distanz vom Thema zu erreichen

1.4.2 **Verknüpfung von Natur und Seelenlage der Personen**
zunächst Aufbruch durch die düstere Nacht, feindliche Natur entsprechend seiner Seelenlage, dann Aufhellung der Stimmung durch das Zusammentreffen, freundliche Natur bei Genießen des Augenblicks und optimistischer Grundhaltung

1.4.3 **Dialektik der Liebe**
„Willkommen" und „Abschied", erträgliche Trennung durch das Bewusstsein, geliebt zu werden, Wechselseitigkeit der Liebe: nicht nur beglückendes Gefühl, geliebt zu werden (passiv), sondern auch aktiv zu lieben, „Und lieben, ..." (Z. 32), nur Glück möglich durch diese Wechselbeziehung

1.5 **Wirkung des Gedichts**

1.5.1 **Bedeutung des Themas „Liebe" in der Dichtung**
Nachdenken über bestimmte Motive, die seit Jahrhunderten in der Dichtung, speziell in der Lyrik, auftauchen (z. B. Natur, Liebe), Erkennen der Zeitlosigkeit dieser Thematik

1.5.2 **relativ passive Haltung des Mädchens**
dominante, agierende Rolle des „Ich" und damit des jungen Mannes, eher passive, typisch weibliche Haltung des jungen Mädchens („mild", „süß", „lieblich"); vielleicht keine tiefe Liebe wegen der relativ knappen Schilderung des eigentlichen Zusammentreffens

2 **weiterführende Erörterung: Voraussetzungen für das Gelingen einer lang anhaltenden Partnerschaft in unserer Zeit**

2.1 **materieller Art**

2.1.1 **berufliche Sicherheit zumindest eines Partners**
regelmäßiger Verdienst als Grundvoraussetzung für eine notwendige Zukunftsplanung (größere materielle Anschaffungen, Kinderwunsch ...) der Partner und für eine ausgeglichene Seelenlage (kein Streit um Geld oder psychische Probleme bei Arbeitslosigkeit ...)

2.1.2 **gewisser Lebensstandard**
dadurch angemessene Wohnsituation, Anschaffung gewisser in unserer Gesellschaft gängiger Güter (bestimmte Einrichtungsgegenstände, Videoanlage, Auto ...) und Möglichkeiten gemeinsamer Freizeitgestaltung (Urlaubsreisen, Sport, Kino ...), Kriterium für ein konfliktfreies, entspanntes Miteinander

2.2 **ideeller Art**

2.2.1 **Gespräche miteinander und Zeit füreinander**
Notwendigkeit von Gesprächen und Zeit füreinander trotz aller Hektik und gerade bei Berufstätigkeit beider Partner und eventuell unterschiedlicher Arbeitszeiten, Aufarbeiten von Problemen, nicht allabendliches Fernsehen als Gesprächsersatz

2.2.2 **Treue und Vertrauen**
Vertrauensbruch als Auslöser für harte Auseinandersetzungen, Treue als Voraussetzung für eine dauerhafte Partnerschaft gerade in unserer freizügigen Zeit (Negativbeispiele in Fernsehserien)

C. **Persönliche Stellungnahme zum Thema Partnerschaft**
Stichwörter: traditionelle Ehe, moderne Formen des Zusammenlebens, Partnerschaft ohne Trauschein, Wohngemeinschaften; Zunahme von Singles ...

oder:

Fundierte persönliche Meinung zum Gedicht
sehr gefühlsbetonte Betrachtung einer Zweierbeziehung, heute leichterer Kontakt durch moderne Formen der Kommunikation (Telefon) und Fortbewegung (Motorrad, Auto ...); Liebe allerdings bis heute aktuelle Thematik

1.3 James Thurber: Der Löwe und die Füchse

Der Löwe und die Füchse

Gerade hatte der Löwe dem Schaf, der Ziege und der Kuh auseinandergesetzt, daß der von ihnen erlegte Hirsch einzig und allein ihm gehöre, als drei Füchse erschienen und vor ihn hintraten.

„Ich nehme ein Drittel des Hirsches als Strafgebühr", sagte der erste Fuchs. „Du hast nämlich keinen Jagdschein."

„Und ich", sagte der zweite, „nehme ein Drittel des Hirsches für deine Witwe, denn so steht es im Gesetz."

„Ich habe gar keine Witwe", knurrte der Löwe.

„Lassen wir doch die Haarspaltereien", sagte der dritte Fuchs und nahm sich ebenfalls seinen Anteil. „Als Einkommensteuer", erklärte er. „Das schützt mich ein Jahr lang vor Hunger und Not."

„Aber ich bin der König der Tiere", brüllte der Löwe.

„Na, dann hast du ja eine Krone und brauchst das Geweih nicht", bekam er zur Antwort, und die drei Füchse nahmen auch noch das Hirschgeweih mit.

Moral: Heutzutage ist es nicht mehr so leicht wie in früheren Zeiten, sich den Löwenanteil zu sichern.

Textquelle mit Erläuterungen

James Thurber, 75 Fabeln für Zeitgenossen, Rowohlt Verlag Hamburg, 1967; James Thurber (1894–1961) – amerikanischer Schriftsteller, Zeichner und Journalist

Arbeitsauftrag

1. Erstellen Sie eine kurze Inhaltsangabe und gehen Sie auf die äußere und innere Struktur des Textes ein.
2. Charakterisieren Sie die Hauptfiguren.
3. Begründen Sie die Textsorte und erläutern Sie sprachliche Besonderheiten.
4. Stellen Sie die Absicht des Verfassers und die Wirkung des Textes unter Einbeziehung der Moral dar.
5. Sowohl der Löwe als auch die drei Füchse zeigen ein unangebrachtes Anspruchsdenken. Erläutern Sie, inwiefern bei einem Teil der heutigen Jugendlichen ein ähnliches Anspruchsdenken zu beobachten ist.

Gliederung

A. Informationen zum Text und zum Autor

B. Die Fabel „Der Löwe und die Füchse“ – gestiegenes Anspruchsdenken der Jugend von heute

1 Texterschließung
1.1 Inhaltsangabe und Beschreibung der Textstruktur
1.1.1 knappe Inhaltsangabe
1.1.2 einfache äußere Struktur des Textes
1.1.3 vierteilige innere Struktur des Textes

1.2 Charakteristik der Hauptpersonen
1.2.1 Beschreibung des Löwen
1.2.2 Beschreibung der drei Füchse

1.3 Fabel als Textsorte
1.3.1 typische Handlungsfiguren und Handlungsinhalte
1.3.2 Aufbau des Textes

1.4 sprachliche Kennzeichen
1.4.1 Einfachheit in Wortwahl und Satzbau
1.4.2 rhetorische Mittel
1.4.3 Hochsprache in der „Er“-Form

1.5 Absicht des Verfassers und Wirkung des Textes
1.5.1 persönlich-mitmenschlicher Aspekt
1.5.2 gesellschaftlich-politischer Aspekt

2 weiterführende Erörterung: Inwiefern ist bei einem Teil der heutigen Jugendlichen ein ähnliches Anspruchsdenken zu beobachten wie in dem vorliegenden Text?
2.1 Anspruchsdenken gegenüber der Gesellschaft
2.2 Anspruchsdenken in Schule und Beruf
2.3 Anspruchsdenken in der Familie

C. Persönliche Stellungnahme zur Thematik „neue Bescheidenheit“ bei zahlreichen jungen Menschen

Möglicher Antwortenkatalog

A. Informationen zumText und zum Autor

siehe Textquelle: Autor James Thurber (1894–1961), amerikanischer Schriftsteller, Zeichner und Journalist; sechs Jahre nach seinem Tod (1967) deutsche Übersetzung seiner Fabeln in der Rowohlt-Ausgabe „75 Fabeln für Zeitgenossen"

B. Die Fabel „Der Löwe und die Füchse" – gestiegenes Anspruchsdenken der Jugend von heute

1 Texterschließung

1.1 Inhaltsangabe und Beschreibung der Textstruktur

1.1.1 knappe Inhaltsangabe

Zu einem Löwen, der gerade drei andere Tiere um ihre Beute, einen Hirschen, gebracht hat, kommen drei Füchse. Mit fadenscheinigen Begründungen beanspruchen sie den Hirschen, sodass der Löwe schließlich leer ausgeht.

1.1.2 einfache äußere Struktur des Textes

stark gegliederter, kurzer Text (Gespräche), mittige, etwas größer gedruckte Überschrift, Moral kursiv gedruckt und vom übrigen Text etwas abgesetzt (Hervorhebung), keine Illustrationen

1.1.3 vierteilige innere Struktur des Textes

- Darstellung der **Situation** (Zeile 1–3) als eine Art Einleitung, Löwe „erobert" sich aufgrund seiner althergebrachten Machtstellung einen erlegten Hirschen
- Abfolge von **Aktion und Reaktion** (Zeile 4–15), Raub der „eroberten" Beute durch drei Füchse (Dialoge), Steigerung der Spannungskurve bis Zeile 13, bis dahin noch Möglichkeit einer Wende zugunsten des Löwen, danach endgültiger Machtverlust
- Moral als **Ergebnis** (Zeile 16/17), Vergleich von früher (Löwe als Sieger) und heute (Löwe als Verlierer), Bezugnahme auf ältere Fabeln (z. B. Äsop), in denen der Löwe immer triumphiert

1.2 Charakteristik der Hauptpersonen

1.2.1 Beschreibung des Löwen

- Demonstration von Macht gegenüber Schaf, Ziege und Kuh, zunächst Sieger

- Verlust der „Allmacht" gegenüber den drei Füchsen, Knurren und Gebrüll bleiben wirkungslos, Position des Verlierers trotz scheinbarer Stärke

1.2.2 Beschreibung der drei Füchse

- Listigkeit des ersten Fuchses (kein Jagdschein, darum Strafgebühr)
- Frechheit und Verlogenheit des zweiten (Anteil für eine gar nicht existierende Witwe)
- Unverfrorenheit des dritten (Steuerabgabe als Garantie für sein eigenes Fortkommen)
- ein sehr selbstsicheres Auftreten bei den Füchsen und eine deutliche Steigerung des Anspruchsdenkens bis hin zur maßlosen Habgier (Geweih im Prinzip für sie wertlos), Stärke durch das Gefühl der Gemeinsamkeit

1.3 Fabel als Textsorte

1.3.1 typische Handlungsfiguren und Handlungsinhalte

- gängige Tierfiguren (Löwe, Fuchs ...) mit menschlichen Eigenschaften und der Fähigkeit zu sprechen
- allerdings Umkehr des hierarchischen Verhältnisses, Löwe nicht mehr Angst einflößend, sondern Füchse
- Recht und Unrecht, Macht und Machtlosigkeit als typische Handlungsinhalte von Fabeln

1.3.2 Aufbau des Textes

- ein einziger Ort, kurze Zeitspanne und nur eine einzige Handlung
- typischer Aufbau (siehe 1.1.3) mit Situation – Aktion und Reaktion – Ergebnis, allerdings untypische Darstellung der Moral

1.4 sprachliche Kennzeichen

1.4.1 Einfachheit in Wortwahl und Satzbau

- einfache Wortwahl, teilweise Wiederholungen (sagen, nehmen, haben) und knappe Formulierungen; Wirkung: leichte Verständlichkeit und dadurch Ansprechen eines breiten Publikums
- unkomplizierter Satzbau; außer einleitendem Satzgefüge und erweitertem Infinitiv am Schluss nur Hauptsätze und Satzreihen, Aussagesätze mit ähnlichem Satzaufbau, häufig mit dem Subjekt „Ich" beginnend; Wirkung: knappe, aber deutliche Aussagen, Darstellung vollendeter Tatsachen

1.4.2 **rhetorische Mittel**

- Haupthandlung bestehend aus Dialogen in wörtlicher Rede, dadurch Verdeutlichung gegensätzlicher Standpunkte und Vorbereitung der Pointe
- Sarkasmus (Zeile 13/14), Verspottung und Verhöhnung des Löwen
- Metapher „König der Tiere“, eigentlich führende Position bei der Rangordnung

1.4.3 **Schreibstil**

- Hochsprache in satirisch-ironischem Schreibstil, aber auch sachlich-nüchterne Redeweise
- Er-Form (3. Person)

1.5 **Absicht des Verfassers und Wirkung des Textes**

1.5.1 **persönlich-mitmenschlicher Aspekt**

- gerechte Strafe für den Löwen, der andere nur aufgrund seiner Macht um ihr Eigentum bringt und schließlich selbst leer ausgeht (Schadenfreude beim Leser), die bei Schaf, Ziege und Kuh angewandte Methode wird ihm selbst zum Verhängnis (Erteilen einer Lehre)
- moralische Bedenken über den Sieg von Frechheit und Dreistigkeit (Verlagerung von Macht)
- Hauptfiguren stellen Ansprüche auf Kosten anderer

1.5.2 **gesellschaftlich-politischer Aspekt**

- Verhältnis Löwe-Fuchs vergleichbar mit Verhältnis Bürger-Staat, Sicherung des Anteils durch den Staat in Form von Steuern und Abgaben, Ohnmacht des Bürgers vor dem Fiskus, keine Möglichkeit mehr, sich den „Löwenanteil“ zu sichern (siehe Moral)
- Aktualitätsbezug: vielfältige Finanzierungsprobleme des Staates (Altersvorsorge, größere Eigenbeteiligung, Erhöhung der Mehrwertssteuer ...), andererseits Steuerreform

2 **weiterführende Erörterung: Inwiefern ist bei einem Teil der heutigen Jugendlichen ein ähnliches Anspruchsdenken zu beobachten wie in dem vorliegenden Text?**

2.1 **Anspruchsdenken gegenüber der Gesellschaft**

lautstarke Forderung nach dem Bau von Freizeiteinrichtungen wie modernen Sportanlagen, Discos, Jugendheimen; Ausleben von Freiheiten auf Kosten anderer (illegale Autorennen); gewünschter Abbau von gesetzlichen Einschränkungen (z. B. bei Drogenkonsum); soziale Absicherung als Selbstverständlichkeit (Auffangen bei Arbeitslosigkeit)

2.2 **Anspruchsdenken in Schule und Beruf**
Forderung nach einem breiten Freizeit- und Bildungsangebot, hohe Leistungsanforderungen als „Zumutung", Mitbestimmung in allen Bereichen mit zu wenig Eigenleistung; Bereitstellung von Ausbildungsplätzen mit sehr guten Arbeitsbedingungen, hoher Verdienst, viel Freizeit; insgesamt fordernder Umgangston

2.3 **Anspruchsdenken in der Familie**
Eltern als scheinbar unerschöpfliche Finanzquelle, extremes Konsumverhalten (Markenkleidung, moderne Unterhaltungselektronik), hohes Taschengeld, zeitaufwendige Fahrten, um bestimmte Hobbys zu ermöglichen; Finanzierung von Trendsportarten, des Urlaubs, des eigenen Autos, Motorrads usw.

C. **Persönliche Stellungnahme zur Thematik „neue Bescheidenheit" bei zahlreichen jungen Menschen**
Zeit der zunehmenden Arbeitslosigkeit, Sparmaßnahmen im Elternhaus, Einsicht, dass Leistungsbereitschaft notwendig ist; Lernen von Verzicht

2 Sach- und Gebrauchstexte

2.1 Zwischen Sexorgien und Selbstmord: Supermodels leben wild

Zwischen Sexorgien und Selbstmord: Supermodels leben wild

Tod von Margaux Hemingway zeigt das häßliche Gesicht des Geschäfts mit der Schönheit / Heroin statt Hungerkuren / Alkoholismus verbreitet

Von Stefanie Schütte, dpa

HAMBURG. Der Putz bröckelt: Berichte über den rätselhaften Tod des Ex-Topmodels Margaux Hemingway zeigen erneut das häßliche Gesicht des Model-Geschäfts. Der schöne Schein entpuppt sich immer mehr als Sumpf von Drogen und Alkohol. Die Enkelin von Schriftsteller Ernest Hemingway war am Montag tot in ihrer Wohnung in Kalifornien aufgefunden worden. Auch wenn die Todesursache noch unklar ist – die 41jährige könnte auch einen epileptischen Anfall erlitten haben –, sicher scheint: Das einstige „Gesicht einer Generation" machte schwere Krisen wegen ihrer Alkohol- und Tablettensucht durch, litt an Depressionen und hat schon mehrere Selbstmordversuche hinter sich.

Erst vor einem Jahr beschäftigte der Tod eines Models die Presse: Die erst 17jährige Kristen Taylor war nach Gebrauch eines Asthma-Mittels gegen Atembeschwerden gestorben – auch hier blieben Fragen offen, obwohl Verdachtsmomente wie Alkohol- oder Drogenmißbrauch ausgeschlossen wurden. Allerdings, im Modelgeschäft spielen Drogen wieder eine größere Rolle. Viele der jungen Mädchen können dem Druck nicht standhalten, bekämpfen Unsicherheiten und Hungerzwang mit Kokain oder Alkohol.

Vor zwei Jahren machte im Jugendmagazin der Süddeutschen „Jetzt" die Beichte des drogensüchtigen Models Kim Furore. „Wir ballern uns lieber die Birne voll, als mühsam zu hungern", schrieb das Mannequin mit rund 10 000 Dollar Verdienst im Monat. Und eine Kollegin erzählte der Zeitung „New York Newsday" von heroinabhängigen Supermodels.

Die Gerüchteküche dampft. Zeitschriftenredakteure berichten von geplatzten Fototerminen mit „vollgepumpten" Models. Wenn Mannequins plötzlich verschwinden, wird von Entziehungskuren gemunkelt. „Das neueste Gesprächsthema in der Model-Szene ist die wieder erwachte Vorliebe für Drogen – besonders Heroin. Aber Selbsthaß und Zerstörung sind nicht neu in der Model-Welt", schreibt der amerikanische Journalist Michael Gross in seinem Buch „Model. Das häßliche Geschäft der schönen Frauen".

Als das Gross-Buch vor einem Jahr in den USA erschien, sorgte es für Aufsehen – detailliert zeichnete der Mode-Insider die Geschichte des Model-Business nach, eine Chronik schwindelerregender Aufstiege und furchtbarer Abstürze. Er berichtete über die bisexuelle Drogensüchtige Gia Carangi, die nach einer kurzen Karriere als Topmodel 1986 an Aids

Schön in den Tod: Margaux Hemingway — Foto: MZ-Archiv

starb, über die schöne Lisa Taylor, die mit Hilfe der Anonymen Alkoholiker ihre Trunksucht überwand und heute die Modebranche meidet oder Janice Dickinson aus Brooklyn, die in den 70er Jahren mit ihrer exotischen Schönheit die Titelblätter eroberte und sich nach einem wilden Leben voll Sex und Kokain 1982 in einer Drogenklinik einquartierte.

Andere wie die Models Paula Brenken und Louise Despointes begingen Selbstmord. Unter dem Einfluß von LSD sprang 1971 das deutsche Model Agneta Frieberg aus einem Hotelfenster in Paris in den Tod. Gross hat unzählige Beispiele unglücklicher Model-Leben gesammelt. Er berichtet über den Kampf der Top-Agenturen „Ford", „Elite" und „Wilhelmina" um gute Gesichter und die Schwierigkeiten junger Mädchen, die für ein Leben im Haifischbecken des Modelgeschäfts kaum gewappnet sind. Nur Persönlichkeiten wie Cindy Crawford, Nadja Auermann oder Claudia Schiffer scheinen verschont zu bleiben – sie treten als Geschäftsfrauen an, die ihr Modeldasein cool managen. „In diesem Geschäft gilt die unausgesprochene Regel: Besondere Mädchen muß man beschützen. Glücklicherweise flog ich nicht mit 16 nach Mailand", hat Cindy Crawford zu Gross gesagt.

Die italienische Modemetropole gilt als eine Art Megabordell des Modelgeschäfts. ...

Auf plötzlichen Ruhm folgt bitterer Abstieg. Die Mädchen haben kaum Zeit, erwachsen zu werden. Oft wissen sie am Ende ihrer Karriere nicht, was sie machen sollen. „Jedesmal, wenn ich fotografiert werde, bleibt ein bißchen weniger von mir übrig. Was wird letzten Endes übrigbleiben? Das frage ich Sie", heißt es in dem Modelfilm „Wer sind Sie, Polly Maggoo" von William Klein. Auch das Leben der schönen Margaux Hemingway wirkte wie eine Irrfahrt der Seele. „Nach außen wirkte ich selbstbewußt. Doch in meinem Inneren war ich oft einsam, durchlitt meine private Hölle", wird sie zitiert.

Zwischen Sexorgien und Selbstmord: Supermodels leben wild

Tod von Margaux Hemingway zeigt das hässliche Gesicht des Geschäfts mit der Schönheit/Heroin statt Hungerkuren/Alkoholismus verbreitet

HAMBURG. Der Putz bröckelt: Berichte über den rätselhaften Tod des Ex-Topmodels Margaux Hemingway zeigen erneut das hässliche Gesicht des Model-Geschäfts. Der schöne Schein entpuppt sich immer mehr als Sumpf von Drogen und Alkohol. Die Enkelin von Schriftsteller Ernest Hemingway war am Montag tot in ihrer Wohnung in Kalifornien aufgefunden worden. Auch wenn die Todesursache noch unklar ist – die 41-Jährige könnte auch einen epileptischen Anfall erlitten haben –, sicher scheint: Das einstige „Gesicht einer Generation" machte schwere Krisen wegen ihrer Alkohol- und Tablettensucht durch, litt an Depressionen und hat schon mehrere Selbstmordversuche hinter sich.

Erst vor einem Jahr beschäftigte der Tod eines Models die Presse: Die erst 17-jährige Kristen Taylor war nach Gebrauch eines Asthmamittels gegen Atembeschwerden gestorben – auch hier blieben Fragen offen, obwohl Verdachtsmomente wie Alkohol- oder Drogenmissbrauch ausgeschlossen wurden. Allerdings, im Modelgeschäft spielen Drogen wieder eine größere Rolle. Viele der jungen Mädchen können dem Druck nicht standhalten, bekämpfen Unsicherheiten und Hungerzwang mit Kokain oder Alkohol.

Vor zwei Jahren machte im Jugend-Magazin der Süddeutschen „Jetzt" die Beichte des drogensüchtigen Models Kim Furore. „Wir ballern uns lieber die Birne voll, als mühsam zu hungern", schrieb das Mannequin mit rund 10 000 Dollar Verdienst im Monat. Und eine Kollegin erzählte der Zeitung „New York Newsday" von heroinabhängigen Supermodels.

Die Gerüchteküche dampft. Zeitschriftenredakteure berichten von geplatzten Fototerminen mit „vollgepumpten" Models. Wenn Mannequins plötzlich verschwinden, wird von Entziehungskuren gemunkelt. „Das neueste Gesprächsthema in der Model-Szene ist die wieder erwachte Vorliebe für Drogen – besonders Heroin. Aber Selbsthass und Zerstörung sind nicht neu in der Model-Welt", schreibt der amerikanische Journalist Michael Gross in seinem Buch „Model. Das hässliche Geschäft der schönen Frauen". Als das Gross-Buch vor einem Jahr in den USA erschien, sorgte es für Aufsehen – detailliert zeichnete der Mode-Insider die Geschichte des Model-Business nach, eine Chronik Schwindel erregender Aufstiege und furchtbarer Abstürze. Er berichtete über die bisexuelle Drogensüchtige Gia Carangi, die nach einer kurzen Karriere als Topmodel 1986 an Aids starb, über die schöne Lisa Taylor, die mit Hilfe der Anonymen Alkoholiker ihre Trunksucht überwand und heute die Modebranche meidet oder Janice Dickinson aus Brooklyn, die in den 70er Jahren mit ihrer exotischen Schönheit die Titelblätter eroberte und sich nach einem wilden Leben voll Sex und Kokain 1982 in einer Drogenklinik einquartierte.

Andere wie die Models Paula Brenken und Louise Despointes begingen Selbstmord. Unter dem Einfluss von LSD sprang 1971 das deutsche Model Agneta Frieberg aus einem Hotelfenster in Paris in den Tod.

Gross hat unzählige Beispiele unglücklicher Model-Leben gesammelt. Er berichtet über den Kampf der Top-Agenturen „Ford", „Elite" und „Wilhelmina" um gute Gesichter und die Schwierigkeiten junger Mädchen, die für ein Leben im Haifischbecken des Modelgeschäfts kaum gewappnet sind. Nur Persönlichkeiten wie Cindy Crawford, Nadja Auermann oder Claudia Schiffer scheinen verschont zu bleiben – sie treten als Geschäftsfrauen an, die ihr Modeldasein cool managen. „In diesem Geschäft gilt die unausgesprochene Regel: Besondere Mädchen muss man beschützen. Glücklicherweise flog ich nicht mit 16 nach Mailand", hat Cindy Crawford zu Gross gesagt. Die italienische Modemetropole gilt als eine Art Megabordell des Modelgeschäfts. [...]

Auf plötzlichen Ruhm folgt bitterer Abstieg. Die Mädchen haben kaum Zeit, erwachsen zu werden. Oft wissen sie am Ende ihrer Karriere nicht, was sie machen sollen. „Jedesmal, wenn ich fotografiert werde, bleibt ein bisschen weniger von mir übrig. Was wird letzten Endes übrig bleiben? Das frage ich Sie", heißt es in dem Modelfilm „Wer sind Sie, Polly Maggoo" von William Klein. Auch das Leben der schönen Margaux Hemingway wirkte wie eine Irrfahrt der Seele. „Nach außen wirkte ich selbstbewusst. Doch in meinem Inneren war ich oft einsam, durchlitt meine private Hölle", wird sie zitiert.

Textquelle

verändert nach „Zwischen Sexorgien und Selbstmord: Supermodels leben wild" aus: Mittelbayerische Zeitung, 05.07.96, Autorin: Stephanie Schütte (dpa)

Arbeitsauftrag

Lesen Sie den Text „Zwischen Sexorgien und Selbstmord: Supermodels leben wild" sorgfältig durch und bearbeiten Sie anschließend die folgenden Aufgaben:

1. Informieren Sie kurz über den Inhalt des Textes.
2. Analysieren Sie den Aufbau des Textes und erläutern Sie die Aufgabe der einzelnen Textabschnitte.
3. Welche sprachlichen Besonderheiten des Textes fallen auf?
4. In dem Text werden klare Schattenseiten des Model-Lebens aufgezeigt. Erörtern Sie noch nicht erwähnte Nachteile dieses Berufs. Was erhoffen sich Mädchen und junge Männer, die sich als Model bewerben?

Gliederung

A. Claudia Schiffer ist Deutschlands bekanntestes Model.
oder:
Informationen zum Text (Textquelle, Autor ...)

B. Der Erlebnisbericht „Zwischen Sexorgien und Selbstmord“ – weitere Nachteile des Model-Berufs und Hoffnungen von Model-Bewerbern

1 Texterschließung
1.1 Kurzinformation zum Inhalt:
Probleme zahlreicher Models – Ursachen und Folgen anhand einzelner Beispiele aus Gegenwart und Vergangenheit

1.2 Aufbau des Textes und Aufgabe einzelner Textabschnitte
1.2.1 äußerer Aufbau
1.2.1.1 Überschriften, Schriftgröße und Bild als Blickfang und Leseanreiz
1.2.1.2 8 Textabschnitte in übersichtlichem 5-Spalten-Druck

1.2.2 innerer Aufbau: Aufgabe der einzelnen Textabschnitte
1.2.2.1 Darstellung des aktuellen Einzelschicksals
1.2.2.2 Hintergrundinformationen und weitere Modelschicksale

1.3 sprachliche Besonderheiten des Textes
1.3.1 Satzbau
1.3.1.1 emotionale Anteilnahme durch Aneinanderreihung von Hauptsätzen
1.3.1.2 genauere Informationen durch Satzgefüge

1.3.2 Wortwahl
1.3.2.1 gefühlsbetonte Adjektive und Verben im 1. Abschnitt
1.3.2.2 umgangssprachliche Ausdrücke
1.3.2.3 Fachbegriffe und viele Namen und Titel zur überzeugenden Beweisführung im laufenden Text

1.3.3 rhetorische Mittel
1.3.3.1 verschiedene Stilmittel zur Veranschaulichung und Hervorhebung
1.3.3.2 größere Glaubhaftigkeit durch viele Zitate und direkte Reden Betroffener

2 weiterführende Erörterung: weitere Nachteile des Model-Berufs und Hoffnungen von Model-Bewerbern
2.1 weitere Nachteile des Model-Berufs
2.1.1 kaum Privatsphäre und zunächst Verzicht auf eigene Familie bei Top-Models
2.1.2 unsichere Beschäftigungssituation bei den meisten Models und „Karriere auf Zeit“

2.2 Hoffnungen junger Mädchen und Männer
2.2.1 Reichtum als Top-Model
2.2.2 Ansehen und Bewunderung

C. Schönheitsideale ändern sich.
oder:
Persönliche Stellungnahme zum Text oder zur Thematik
oder:
Absicht des Autors

Möglicher Antwortenkatalog

A. **Claudia Schiffer ist Deutschlands bekanntestes Model.**
intelligentes Top-Model, das die Eigeninteressen geschäftstüchtig wahrnimmt und es versteht, sich selbst zu vermarkten.
oder:
Informationen zum Text (Textquelle, Autor ...)
verändert nach Mittelbayerischer Zeitung, 05.07.96, dpa = Deutsche Presse-Agentur mit Sitz in Hamburg; Autorin: Stefanie Schütte

B. **Der Erlebnisbericht „Zwischen Sexorgien und Selbstmord – weitere Nachteile des Model-Berufs und Hoffnungen von Model-Bewerbern**

1 **Texterschließung**

1.1 **Kurzinformation zum Inhalt:**
Probleme zahlreicher Models – Ursachen und Folgen anhand einzelner Beispiele aus Gegenwart und Vergangenheit
- Ursachen: hoher Druck, Unsicherheit, Hungerzwang ...
- Folgen: Alkohol, Tabletten, Drogen, Selbstmord...

1.2 **Aufbau des Textes und Aufgabe einzelner Textabschnitte**

1.2.1 **äußerer Aufbau**

1.2.1.1 Überschriften, Schriftgröße und Bild als Blickfang und Leseanreiz
fett gedruckte Überschrift als Schlagzeile (Leseanreiz), darunter Untertitel mit etwas größerem Schriftbild als Lauftext, eindrucksvolle Aufnahme des Supermodels Margaux Hemingway (Blickfang und Auflockerung des Textes)

1.2.1.2 8 Textabschnitte in übersichtlichem 5-Spalten-Druck
5-spaltiger Text; 8 Textabschnitte; übersichtliche Darstellung, optisch leicht aufnehmbar

1.2.2 innerer Aufbau: Aufgabe der einzelnen Textabschnitte

1.2.2.1 Darstellung des aktuellen Einzelschicksals
1. Abschnitt: aktuelles Ereignis, nämlich Bericht über den Tod von Margaux Hemingway als Ausgangspunkt für den Einstieg in die Thematik, bekannter Name (Ernest Hemingway) sorgt für Aufmerksamkeit beim Leser

1.2.2.2 Hintergrundinformationen und weitere Model-Schicksale
- 2. Abschnitt: Rückblick auf früheren Todesfall und Ursachenanalyse
- 3. Abschnitt: Bekenntnisse von weiteren Models und Gefahren der Branche
- 4./5./6. Abschnitt: eingehender Bericht über genauere Untersuchungen und Interviews des amerikanischen Journalisten Michael Gross
- 7. Abschnitt: Rolle der italienischen Modemetropole
- 8. Abschnitt: abschließende Situationsschilderung

1.3 sprachliche Besonderheiten des Textes

1.3.1 Satzbau

1.3.1.1 emotionale Anteilnahme durch Aneinanderreihung von Hauptsätzen
Situationsschilderung durch Hauptsätze in der ersten Spalte, dadurch leichtes Verständnis und gefühlsmäßiges Miterleben

1.3.1.2 genauere Informationen durch Satzgefüge
vor allem Satzgefüge in den Passagen über das sog. „Gross-Buch“, Konjunktional- und vielfach Relativsätze, um genauer zu erläutern

1.3.2 Wortwahl

1.3.2.1 gefühlsbetonte Adjektive und Verben im 1. Abschnitt
gefühlsbetonte Darstellung durch Adjektive wie „rätselhaft, hässlich, schön“ und Verben wie „entpuppen, erleiden, leiden“; Anteilnahme des Lesers als unmittelbare Wirkung

1.3.2.2 umgangssprachliche Ausdrücke
„Wir ballern uns lieber die Birne voll, ...“ (Z. 41 ff.), spontane und ungezwungene Stellungnahme eines Models

1.3.2.3 Fachbegriffe und viele Namen und Titel zur überzeugenden Beweisführung im laufenden Text
- Fachbegriffe aus der Model-Branche, z. B. Model-Insider, Model-Business, Top-Agenturen
- Namen von Models, z. B. Kristen Taylor, Kim Furore, Lisa Taylor

- Buchtitel von M. Gross: „Model. Das häßliche Geschäft der schönen Frauen."
- Filmtitel: „Wer sind Sie, Polly Maggoo"

1.3.3 **rhetorische Mittel**

1.3.3.1 verschiedene Stilmittel zur Veranschaulichung und Hervorhebung

- Gegensätze: „hässlich", „Schönheit" (Untertitel), „Schwindel erregende Aufstiege", „furchtbare Abstürze" (Z. 69/70); enge Verknüpfung von Erfolg und Misserfolg gerade im Model-Geschäft
- Vergleich: „... Leben ... wirkte wie eine Irrfahrt der Seele" (Z. 125–127); Haltlosigkeit in dieser Branche
- häufige Zischlaute: Ge**sch**äft, Gesicht, **Sch**önheit; harte Wirkung/hartes Geschäft
- Alliteration: „**S**ex", „**S**elbstmord", „**S**upermodel" (Schlagzeile); „**M**ode**m**etropole", „**M**egabordell", „**M**odegeschäft" (Z. 111–113)
- Redewendung: „...die Gerüchteküche dampft..." (Z. 49), „Der Putz bröckelt." (Z. 1)
- Neologismus: „Megabordell" (Z. 112)
- Metapher: „Sumpf von Drogen" (Z. 7/8), „Haifischbecken des Modelgeschäfts" (Z. 98)

Wirkung der rhetorischen Mittel: Hervorhebung, Veranschaulichung, Lautmalerei, Aufmerksamkeit durch überspitzte Formulierungen

1.3.3.2 größere Glaubhaftigkeit durch viele Zitate und direkte Reden Betroffener

zahlreiche Aussagen von Models selbst zur Unterstützung der Beweisführung, Vermitteln einer größeren Glaubhaftigkeit

2 **weiterführende Erörterung: weitere Nachteile des Model-Berufs und Hoffnungen von Model-Bewerbern**

2.1 **weitere Nachteile des Model-Berufs**

2.1.1 **kaum Privatsphäre und zunächst Verzicht auf eigene Familie bei Top-Models**

ständig im Blickpunkt der Medien und damit der Öffentlichkeit, weltweit unterwegs, kaum Zeit für sich selbst und damit auch nicht für Ehepartner oder Kind, zudem finanzielle Ausfälle und mögliche Figurprobleme durch eine Schwangerschaft; Folge: Zurückstellung privater Wünsche

2.1.2 unsichere Beschäftigungssituation bei den meisten Models und „Karriere auf Zeit"
schwankende Auftragslage für „Durchschnittsmodels", selten sicheres Monatseinkommen, aufgrund der Model-Merkmale Schönheit und Jugend nur eine zeitlich begrenzte Verdienstmöglichkeit

2.2 Hoffnungen junger Mädchen und Männer

2.2.1 Reichtum als Top-Model
enormer Verdienst innerhalb weniger Jahre als Top-Model, Leben in Luxus und Reichtum, bei richtiger Planung auch nach Beendigung der eigentlichen Model-Karriere

2.2.2 Ansehen und Bewunderung
Präsenz in fast allen Medien, sehr hoher Bekanntheitsgrad, Bewunderung durch zahlreiche Leser und Zuschauer, Fanpost

C. Schönheitsideale ändern sich.
Körperfülle im Barock (Bilder von Rubens) bis hin zu extremer Schlankheit in den 60er Jahren des 20. Jahrhunderts (Twiggy als Vorbild)
oder:
Persönliche Stellungnahme zum Text oder zur Thematik
zwar mögliche Richtigkeit der geschilderten Einzelfälle, aber sehr einseitige Darstellung; Beweis: Claudia Schiffer als positives Beispiel
oder:
Absicht des Autors
Aufklärung der Leser, Entlarvung des scheinbar schönen Lebens, Ernüchterung gerade beim jungen Leser

2.2 Abenteuer Afrika – E. W. Länger mit dem Lkw durch Tansania

E. W. Länger mit dem Lkw durch Tansania

Eine Puffotter!" sagte der Friedhelm. „Das is' 'ne Puffotter." Wir waren mal wieder auf unserem roten Laster unterwegs, rumpel, rumpel. Der 13. Tag in Tansania. Ich hatte die Schlange gesehen. Am Rande eines trockenen Flußbetts lag sie, tot, ineinandergerollt, mit dem weißen Bauch nach oben.

„Schlangen", sagte der Friedhelm, „die hauen ab, wenn sich was bewegt, anders bei der Puffotter. Du gehst durch das trockene Gras. Plötzlich macht's schnarch, der Warnruf der Otter. Aber du hast keine Chance. Die beißt sofort zu. Nach'n paar Sekunden bist zu hinüber."

„Über Schlangen werden in Ostafrika viele Schreckensgeschichten erzählt, in aller Regel handelt es sich dabei aber um Unwahrheiten oder kräftige Übertreibungen."

So steht's im DuMont-Reisehandbuch. Aber Friedhelm lebt schon fünfzehn Jahre im Lande. Der sprach doch aus Erfahrung, oder? Zudem war's der 13. Tag unseres Trips.

Am Abend zelteten wir im hüfthohen, braunen afrikanischen Gras, „bevorzugter Lebensraum der Puffotter", wie der Friedhelm uns gesagt hatte. So schritten wir vorsichtig wie Minensucher. Und nachts ging niemand pinkeln...

Angefangen hat alles in Arusha. Ihr findet den Ort auf unserer Karte. Arusha hat halb soviel Einwohner wie zum Beispiel Nürnberg, liegt 1400 m hoch, überragt vom Berg Meru, einem Viereinhalb-Tausender, und ist Ausgangspunkt für den Besuch der tansanischen Nationalparks. Und da wollten wir hin.

Mit den Ethiopian Airlines waren wir um halb eines nachts in Frankfurt gestartet. Ankunft in Arusha am Airport Kilimandscharo (= höchster Berg Afrikas, fast 6000 m, nordöstlich von Arusha, dicht an der Grenze zu Kenia).

Die Deutschen in Ostafrika

Deutsche sind nach hier schon vor hundert Jahren gekommen. Europa hatte damals Afrika entdeckt. Die Staaten legten sich sogenannte Kolonien zu. Deutschland wollte nicht zurückstehen und war bis zum Ende des Ersten Weltkriegs stolz auf den Besitz in Afrika: Deutsch-Ostafrika.

In Arusha – als deutsche Garnison 1899 gegründet – ließen sich deutsche Siedler nieder. Der vulkanische Boden der Gegend ist fruchtbar. Die Kaffeeplantagen gediehen prächtig.

Wir schliefen erst mal prächtig (und komfortabel im Hotel) und starteten am nächsten Morgen zum Dorf mit dem Zungenbrecher-Namen „Mto Wa Mbu" – bitte nachsprechen.

Sonntag in Arusha

Es ist Sonntag, die ganze Stadt auf den Beinen.

Wir fahren durch ein Spalier winkender Menschen, vor allem die Kids sind außer Rand und Band. Sie winken uns ausgelassen zu, aber sie stehen nicht wegen uns da: Ein Marathonlauf findet statt. Afrikas Läufer, klar, die beherrschen seit Jahren die Mittel- und Langstrecken. Berühmt die Läufer aus dem Nachbarland Kenia.

Giraffe in der Serengeti.

Unser Dieter Baumann, Leichtathlet aus Schwaben, hat ja den Ehrentitel „Weißer Kenianer".

Keine Häuser mehr, weites Land, es ist Winter, das Gras in der Ebene braun, unter dem blauen Himmel hügelige Berge am Horizont, große Herden, Rinder. Und wieder Winkende, Männer, Jungs. Die Männer ganz in Rot gekleidet, es sind Massai, ein Hirtenvolk im Nordosten Tansanias und im Süden Kenias, früher Nomaden, also mit ihren Herden immer neue Weidegründe suchend, heute seßhaft, geschätzt von fotografierenden Touristen wegen ihrer bunten Tracht und dem dekorativen Schmuck der Frauen.

Campingplatz am Rande des Dorfs. Da gibt's Cola und Duschen, Friedhelm schätzt zwar beides, aber dennoch lieber sind ihm die „Buschcamps", irgendwo in der Prärie bei Puffotters und Löwens...

Auf der Wanderung am nächsten Tag entsteht das Bild des blühenden Buschs vor diesem Vulkanberg.

Ein Massai führt uns: Klettertour in einer Klamm, in einen Gebirgsbach rein, wieder raus, im Bach waten, am Ende dann ein prächtiger Wasserfall. Wir baden. Der Massai trägt eine schicke Sonnenbrille. „Seitdem er die hat", lästert Friedhelm, „kann er keine Entfernung mehr schätzen."

Nächstes Ziel die Serengeti, Nationalpark seit 1951, berühmtestes Tierreservat der Welt, verbunden mit dem Namen eines Deutschen: Bernhard Grzimek. Der Leiter des Frankfurter Zoos setzte sich mit seinen Büchern „Kein Platz für wilde Tiere" (1954) und „Serengeti darf nicht sterben" (1959) für die Erhaltung freilebender Tiere ein. Sohn Michael, Assistent des Vaters

Hauptstraße nach Dodoma, der Hauptstadt.

in Afrika, stürzte mit dem Flugzeug über der Serengeti ab. Eine Steinpyramide dort erinnert an ihn mit der Inschrift: „Alles, was er besaß, gab er den wilden Tieren Afrikas, auch sein Leben."

Nebelnächte am Ngorongoro

Unser Laster schraubt sich auf abenteuerlichen Wegen zur bis zu 2000 m hoch gelegenen Serengeti. Das Paradies der Tiere erleben wi ausgestorben. „Die sind wohl zur Zei alle in Kenia", meint Friedhelm. Abei an einer Wasserstelle sehen wir unseren ersten Löwen bzw. den sich hebenden und senkenden hellen Bauch des Tieres, das in den Büschen Siesta macht.

Ein riesiges Loch am Rande der Serengeti, fast 20 Kilometer im Durchmesser, bis 750 Meter tief, ein gewaltiger Vulkankrater: der Ngorongoro. Wir verbringen oben am Rand zwei kalte Nebelnächte bibbernd im Zelt, haben aber am Tag dazwischen eine unvergeßliche Pirschfahrt im Krater, ein Eldorado afrikanischer Tierwelt.

12. Tag: Tarangire-Nationalpark, Tiere und Baobabs. Hier sehen wir erste Löwen ganz nah und zelten ein paar Minuten weiter auf einer kleinen Anhöhe über dem Tarangire-Fluß. In der Abenddämmerung ziehen die Elefanten in der Senke vom Fluß hoch. Und der Baobab breitet sein Geäst aus vor einem flammenden Himmel.

13. Tag, der Puffotter-Tag.

Ziel im Süden: der Selous

Auf staubiger Piste weiter gen Süden: Dodoma, armselige Hauptstadt. Weiter südliches Ziel: das Selous-Wildschutzgebiet. Es liegt fern der Touristenrouten. Wir kommen aus den Ebenen mit dem braunen Gras in grünen Regenwald. Unser rumpelndes Auto ist Sensation vor allem für die Kids in den versteckten Hütten. Ein Fluß, den wir durchwaten, Bohlenbrücken.

Am 16. Tag erreichen wir den Selous, zelten hoch über dem Rufiji-Fluß. Dort wollen wir Krokodile beobachten, und Hippos, die Flußpferde.

Was wir auf einer Fußpirsch erleben, die von der geplanten Zweistunden-Wanderung zum Fünfstunden-Abenteuer wurde, erzähle ich Euch in der nächsten Stafette.

Abenteuer Afrika – E.W. Länger mit dem Lkw durch Tansania

Eine Puffotter!“ sagte der Friedhelm. „Das is’ ’ne Puffotter.“ Wir waren mal wieder auf unserem roten Laster unterwegs, rumpel, rumpel. Der 13. Tag in Tansania. Ich hatte die Schlange gesehen. Am Rande eines trockenen Flussbetts lag sie, tot, ineinander gerollt, mit dem weißen Bauch nach oben.

„Schlangen“, sagte der Friedhelm, „die hauen ab, wenn sich was bewegt, anders bei der Puffotter. Du gehst durch das trockene Gras. Plötzlich macht’ s schnarch, der Warnruf der Otter. Aber du hast keine Chance. Die beißt sofort zu. Nach’n paar Sekunden bist du hinüber.“

„Über Schlangen werden in Ostafrika viele Schreckensgeschichten erzählt, in aller Regel handelt es sich dabei aber um Unwahrheiten oder kräftige Übertreibungen.“

So steht’s im DuMont-Reisehandbuch. Aber Friedhelm lebt schon fünfzehn Jahre im Lande. Der sprach doch aus Erfahrung, oder? Zudem war’s der 13. Tag unseres Trips.

Am Abend zelteten wir im hüfthohen, braunen, afrikanischen Gras, „bevorzugter Lebensraum der Puffotter“, wie der Friedhelm uns gesagt hatte. So schritten wir vorsichtig wie Minensucher. Und nachts ging niemand pinkeln ...

Angefangen hat alles in Arusha. Ihr findet den Ort auf unserer Karte. Arusha hat halb soviel Einwohner wie zum Beispiel Nürnberg, liegt 1400 m hoch, überragt vom Berg Meru, einem Viereinhalb-Tausender, und ist Ausgangspunkt für den Besuch der tansanischen Nationalparks. Und da wollten wir hin.

Mit den Ethiopian Airlines waren wir um halb eins nachts in Frankfurt gestartet. Ankunft in Arusha am Airport Kilimandscharo (= höchster Berg Afrikas, fast 6000 m, nordöstlich von Arusha, dicht an der Grenze zu Kenia).

Die Deutschen in Ostafrika

Deutsche sind nach hier schon vor hundert Jahren gekommen. Europa hatte damals Afrika entdeckt. Die Staaten legten sich so genannte Kolonien zu. Deutschland wollte nicht zurückstehen und war bis zum Ende des Ersten Weltkriegs stolz auf den Besitz in Afrika: Deutsch-Ostafrika.

In Arusha – als deutsche Garnison 1899 gegründet – ließen sich deutsche Siedler nieder. Der vulkanische Boden der Gegend ist fruchtbar. Die Kaffeeplantagen gediehen prächtig.

Wir schliefen erst mal prächtig (und komfortabel im Hotel) und starteten am nächsten Morgen zum Dorf mit dem Zungenbrecher-Namen „Mto Wa Mbu“ – bitte nachsprechen.

Sonntag in Arusha

Es ist Sonntag, die ganze Stadt auf den Beinen.

Wir fahren durch ein Spalier winkender Menschen, vor allem die Kids sind außer Rand und Band. Sie winken uns ausgelassen zu, aber sie stehen nicht wegen uns da: Ein Marathonlauf findet statt. Afrikas Läufer, klar, die beherrschen seit Jahren die Mittel- und Langstrecken. Berühmt die Läufer aus dem Nachbarland Kenia.

Unser Dieter Baumann, Leichtathlet aus Schwaben, hat ja den Ehrentitel „Weißer Kenianer“.

Keine Häuser mehr, weites Land, es ist Winter, das Gras in der Ebene braun, unter dem blauen Himmel hügelige Berge am Horizont, große Herden, Rinder. Und wieder Winkende, Männer, Jungs. Die Männer ganz in Rot gekleidet, es sind Massai, ein Hirtenvolk im Nordosten

Tansanias und im Süden Kenias, früher Nomaden, also mit ihren Herden immer neue Weidegründe suchend, heute sesshaft, geschätzt von fotografierenden Touristen wegen ihrer bunten Tracht und dem dekorativen Schmuck der Frauen.

Campingplatz am Rande des Dorfs. Da gibt´s Cola und Duschen, Friedhelm schätzt zwar beides, aber dennoch lieber sind ihm die „Buschcamps", irgendwo in der Prärie bei Puffotters und Löwens ...

Auf der Wanderung am nächsten Tag entsteht das Bild des blühenden Buschs vor diesem Vulkanberg.

Ein Massai führt uns: Klettertour in einer Klamm, in einen Gebirgsbach rein, wieder raus, im Bach waten, am Ende dann ein prächtiger Wasserfall. Wir baden. Der Massai trägt eine schicke Sonnenbrille. „Seitdem er die hat", lästert Friedhelm, „kann er keine Entfernung mehr schätzen."

Nächstes Ziel die Serengeti, Nationalpark seit 1951, berühmtestes Tierreservat der Welt, verbunden mit dem Namen eines Deutschen: Bernhard Grzimek. Der Leiter des Frankfurter Zoos setzte sich mit seinen Büchern „Kein Platz für wilde Tiere" (1954) und „Serengeti darf nicht sterben" (1959) für die Erhaltung frei lebender Tiere ein. Sohn Michael, Assistent des Vaters in Afrika, stürzte mit dem Flugzeug über der Serengeti ab. Eine Steinpyramide dort erinnert an ihn mit der Inschrift: „Alles, was er besaß, gab er den wilden Tieren Afrikas, auch sein Leben."

Nebelnächte am Ngorongoro

Unser Laster schraubt sich auf abenteuerlichen Wegen zur bis zu 2000 m hoch gelegenen Serengeti. Das Paradies der Tiere erleben wir ausgestorben. „Die sind wohl zur Zeit alle in Kenia", meint Friedhelm. Aber an einer Wasserstelle sehen wir unseren ersten Löwen.

Ein riesiges Loch am Rande der Serengeti, fast 20 Kilometer im Durchmesser, bis 750 Meter tief, ein gewaltiger Vulkankrater: der Ngorongoro. Wir verbringen oben am Rand zwei kalte Nebelnächte bibbernd im Zelt, haben aber am Tag dazwischen eine unvergessliche Pirschfahrt im Krater, ein Eldorado afrikanischer Tierwelt.

12. Tag: Tarangire-Nationalpark, Tiere und Baobabs. Hier sehen wir erste Löwen ganz nah und zelten ein paar Minuten weiter auf einer kleinen Anhöhe über dem Tarangire-Fluss. In der Abenddämmerung ziehen die Elefanten in der Senke vom Fluss hoch. Und der Baobab breitet sein Geäst aus vor dem flammenden Himmel.

13. Tag, der Puffotter-Tag.

Ziel im Süden: der Selous

Auf staubiger Piste weiter gen Süden: Dodoma, armselige Hauptstadt. Weiter südliches Ziel: das Selous-Wildschutzgebiet. Es liegt fern der Touristenrouten. Wir kommen aus den Ebenen mit dem braunen Gras in grünen Regenwald. Unser rumpelndes Auto ist Sensation vor allem für die Kids in den versteckten Hütten. Ein Fluss, den wir durchwaten, Bohlenbrücken.

Am 16. Tag erreichen wir den Selous, zelten hoch über dem Rufiji-Fluss. Dort wollen wir Krokodile beobachten und Hippos, die Flusspferde.

Was wir auf einer Fußpirsch erleben, die von der geplanten Zweistunden-Wanderung zum Fünfstunden-Abenteuer wurde, erzähle ich euch in der nächsten Stafette.

verändert nach: E.W. Länger mit dem Lkw durch Tansania, Stafette/April 1996/Nr. 4.
Bilder: E. W. Länger, Karte: Inge Kolb

Arbeitsauftrag

Lesen Sie den Text „Abenteuer Afrika – E.W. Länger mit dem Lkw durch Tansania“ genau durch und bearbeiten Sie die folgenden Aufgaben:

1. Beschreiben Sie Aufbau und Inhalt des Textes.
2. Analysieren Sie die Textsorte und begründen Sie möglichst genau.
3. Erläutern Sie sprachliche Besonderheiten, vor allem im Hinblick auf die Zielgruppe.
4. In den Zeilen 102/103 heißt es: „Campingplatz am Rande des Dorfs. Da gibt's Cola und Duschen,...“
   Erörtern Sie – von diesem Zitat ausgehend –, welche negativen Auswirkungen der Massentourismus auf Länder wie Tansania oder Kenia hat und warum solche Länder trotzdem auf die Tourismusbranche setzen.

Gliederung

A. Der Text stammt aus dem Jugendmagazin Stafette, das viele interessante Themen behandelt.

B. Die Reportage „Abenteuer Afrika – E. W. Länger mit dem Lkw durch Tansania“ – Tourismus in Entwicklungsländern

1 Texterschließung

1.1 Inhalt und Aufbau des Textes

1.1.1 Kurzaussage über den Inhalt

1.1.2 Aufbau

1.1.2.1 Überschrift, Illustrationen, mehrspaltiger Text

1.1.2.2 6 Sinnabschnitte

1.1.2.3 Bedeutung der letzten Erzählabsätze

1.2 Reportage als Textsorte

1.2.1 Schilderung aktueller und zurückliegender Zustände und Vorgänge mit gleichzeitigem Perspektivenwechsel

1.2.2 unterschiedliche Zeitstufen

1.2.3 verschiedene Darstellungsmethoden, Ergänzung von Schrift und Bild

1.3 sprachliche Besonderheiten im Hinblick auf die Zielgruppe

1.3.1 Satzbau

1.3.1.1 leichte Verständlichkeit und Unmittelbarkeit der Erlebnisse durch kurze Hauptsätze

1.3.1.2 unvollständige Sätze und Wortfetzen als Nachahmung des Jugendjargons

1.3.1.3 „Reihung“ als rhetorisches Mittel beim Satzbau
1.3.2 Wortschatz
1.3.2.1 Verwendung alltäglicher Adjektive, Verben und Nomen; Bedeutung der Personalpronomen
1.3.2.2 umgangssprachliche Ausdrücke und Modewörter aus der englischen Sprache
1.3.3 Stilebene
1.3.3.1 Umgangssprache, Hochsprache
1.3.3.2 Annäherung an Comic-Sprache
2 weiterführende Erörterung: negative Auswirkungen des Massentourismus in Ländern wie Tansania oder Kenia und Ursachen für die Förderung der Tourismusbranche in den genannten Ländern
2.1 Auswirkungen des Massentourismus
2.1.1 Nachahmung europäischen Baustils und touristischer Verhaltensweisen
2.1.2 Verschwinden unberührter Wildnis nach Millionen von Besuchern
2.2 Ursache für Förderung der Tourismusbranche
2.2.1 sicheres Einkommen durch moderne Verdienstmöglichkeiten
2.2.2 Ansätze zur Infrastrukturverbesserung einer ganzen Region

C. Viele junge Menschen träumen von einer Safari in Afrika.

Musteraufsatz: „E. W. Länger mit dem Lkw durch Tansania“

A. Der Text „Abenteuer Afrika“ stammt aus dem Jugendmagazin Stafette, Ausgabe April 1996. Diese ca. 40-seitige Zeitschrift erscheint monatlich und behandelt Themen, die von Sport, Umwelt, Abenteuer, Starporträts, Technik-Infos und Musik bis hin zu Rätselseiten, Leserbriefen und Schul- und Lebensberatung reichen. Es ist also eine vielseitige Zeitschrift, die von Kindern und Jugendlichen sehr gerne gelesen wird. Im vorliegenden Artikel beschreibt E. W. Länger eine Fahrt durch Tansania mit dem Lkw.

B. 1 Das Entwicklungsland Tansania, seine Natur, Bevölkerung und
1.1 Geschichte stehen also im Mittelpunkt des Textes. Der Journalist ist
1.1.1 auf einer Rundreise durch dieses ostafrikanische Land mit dem deutschen Reiseführer Friedhelm. Es werden mehrere Reisestationen vorgestellt, wobei der Text nur einen Ausschnitt aus der Gesamtreise darstellt.

1.1.2 Betrachtet man sich den Textaufbau genauer, fällt sofort die fett
1.1.2.1 gedruckte schlagwortartige Überschrift „Abenteuer Afrika" auf. Sie schafft einen deutlichen Leseanreiz und tritt durch den Schrägdruck besonders hervor. Hinzu kommen zwei geographische Orientierungskarten, die den Leser mit der Lage Tansanias in Afrika und mit einigen Ortsangaben in Tansania selbst vertraut machen. Diese Vorinformationen sind gerade für den jungen Leser unbedingt notwendig. Die äußere Gestaltung vertiefen noch die erläuternden Bilder, nämlich Tier- und Landschaftsaufnahmen. Sie dienen über den Informationsgehalt hinaus der Auflockerung des Gesamttextes und unterstützen und veranschaulichen die Textaussage. Der Artikel selbst ist in vier Spalten eingeteilt. Zur übersichtlichen Textstruktur tragen auch die vier im Fettdruck hervorgehobenen Teilüberschriften bei. So erkennt der Leser auf einen Blick die wichtigsten Stationen des Unternehmens.

1.1.2..2 Den Textinhalt selbst kann man in sechs Sinnabschnitte einteilen. Zu Beginn (Z. 1–34) steht das Schlangenerlebnis; es ist ein Vorgriff auf den 13. Reisetag. Dann folgt ein Rückblick auf den Start in Arusha und auf den Abflug in Deutschland (Z. 35–50). In den Zeilen 51–65 erfahren wir Genaueres über Deutsch-Ostafrika. Anschließend (Z. 66–118) stehen der Ort Arusha, das Hirtenvolk der Massai und eine Klettertour durch eine Klamm im Mittelpunkt der Schilderungen. Verschiedene Nationalparks im Norden des Landes, wie z. B. Serengeti oder Tarangire, lernt der Leser bis Zeile 164 kennen, bevor die Fahrt Richtung Süden zum Selous-Wildschutzgebiet beginnt.

1.1.2.3 Gegen Ende des Artikels erfolgt eine Rückführung auf die Ausgangssituation, nämlich auf den 13. Tag, den sog. „Puffotter-Tag". Gewissermaßen dient dieses Erlebnis als Rahmenhandlung. Das Ende des Textes, er schließt mit dem 16. Reisetag, stimmt jedoch nicht mit dem Ende der Gesamtfahrt überein. Ganz zuletzt erfolgt ein Hinweis auf die Fortsetzung des Reiseberichts in der nächsten Ausgabe. Somit wird ein Kaufanreiz für das Mai-Heft des Jugendmagazins geschaffen.

1.2 Die vorliegende Textquelle ist eindeutig eine Reportage, was mit ver-
1.2.1 schiedenen Textmerkmalen belegt werden kann. Die unmittelbare Schilderung persönlicher Eindrücke des Autors auf der Fahrt ist verknüpft mit der Darstellung allgemeiner Zustände und zurückliegender Ereignisse, wie etwa des Rückblicks auf Deutsch-Ostafrika oder auf die Bedeutung der Familie Grzimek für den Serengeti-Nationalpark.

Dies alles bewirkt einen häufigen Perspektivenwechsel. Dadurch wird auch das Typische dieser journalistischen Darstellungsform hervorgehoben, nämlich das gefühlsmäßige Miterleben des Lesers mit gleichzeitigem Informationswert.

1.2.2 Diese Art der Darstellung bedingt unterschiedliche Zeitstufen, was für eine Reportage kennzeichnend ist. Die Schilderung der Situation selbst erfolgt vorwiegend im Präsens (Z. 71 ff.). Die Beschreibung des einige Tage zurückliegenden einleitenden Erlebnisses und der geschichtliche Rückblick erfolgen im Präteritum oder Perfekt (Z. 1 ff., Z. 52 ff.). Häufig wird in einer Reportage noch das Futur verwendet, um mögliche Entwicklungen anzudeuten. Das ist in diesem Artikel allerdings nicht der Fall.

1.2.3 Typisch für die Textsorte sind ebenso die abwechslungsreichen Darstellungsmethoden. So wird von Zeile 18–22 aus dem DuMont-Reisehandbuch zitiert oder die Inschrift einer Steinpyramide wiedergegeben (Z. 133–135). Zudem treten gehäuft direkte Reden auf, in denen ausschließlich der Reiseführer Friedhelm zu Wort kommt. Dadurch soll die Richtigkeit der Aussagen unterstrichen werden. Neben Sachberichten, z. B. die Bedeutung von B. und M. Grzimek (Z. 122–135), findet vor allem der Erlebnisbericht (Z. 87–101) und die Stimmungsschilderung (Z. 160–164) in der Reportage Verwendung. Aufgrund dieser Vielfalt wird eine besondere Lebhaftigkeit vermittelt und der Leser dadurch gefesselt. Kennzeichnend für diese Textart ist auch die Ergänzung von Text und Bild, worauf bereits unter 1.1.2.1 eingegangen wurde

1.3 Die Zielgruppe dieser Jugendzeitschrift sind – wie der Name schon
1.3.1 sagt – ausschließlich Kinder und Jugendliche, auf die folglich die
1.3.1.1 Sprache ausgerichtet sein muss. Beim Satzbau überwiegen kurze Hauptsätze, die häufig als Satzreihen auftreten (Z. 23–27). Sie sind leicht aufnehmbar und für den jugendlichen Leser durchwegs verständlich. Zudem fördern sie ein gefühlsmäßiges, unmittelbares Miterleben.

1.3.1.2 Daneben finden wir mehrfach unvollständige Sätze oder sogar nur Wortfetzen. So heißt es Zeile 111–114: „Ein Massai führt uns: Klettertour in einer Klamm, in einen Gebirgsbach rein, wieder raus, im Bach waten, am Ende dann ein prächtiger Wasserfall." Dadurch werden die Spannung und die emotionale Wirkung gesteigert.

1.3.1.3 Schließlich wendet der Autor das Mittel der Reihung an, indem er mehrere Satzglieder aneinanderfügt und dadurch eine hohe Informationsdichte erreicht. In den Zeilen 92–101 kommt dies besonders deutlich zur Wirkung. Der Satzbau erscheint fast wie eine Art „Telegrammstil", wodurch die Verknappung der Sprache gerade Jugendlicher besonders gut nachgeahmt wird.

1.3.2 Auch der Wortschatz nimmt klar Bezug auf die Zielgruppe. So wer-
1.3.2.1 den zumeist alltägliche Adjektive, Verben und Substantive verwendet, die leicht verständlich sind und vom jungen Leser kein Fachwissen verlangen. Tauchen spezielle Begriffe, z. B. Massai, auf, werden sie umgehend erklärt. Auffallend ist der häufige Gebrauch des Personalpronomens „wir" (Z. 28, 32, 43). Der Journalist schildert die Erlebnisse der gesamten Reisegruppe und wählt dafür zumeist die Wir-Form. Der Leser wird auch direkt angesprochen: „**Ihr** findet den Ort..." (Z. 35/36), „... erzähle ich **Euch** ..." (Z. 187). So wird eine Distanz zwischen Autor und Leser aufgehoben, indem Letzterer in das Geschehen einbezogen wird.

1.3.2.2 Zu den vielen sprachlichen Mitteln dieser Reportage gehören ebenso die zahlreichen umgangssprachlichen Ausdrücke. Beispiele hierfür sind Wendungen wie „... die hauen ab, wenn ..." (Z. 11) oder „... bist du hinüber." (Z. 17). Die Beschreibungen wirken dadurch sehr realitätsnah. Zudem kann sich der jugendliche Leser mit Personen und Situationen besser identifizieren. Dasselbe wird dadurch erreicht, dass mehrfach Modewörter aus der englischen Sprache – ohne zwingenden Grund für das inhaltliche Verständnis – in den Text aufgenommen werden. So ist von „Kids" (Z. 76) oder dem „Trip" (Z. 27) die Rede, was erneut beweist, dass die Reportage deutlich auf die Zielgruppe der Jugendlichen zugeschnitten ist

1.3.3 Die Sprachebene entspricht also zum Großteil der Umgangssprache. Daneben findet jedoch die Hochsprache Verwendung, gerade in Abschnitten, in denen bestimmte Situationen oder Geschehnisse (Z. 122 ff.) genauer erklärt werden sollen.

1.3.4 Der Verfasser verliert jedoch nie das Lesepublikum und seine wahrscheinlichen Lesegewohnheiten aus dem Auge. So nähert er sich an einigen Stellen einer Art Comic-Sprache. Begriffe wie „... rumpel, rumpel, ..." (Z. 4) oder „Plötzlich macht's schnarch, ..." (Z. 13/14) verdeutlichen dies. Man wird unweigerlich an typische Sprachmuster von Comic-Heften erinnert. Insgesamt gelingt es dem Autor, eine scheinbar „trockene“ Reportage über Tansania sprachlich jugendgerecht aufzubereiten und dem Zielpublikum die Schönheiten, aber auch Gefahren des Landes anschaulich zu vermitteln.

2 Gerade wenn man diese Reportage gelesen hat, sollte man sich fra-
2.1 gen, welche negativen Auswirkungen der Massentourismus auf Län-
2.1.1 der wie Tansania oder Kenia hat und warum solche Staaten trotzdem auf die Tourismusbranche setzen. Der Journalist war nur einer von vielen Besuchern, die jährlich zu den ostafrikanischen Nationalparks fahren. Darum werden in diesen Regionen immer mehr Unterkünfte benötigt. Im Text ist von einem Campingplatz die Rede, wo es sogar Cola und Duschen gibt. Solche Einrichtungen sind ausschließlich auf den Tourismus zugeschnitten. Schlimmer ist noch der Bau riesiger Hotelkomplexe – gerade im Küstenbereich – ohne Rücksicht auf landestypische Bauformen. Zudem ahmen Einheimische auch touristische Verhaltensweisen nach. So trägt ein Massai im Text eine Sonnenbrille, obwohl sie für ihn keinerlei Nutzen hat, im Gegenteil. Einfache Gebrauchsgegenstände der Touristen werden zu begehrten Waren für Einheimische. Ob in der Bauweise oder im Alltag, eine Überfremdung durch den Massentourismus bleibt nicht aus.

2.1.2 Schließlich muss man bedenken, dass nach Millionen von Besuchern von unberührter Wildnis kaum noch etwas übrig bleibt. Elefanten, Löwen und Giraffen fliehen in bestimmten Nationalparks vor der nahezu endlosen Besucherflut und suchen das Weite in vielleicht noch ruhigeren benachbarten Regionen. Hinzu kommt, dass Tausende von Minibussen für Touristen die Vegetation in so manchem Nationalpark zum Teil schon zerstört haben. Die unberührte Natur, der Grund für die Urlauber, diese Länder aufzusuchen, verschwindet also zunehmend.

2.2 Darum fragt man sich, warum die Tourismusbranche nach wie vor
2.2.1 gerade in solchen Ländern gefördert wird. Ein Grund ist sicherlich der private Einkommenszuwachs. Im Text (Z. 99) ist von die Massai fotografierenden Touristen die Rede. In der Saison haben die Massai fast täglich „Sichtkontakt“ zu den Besuchern ihres Landes. Sie fungieren als Fotomodelle und steigern dadurch ebenso ihr Einkommen wie etwa durch den Verkauf von Stammesschmuck. Auf diese Weise können sie bescheidene Bedürfnisse nach bestimmten Gütern decken. Zudem werden zahlreiche Arbeitsplätze in den Bereichen Bau, Verkehr und Versorgung geschaffen. Gerade bei tourismus-spezifischen

Dienstleistungen, z. B. in der Gastronomie, sind Einheimische gefragt. So kann durchaus mit der Förderung des Fremdenverkehrs eine Einkommenserhöhung der Einheimischen verbunden sein.

2.2.2 Ein wichtiger Aspekt ist die Tatsache, dass durch den Tourismus ganze Regionen eine Infrastrukturverbesserung erwarten. Ein Tourist wünscht an seinem Urlaubsort zumeist den gleichen Komfort, den er zu Hause genießen kann. Er erwartet etwa einen schnellen und bequemen Transfer zum Hotel, hier selbstverständlich fließendes kaltes und warmes Wasser, eine reichhaltige Verpflegung und Möglichkeiten zu Rundreisen. Dazu müssen Straßen gebaut, Wasserleitungen verlegt und das Verkehrsnetz erweitert werden. Dies alles kann den Bewohnern der Region zugute kommen, die auch in den Genuss dieser infrastrukturellen Maßnahmen gelangen, sofern sie nicht ausschließlich auf die Hotelunternehmen ausgerichtet sind.

C. Mich persönlich würde natürlich auch eine Reise in ein solches Land reizen, wenn ich die Möglichkeit dazu hätte. Reportagen wie „Abenteuer Afrika“ machen jeden Leser neugierig. Viele junge Menschen möchten selbst einen solchen Abenteuerurlaub erleben und nicht nur aus zweiter Hand etwas darüber erfahren. Allerdings glaube ich, dass man bei den meisten der über ein Reisebüro gebuchten Safaris nur wenig über das Land und vor allem die Bewohner selbst erfährt. So gesehen kann vielleicht eine interessante Reportagen-Serie wie „Abenteuer Afrika“ mehr Informationen vermitteln als ein Urlaub vor Ort.

2.3 Natur ist immer woanders schön

Natur ist immer woanders schön

Da sind sich im Haus alle einig: Über die Bäume vor der Fassade muß man sich nichts wie ärgern, tagein und tagaus. Sie beeinträchtigen erheblich, formuliert es Herr Zweiterstockmitte, der sich auskennt, die Wohnqualität. Das hat er gut gesagt, das trifft's genau.

Woher kommen zum Beispiel, fragt Frau Parterrelinks, ihre ewigen Depressionen? Doch nur daher, daß die Zierkirsche so hoch und ihr Wohnzimmer daher immer dunkel ist. Dazu seufzt sie und führt mit matter Bewegung die Hand zur Stirn.

Herr Zweiterstockmitte kann das nur bestätigen. Vor sechs Jahren, als er eingezogen ist, hatte er bei seinen morgendlichen Fitness-Übungen noch Sonne. Da fing der Tag gleich ganz anders an! Aber dann ist der Essigbaum gewachsen und gewachsen, und kein Mensch hat was dagegen unternommen, und jetzt?

Der Hausmeister wirft ein, daß auch er die Bäume dick hat, gestrichen hat er sie! Jeder Jahr wieder schmeißen sie ihr Laub herunter, und wer hat damit die Arbeit? Immer wieder sagt er es dem Hausbesitzer. Doch der antwortet glatt: er kann es auch nicht ändern, daß es jedes Jahr Herbst wird. Und ohne Genehmigung kann man die Bäume nicht fällen lassen, und die kriegt man nicht bei so einem schönen alten Bestand.

Schöner alter Bestand! Das kann nur einer sagen, der den Dreck nicht wegräumen muß! Aber wenn mal nachts einfach einer die Säge hernähme, das würde ihn gar nicht wundern, fügt er düster hinzu. Das tangiert die übrigen Bewohner aber wenig. Er ist schließlich der Hausmeister. Den Hof muß er eh' fegen, Blätter oder nicht. Kein Kommentar.

Gravierender sind die Probleme von Frau Ersterstockmitte. Ohne die Bäume gäbe es keine Vögel, oder? Auf ihren Fensterbrettern landen sie, so frech sind die, und der Schmutz, und der Lärm schon in aller Frühe! Den muß man selber erleben, sonst glaubt man's nicht.

Und wenn es windig ist, ergänzt Frau Ersterstocklinks, schlagen die Äste gegen die Fenster. Ewig dieses Geräusch, das hält kein Mensch aus, sagt sie noch. Das geht aber leider unter. Aus der offenen Tür hinter ihr dröhnt nämlich die Stereoanlage des Sohnes.

Aber da kommt ja die Dame aus dem Nebenhaus mit der Unterschriftenliste „Rettet unser Feuchtbiotop". Ja, gehn S' nur her! Da muß man unbedingt was unternehmen! Barbara van Poortvliet

Barbara van Poortvliet: Natur ist immer woanders schön

Da sind sich im Haus alle einig: Über die Bäume vor der Fassade muss man sich nichts wie ärgern, tagein und tagaus. Sie beeinträchtigen erheblich, formuliert es Herr Zweiterstockmitte, der sich auskennt, die Wohnqualität. Das hat er gut gesagt, das trifft's genau.

Woher kommen zum Beispiel, fragt Frau Parterrelinks, ihre ewigen Depressionen? Doch nur daher, dass die Zierkirsche so hoch und ihr Wohnzimmer daher immer dunkel ist. Dazu seufzt sie und führt mit matter Bewegung die Hand zur Stirn.

Herr Zweiterstockmitte kann das nur bestätigen. Vor sechs Jahren, als er eingezogen ist, hatte er bei seinen morgendlichen Fitness-Übungen noch Sonne. Da fing der Tag gleich ganz anders an! Aber dann ist der Essigbaum gewachsen und gewachsen und kein Mensch hat was dagegen unternommen und jetzt?

Der Hausmeister wirft ein, dass auch er die Bäume dick hat, gestrichen hat er sie! Jedes Jahr wieder schmeißen sie ihr Laub herunter und wer hat damit die Arbeit? Immer wieder sagt er es dem Hausbesitzer. Doch der antwortet glatt: er kann es auch nicht ändern, dass es jedes Jahr Herbst wird. Und ohne Genehmigung kann man die Bäume nicht fällen lassen und die kriegt man nicht bei so einem schönen alten Bestand.

Schöner alter Bestand! Das kann nur einer sagen, der den Dreck nicht wegräumen muss! Aber wenn mal nachts einfach einer die Säge hernähme, das würde ihn gar nicht wundern, fügt er düster hinzu. Das tangiert die übrigen Bewohner aber wenig. Er ist schließlich der Hausmeister. Den Hof muss er eh' fegen, Blätter oder nicht. Kein Kommentar.

Gravierender sind die Probleme von Frau Ersterstockmitte. Ohne die Bäume gäbe es keine Vögel, oder? Auf ihren Fensterbrettern landen sie, so frech sind die und der Schmutz und der Lärm schon in aller Frühe! Den muss man selber erleben, sonst glaubt man's nicht.

Und wenn es windig ist, ergänzt Frau Ersterstocklinks, schlagen die Äste gegen die Fenster. Ewig dieses Geräusch, das hält kein Mensch aus, sagt sie noch. Das geht aber leider unter. Aus der offenen Tür hinter ihr dröhnt nämlich die Stereoanlage des Sohnes.

Aber da kommt ja die Dame aus dem Nebenhaus mit der Unterschriftenliste „Rettet unser Feuchtbiotop". Ja, gehn S' nur her! Da muss man unbedingt was unternehmen!

Barbara van Poortvliet

Textquelle

Süddeutsche Zeitung: 19.11.1996

Arbeitsauftrag

Lesen Sie den Text „Natur ist immer woanders schön" sorgfältig durch und bearbeiten Sie folgende Aufgaben:

1. Fertigen Sie zu diesem Text einen textgebundenen Aufsatz an.
2. Erörtern Sie, inwiefern Umweltschutz im privaten Bereich mit Opfern verbunden ist.

Gliederung

A. In einigen Zeitungen erscheinen regelmäßig Glossen.

B. Die Glosse „Natur ist immer woanders schön“ – Inwiefern ist Umweltschutz im privaten Bereich mit Opfern verbunden?

1 Texterschließung
1.1 Inhalt: negative Einstellung zur Natur und widersprüchliches Verhalten der Menschen
1.2 Textsorte: Glosse
1.3 Aufbau
1.3.1 äußerer Aufbau
1.3.1.1 Überschrift
1.3.1.2 acht Absätze
1.3.2 innerer Aufbau
1.3.2.1 Kurzfassung der acht Sinnabschnitte
1.3.2.2 gegensätzliche Anfangs- und Schlusssituationen, keine Einleitung, Pointe mit offenem Schluss
1.4 Sprachanalyse
1.4.1 Satzbau
1.4.1.1 kurz, übersichtlich
1.4.1.2 viele Frage- und Ausrufesätze
1.4.2 Wortwahl
1.4.2.1 umgangssprachliche Ausdrücke, Münchner Dialekt
1.4.2.2 aussagekräftige Verben und Adjektive, Fremdwörter
1.4.2.3 „Baum“ als Leitmotiv
1.4.3 rhetorische Mittel
1.4.3.1 Neologismen, Alliteration, Wiederholung
1.4.3.2 Übertreibung, Ironie, Ellipsen
1.4.4 Sprachebene: Umgangssprache mit hochsprachlichen Elementen
1.5 Absicht des Autors und Wirkung des Textes auf den Leser
1.5.1 Unzufriedenheit mit dem Gegebenen
1.5.2 Naturschutz nur ein Lippenbekenntnis
1.5.3 inkonsequentes und widersprüchliches Verhalten der Leute
1.5.4 einseitige Sichtweise und verschobene Wertmaßstäbe

2 weiterführende Erörterung: Opfer für den Umweltschutz im privaten Bereich

2.1 im Haushalt

2.1.1 sachgemäße Mülltrennung und Entsorgung

2.1.2 Einsparung von Energie

2.2 im Freizeitverhalten

2.2.1 Einschränkung im Autofahren

2.2.2 Verzicht auf umweltschädigende Sportarten

C. Umweltschutz findet nicht „woanders“ statt, sondern „vor unserer Haustür“.

Musteraufsatz: „Natur ist immer woanders schön“

A. Der Text „Natur ist immer woanders schön“ von Barbara van Poortvliet wurde ebenso wie viele Glossen von Helmut Seitz auf der ersten Seite des Münchner Lokalteils in der Süddeutschen Zeitung veröffentlicht. In der linken Spalte dieser Seite erscheint jeden Tag eine Glosse, die sich auf witzig-ironische Weise mit menschlichen Verhaltensweisen auseinander setzt, während „Das Streiflicht“, ebenfalls eine Glosse, in der linken Spalte der Titelseite der Süddeutschen Zeitung allgemeine gesellschaftliche und politische Themen ironisch behandelt. Auch in den Lokalzeitungen findet man immer häufiger regelmäßig Glossen, die u. a. auch das Thema „Sport“ kritisch beleuchten.

B. 1
1.1 Die Glosse „Natur ist immer woanders schön“ behandelt die negative Einstellung und das widersprüchliche Verhalten von Bewohnern eines Mietshauses zur Natur. Diese Bewohner beschweren sich aufgebracht über die Bäume vor ihrem Haus bzw. ihren Fenstern. Sie beanstanden, dass sie ihnen Licht und Sonne wegnähmen und dadurch Depressionen verursachten, dass sie durch ihr abfallendes Laub Arbeit machten, dass sie Vögel beherbergten, was wiederum Lärm und Schmutz zur Folge hätte. In ihrem Ärger würden sie es sogar befürworten, diese Bäume abzuholzen. Als dann allerdings eine Dame hinzukommt, um Unterschriften für die Erhaltung eines Feuchtbiotops zu sammeln, erklären sich sofort alle bereit, für diese Aktion einzutreten.

1.2 Bei dem vorliegenden Text handelt es sich eindeutig um eine Glosse, da er auf witzig-ironische Weise das Verhalten der Hausbewohner beleuchtet und gleichzeitig Stellung nimmt zu einem immer aktuellen Thema, nämlich dem Schutz der Natur. Durch diese Glosse soll dem Leser ein Denkanstoß gegeben werden, um seine eigene Einstellung zu dem Thema zu überprüfen. Ebenfalls kennzeichnend für die Glosse ist die Steigerung auf eine Schlusspointe hin, wie hier die überraschende Bereitschaft der Bewohner, für den Erhalt der Natur einzutreten. Auch die Übertreibung in der Darstellung, witzige Wortschöpfungen und Formulierungen, die den Leser zum Schmunzeln bringen, sind typisch für diese Textsorte.

1.3 Wendet man sich dem äußeren Aufbau der Glosse zu, so fällt sofort
1.3.1 die Überschrift auf, die sich durch ein größeres fett gedrucktes
1.3.1.1 Schriftbild und die gestaffelte, auf drei Zeilen verteilte Anordnung vom übrigen Text abhebt. Das ganz nach oben platzierte Wort „Natur" steht alleine in einer Zeile, sodass das Thema dem Leser sofort schlagwortartig ins Bewusstsein dringt.

1.3.1.2 Die acht Textabschnitte, die die einzelnen Beschwerden der Hausbewohner steigernd wiedergeben, sind relativ kurz gehalten, da jeder zu Wort kommen und sich zum Thema „Bäume – ein Ärgernis" äußern möchte.

1.3.2 Barbara van Poortvliet beginnt ihre Glosse unvermittelt ohne hinfüh-
1.3.2.1 rende Einleitung. Die einzelnen Abschnitte könnte man überschriftenartig umschreiben mit „Beeinträchtigung der Wohnqualität durch Bäume vor dem Haus", „Depressionen wegen einer Zierkirsche", „Essigbaum raubt Sonnenlicht", „Belastungen des Hausmeisters durch Laub", „Absägen als Lösung des Problems?", „Vögel als Ursache für Lärm und Schmutz", „Lärm durch Äste, nicht durch die Stereoanlage des Sohnes" und schließlich „Unterschriftenaktion für den Erhalt eines Feuchtbiotops".

1.3.2.2 Fasst man den inneren Aufbau zusammen, so kann man sagen, dass sich nach einem abrupten Beginn die Klagen der Bewohner immer mehr steigern bis zu einer überraschenden, vom Leser nicht erwarteten Wende am Schluss. So bildet die Anfangssituation, nämlich die totale Ablehnung der Natur in unmittelbarer Umgebung, einen krassen Gegensatz zur Schlusssituation, in der lautstark für den Schutz der Natur gestimmt wird. Der Schluss der Glosse bleibt offen, sodass sich der Leser seine eigenen Gedanken über das Verhalten der Leute machen muss.

1.4 Da dieser Text in einem fingierten Gespräch die Aussagen von
1.4.1 Durchschnittsbürgern wiedergibt, ist der Satzbau entsprechend kurz
1.4.1.1 und übersichtlich. Durch viele Ausrufesätze in den Zeilen 9/10, 12,
1.4.1.2 18 oder 19 kann der Leser die Empörung und Entrüstung der Hausbewohner gefühlsmäßig gut nachvollziehen. Auch fallen die häufigen Fragesätze auf, die einerseits die Meinung der Mitbewohner erkunden (Z. 5) oder aber nur vorhergehende Aussagen bekräftigen sollen (Z. 23/24). Es handelt sich dabei z. T. nur um rhetorische Fragen, deren Antwort man schon im Vorhinein weiß (Z. 13), die jedoch das Interesse des Lesers wach halten sollen. Durch den Satzbau und diese Satzarten wirkt der Text sehr emotionsgeladen, der Ärger der Bewohner wird drastisch veranschaulicht.

1.4.2 Die Wortwahl entspricht ebenfalls der Redeweise des Durchschnitts-
1.4.2.1 bürgers. So fallen viele umgangssprachliche Ausdrücke auf, wie „schmeißen“ (Z. 13), „dick gestrichen hat er sie“ (Z. 12), „die kriegt man“ (Z. 16), „Dreck“ (Z. 18), „was“ (Z. 11), „mal“ (Z. 19) und Münchner Dialekt wie z. B. „eh' fegen“ (Z. 21) oder „Ja gehn S' nur her“ (Z. 32). Häufig werden Demonstrativ- oder Personalpronomen durch das umgangssprachliche „der“ (Z. 14) oder „die“ (Z. 16/24) ersetzt.

1.4.2.2 Schildert allerdings die Autorin die Situation oder gibt sie einen kurzen Kommentar, so verwendet sie aussagekräftige Verben und Adjektive, ja sogar Fremdwörter, wie z. B. „seufzt sie“ (Z. 7), „fügt düster hinzu“ (Z. 20), „tangiert“ (Z. 20) oder „gravierend“ (Z. 23).

1.4.2.3 Leitmotiv des Textes ist der „Baum“, der stellvertretend für die Natur steht und Stein des Anstoßes ist. Der Baum als Sinnbild für Leben, der Sauerstoff liefert, ein angenehmes Klima schafft, Vögel beherbergt, der ein wenig Farbe – Grün – in das Grau der Wohnsiedlungen bringt, wird hier nur als Belastung gesehen und verdeutlicht die einseitige Sichtweise und die Bequemlichkeit der Leute.

1.4.3 Um ihre Aussagen zu unterstreichen, verwendet die Autorin einige
1.4.3.1 rhetorische Mittel. Sofort fallen die neuen Wortschöpfungen (Neologismen) wie „Herr Zweiterstockmitte“ (Z. 3), „Frau Parterrelinks“ (Z. 5) oder „Frau Ersterstockmitte“ (Z. 23) auf. Die Hausbewohner werden nicht mit Namen genannt, sondern je nach ihrer Wohnlage im Haus entsprechend eingeordnet. Dadurch sind sie keine Einzelpersonen mehr, sondern stehen stellvertretend für eine Gruppe.

Die Alliteration „tagein – tagaus“ (Z. 2) oder „jedes Jahr“ (Z. 13/15) drückt den ständigen Ärger der Hausbewohner aus.

Bei dem Stilmittel der Wiederholung „gewachsen und gewachsen“ (Z. 10) kann sich der Leser förmlich vorstellen , wie das Anwachsen des Essigbaums nicht mehr aufzuhalten ist und wie bedrohlich er für die Leute wird. Auch die Wiederholung von „jedes Jahr“ (Z. 13/15) oder „immer wieder“ (Z. 13/14) deutet an, dass der Ärger mit den Bäumen kein Ende nimmt.

1.4.3.2 Durch die Steigerung „gravierender“ (Z. 23) und die häufigen Übertreibungen „ewige Depressionen“" (Z. 5), „Ewig dieses Geräusch, das hält kein Mensch aus...“ (Z. 28) möchte jeder Hausbewohner den anderen mit seinen Argumenten übertrumpfen und eine negative Stimmung erzeugen.

Ironisch wirkt die Aussage von Frau „Ersterstocklinks“, die sich über die Geräusche der Äste an ihrem Fenster aufregt, andererseits aber die laute Musik aus der Stereoanlage ihres Sohnes widerspruchslos hinnimmt (Z. 27–30). Weiterhin findet man das Stilmittel der Ironie in Z. 18 „Schöner alter Bestand!“, wobei der Hausmeister das Gegenteil meint, nämlich dass die Bäume nur Arbeit für ihn bedeuten. Ellipsen wie „... und jetzt?“ (Z. 11) oder „Ewig dieses Geräusch, ...“ (Z. 28) unterstreichen das gefühlsbetonte, erregte Sprechen der Hausbewohner.

1.4.4 In der Glosse „Natur ist immer woanders schön“ überwiegt die Umgangssprache, um die Situation, die Redeweise und das Verhalten des Durchschnittsmenschen realistisch zu schildern. Bei kommentierenden Einschüben allerdings verwendet die Autorin hochsprachliche Elemente.

1.5 Betrachtet man die Überschrift des Textes, so lässt sich daraus bereits
1.5.1 eine wichtige Aussage erkennen. „Natur ist immer woanders schön“ heißt, dass man oft nicht mit dem zufrieden ist, was man vor der eigenen Haustüre hat, sondern dass man das als schön ansieht, was weiter
1.5.2 weg, also unerreichbar ist. Geht man von den Bewohnern des Mietshauses aus, so setzen sie sich für den Erhalt des Feuchtbiotops ein, weil es „woanders“ ist und es sie keinerlei Mühe und Anstrengung kostet, eine Unterschrift zu geben. Wenn es allerdings um ihre eigene Bequemlichkeit geht oder sie auf etwas verzichten müssten, dann ist
1.5.3 ihnen die Natur nicht mehr wichtig. Ihr widersprüchliches und inkonsequentes Verhalten wird auch deutlich, als sie einerseits das

Abholzen der Bäume in Erwägung ziehen, die Natur also zerstören wollen, andererseits sich aber bei spektakulären, mit keinem Aufwand verbundenen Aktionen, die noch dazu im Trend der Zeit liegen, für den Schutz der Natur aussprechen.

1.5.4 Außerdem wird die oft einseitige und eingeschränkte Sichtweise mancher Menschen aufgedeckt. Die Bewohner des Hauses empfinden die Bäume nur als negativ, also als Belastung. Sie machen ihrem Ärger unreflektiert Luft, ohne zu bedenken, dass Bäume eine Bereicherung unseres Lebens, ja sogar lebensnotwendig sind. Auch die Tatsache, dass manche Leute die Geräusche der Natur, wie hier das Zwitschern der Vögel, als störend empfinden, während sie den Lärm der modernen Medien, wie hier die Stereoanlage des Sohnes, gar nicht mehr wahrnehmen, zeigt, wie verschoben die Wertmaßstäbe mancher Leute heutzutage sind.

2 Die Glosse „Natur ist immer woanders schön“ lässt anklingen, dass
der Erhalt der Natur vom Menschen Einschränkungen, ja sogar Opfer
2.1 verlangt. Jeder Einzelne kann im privaten Bereich zum Schutz der
Umwelt beitragen. Allerdings erfordern diese Maßnahmen, wie z. B.
2.1.1 die sachgemäße Trennung von Müll im Haushalt, manchmal große Überwindung. Nicht nur das Säubern von Quark- und Joghurtbechern und deren Aluminiumdeckel kostet Zeit, sondern auch die Trennung von Küchenabfällen, Kunststoffverpackungen, Alufolien, Schraubverschlüssen oder sonstigem Haushaltsmüll. Diese Artikel in die Wertstoffhöfe der Gemeinden zu fahren, bedeutet für viele ein großes Opfer. Auch die Verwendung von Pfandflaschen für Milch scheint umständlich, da man sie nach dem Gebrauch auswaschen und wieder im Geschäft abgeben muss. Doch wenn man bedenkt, dass durch die Wiederverwertung von Müll wichtige Rohstoffe und Energie gespart werden, die Luftverschmutzung durch Müllverbrennung reduziert wird, dann lohnen sich die Mühen der Mülltrennung.

2.1.2 Ein weiteres Opfer ist die Einsparung von Energie im privaten Bereich. Bedenkenlos lassen viele stundenlang den Fernsehapparat oder das Radio laufen, ohne bewusst hinzusehen oder hinzuhören; Räume sind oft beleuchtet, ohne dass sich jemand darin aufhält. Energie für Warmwasserbereitung könnte eingespart werden, indem man anstatt eines Vollbads eine Dusche nimmt, dabei aber auf Entspannung verzichtet. Ebenso sollte man den Kauf von energiesparenden Geräten bevorzugen, was allerdings Information über die verschiedenen Angebote und damit Mühe voraussetzt, manchmal sogar mit finanziellen Nachteilen verbunden ist, da diese Produkte relativ teuer sind.

2.2
2.2.1 Umweltschutz verlangt nicht nur im Haushalt Einschränkungen, sondern auch im Freizeitverhalten. Es ist verlockend, sich bei Langeweile ins Auto zu setzen und eine Spazierfahrt ins Blaue zu unternehmen. Der Trend geht immer mehr dahin, dass viele Leute am Wochenende einen Kurzurlaub im nahe gelegenen Ausland oder in den Alpen machen, was das Verkehrsaufkommen und den Schadstoffausstoß durch die Autos erheblich erhöht und die Luft entsprechend belastet. Für viele würde es ein Opfer bedeuten, am Wochenende auf das Auto zu verzichten und Erholung in der Umgebung zu suchen.

2.2.2 Freizeit wird heutzutage gerne für die Ausübung von Sport genutzt. Ständig werden von der Freizeitindustrie neue Sportarten angeboten, die nicht immer umweltfreundlich sind. So belasten Snowboarder genauso wie Skifahrer die Natur, indem sie die Grasnarbe bei ungünstigen Schneeverhältnissen abschaben. Bei bestimmten Wassersportarten wie Motorboot- oder Wasserskifahren werden Öle ins Wasser und Abgase an die Luft abgegeben. Sich bewusst gegen Modeerscheinungen abzugrenzen oder auf umweltfreundliche, vielleicht nicht so spektakuläre Sportarten auszuweichen, kostet manche Überwindung.

C. Wenn auch der Schutz der Umwelt mit Opfern verbunden ist, so können wir uns der Verantwortung der Natur gegenüber nicht entziehen. Wir alle haben bedenkenlos den Fortschritt der Technik und den damit verbundenen Wohlstand genossen und deshalb sind wir auch für die Folgen, nämlich für die Zerstörung unseres Lebensraums, zuständig. Bei der Bekämpfung der Umweltzerstörung reicht es allerdings nicht aus, „woanders“ nach Maßnahmen zu rufen, wie etwa bei der Industrie oder den Politikern, sondern man muss den Schutz der Umwelt „vor unserer Haustüre“ anpacken.

2.4 Familiensache

Familiensache

DIE LUST AM LESEN KOMMT NICHT VON ALLEIN. SIE MUSS GEWECKT UND GEFÖRDERT WERDEN. NEBEN DER SCHULE SIND HIER VOR ALLEM DIE ELTERN GEFORDERT.

Wenn es um das Lesen geht, sind sich fast alle Eltern einig. Die Aussage „Es ist mir wichtig, daß mein Kind Freude am Lesen findet" beantworteten in einer Studie der Bertelsmann Stiftung über 95 Prozent der Befragten positiv. In dieser Einstellung werden die Eltern von den Medienwissenschaftlern bestärkt, die heute davon ausgehen, daß die Beschäftigung mit dem gedruckten Wort von großer Bedeutung für die Persönlichkeitsentwicklung der Kinder ist.

Denn Lesen ist weit mehr als das Entziffern von Buchstaben; Lesen heißt Zusammenhänge erkennen, und damit wird das elementare Denken geschult. Unumstritten ist auch, daß Lesen die Sprachentwicklung fördert. Untersuchungen belegen eindeutig, daß selbst zweijährige Kinder, denen oft vorgelesen wird, von dieser ersten Begegnung mit gedruckter Sprache profitieren. Neben der kognitiven und sprachlichen Komponente gibt es noch eine dritte, die nicht immer allen bewußt ist: Erfundene Geschichten ermöglichen den Zugang zu fremden Erfahrungen und menschlichen Verhaltensweisen. Wer mit Pippi Langstrumpf schon einmal auf der Schulbank saß oder mit dem kleinen Tiger Panama gesucht hat, der hat auch selbst all den Ärger und die Wut, aber auch die Gewitztheit und das Glück der fiktiven Figuren durchlebt – und daran gelernt, wie man mit seinen Gefühlen umgeht.

Leseklima schaffen

Der Vergleich mit dem Fernsehen zeigt, welche Bedeutung für die Persönlichkeitsbildung das Lesen in unserer modernen Mediengesellschaft hat. Während die schnelle und festgelegte Abfolge der Szenen auf dem Bildschirm dem Betrachter fast keine Zeit läßt, über das Geschehen nachzudenken und es tatsächlich zu verarbeiten, paßt sich das Lesen der individuellen Geschwindigkeit und Auffassungsgabe des einzelnen an. Man kann vor- und zurückblättern, besonders interessante Kapitel nochmals lesen und sich so intensiver mit dem Lesestoff auseinandersetzen oder ihn einfach genießen.

Weil das Lesen für die geistige Entwicklung junger Menschen so wichtig ist, darf es nicht auf den Unterricht in der Schule beschränkt bleiben. Als erste und prägendste Erziehungsinstanz spielt die Familie eine zentrale Rolle beim Lesenlernen. Das heißt aber nicht, daß Eltern beispielsweise ihrem dreijährigen Kind das Alphabet einpauken sollen. Es geht viel eher darum, zu Hause ein „Leseklima" zu schaffen, in dem Kinder den Wert des Lesens erfahren können. Denn diese lernen ja vor allem durch Beobachtung und Nachahmung; das Vorbild der Eltern ist deshalb hier wie in allen Bereichen von elementarer Bedeutung.

Die selbstverständliche Präsenz von Lesestoff darf sich aber nicht allein in einer großen Bücherwand dokumentieren. Viel wichtiger ist, daß die Eltern selber regelmäßig ein Buch zur Hand nehmen, daß man die Kinder über ihre Lektüre berichten läßt und innerhalb der Familie über das Gelesene spricht und diskutiert. Das Vorlesen durch die Eltern oder Großeltern sollte sich keinesfalls auf die Vorschulzeit beschränken, denn auch ältere Kinder schätzen es, auf diese Weise mit Büchern bekannt gemacht zu werden.

Wenn Eltern sich um die Leseerziehung bemühen, dürfen sie allerdings eines nicht vergessen: Nichts ist schlimmer als Erwachsene, die den Nachwuchs zum Lesen zwingen wollen. Wem das Vorlesen nach einem anstrengenden Arbeitstag nur lästige Pflicht ist, oder wer es nur als notwendige Konzentrationsübung auffaßt, wer seine Kinder ständig ermahnt, zum „guten Buch" zu greifen, weil das für die Schule „etwas bringt", der wird das Gegenteil erreichen: Die Kinder verlieren den Spaß und das Interesse am Lesen und weichen auf andere Medien aus.

Höhlenerlebnis

Nicht die Ermahnung, sondern die Verführung zum Lesen sollte also Aufgabe einer richtig verstandenen Leseförderung sein. Diese Erkenntnis setzt man auch in den Schulen um, wo zusätzlich zum Unterricht eine bunte Palette von Aktionen durchgeführt wird. In einer Eichstätter Grundschule z.B. bauten sich die Schüler einer 2. Klasse eine „Lesehöhle". Aus Decken, Kissen und Bänken schufen sich die jungen Leseratten eine Rückzugsmöglichkeit im Klassenzimmer, die vor dem Unterricht eifrig genutzt wird. „Das Höhlenerlebnis wirkt unheimlich motivierend auf die Schüler", so die Lehrerin Helga Kiesl. „Damit lassen sich auch diejenigen zum Lesen animieren, die sonst nur ungern zum Buch greifen." Eine ähnliche Wirkung haben die sogenannten Lesenächte, bei denen Klassen zusammen mit ihrem Deutschlehrer in der Schule übernachten, um nach Herzenslust zu schmökern – Geisterstunde inbegriffen.

Neben der Schule sind Buchhandlungen und Büchereien wichtige Partner für die Eltern bei der Leseerziehung. Schon das gemeinsame Stöbern in den Regalen zusammen mit dem Vater oder der Mutter ist eine gute Gelegenheit, bei Kindern das Interesse für Bücher zu wecken. Viele Büchereien bieten auch Veranstaltungen an, die die jungen Leser an das Lesen heranführen sollen.

Im niederbayerischen Landshut gibt es zum Beispiel seit Jahren jeden Donnerstag sogenannte Kindernachmittage für Sechs- bis Zehnjährige. Diplombibliothekar Georg Braun leitet dort eine Diskussionsgruppe, die – wie in der bekannten Fernsehsendung 'Das literarische Quartett' – zusammenkommt, um über Kinder- und Jugendliteratur zu diskutieren und diese auch zu beurteilen.

Kinder als Kritiker

Natürlich finden es die Buben und Mädchen besonders toll, daß ihre „Kritik" regelmäßig in der Lokalzeitung veröffentlicht wird. „Die Kinder erfahren zudem", ergänzt Georg Braun, „daß das Lesen Spaß macht und durchaus auch ein Gruppenerlebnis sein kann. Nebenbei lernen sie eine Menge über Literatur und können sich dabei über aktuelle Themen austauschen." □

Kinder erfahren die Faszination des Lesens, wenn auch die Eltern gern zum Buch greifen.

Fernsehen und Lesen sollten sich nicht ausschließen, sondern gegenseitig ergänzen.

Lesen vermittelt nicht nur Wissen, sondern dient auch der Entspannung und regt die Phantasie an.

Familiensache

Die Lust am Lesen kommt nicht von allein. Sie muss geweckt und gefördert werden. Neben der Schule sind hier vor allem die Eltern gefordert.

Wenn es um das Lesen geht, sind sich fast alle Eltern einig. Die Aussage „Es ist mir wichtig, dass mein Kind Freude am Lesen findet" beantworteten in einer Studie der Bertelsmann Stiftung über 95 Prozent der Befragten positiv. In dieser Einstellung werden die Eltern von den Medienwissenschaftlern bestärkt, die heute davon ausgehen, dass die Beschäftigung mit dem gedruckten Wort von großer Bedeutung für die Persönlichkeitsentwicklung der Kinder ist.

Denn Lesen ist weit mehr als das Entziffern von Buchstaben; Lesen heißt Zusammenhänge erkennen und damit wird das elementare Denken geschult. Unumstritten ist auch, dass Lesen die Sprachentwicklung fördert. Untersuchungen belegen eindeutig, dass selbst zweijährige Kinder, denen oft vorgelesen wird, von dieser ersten Begegnung mit gedruckter Sprache profitieren. Neben der kognitiven und sprachlichen Komponente gibt es noch eine dritte, die nicht immer allen bewusst ist: Erfundene Geschichten ermöglichen den Zugang zu fremden Erfahrungen und menschlichen Verhaltensweisen.

Leseklima schaffen

Wer mit Pippi Langstrumpf schon einmal auf der Schulbank saß oder mit dem kleinen Tiger Panama gesucht hat, der hat auch selbst all den Ärger und die Wut, aber auch die Gewitztheit und das Glück der fiktiven Figuren durchlebt – und daran gelernt, wie man mit seinen Gefühlen umgeht.

Der Vergleich mit dem Fernsehen zeigt, welche Bedeutung für die Persönlichkeitsbildung das Lesen in unserer modernen Mediengesellschaft hat. Während die schnelle und festgelegte Abfolge der Szenen auf dem Bildschirm dem Betrachter fast keine Zeit lässt, über das Geschehen nachzudenken und es tatsächlich zu verarbeiten, passt sich das Lesen der individuellen Geschwindigkeit und Auffassungsgabe des Einzelnen an. Man kann vor- und zurückblättern, besonders interessante Kapitel nochmals lesen und sich so intensiver mit dem Lesestoff auseinander setzen oder ihn einfach genießen.

Weil das Lesen für die geistige Entwicklung junger Menschen so wichtig ist, darf es nicht auf den Unterricht in der Schule beschränkt bleiben. Als erste und prägendste Erziehungsinstanz spielt die Familie eine zentrale Rolle beim Lesenlernen. Das heißt aber nicht, dass Eltern beispielsweise ihrem dreijährigen Kind das Alphabet einpauken sollen. Es geht viel eher darum, zu Hause ein „Leseklima" zu schaffen, in dem Kinder den Wert des Lesens erfahren können. Denn diese lernen ja vor allem durch Beobachtung und Nachahmung; das Vorbild der Eltern ist deshalb hier wie in allen Bereichen von elementarer Bedeutung.

Die selbstverständliche Präsenz von Lesestoff darf sich aber nicht allein in einer großen Bücherwand dokumentieren. Viel wichtiger ist, dass die Eltern selber regelmäßig ein Buch zur Hand nehmen, dass man die Kinder über ihre Lektüre berichten lässt und innerhalb der Familie über das Gelesene spricht und diskutiert. Das Vorlesen durch die Eltern oder Großeltern sollte sich keinesfalls auf die Vorschulzeit beschränken, denn auch ältere Kinder schätzen es, auf diese Weise mit Büchern bekannt gemacht zu werden.

Wenn Eltern sich um die Leseerziehung bemühen, dürfen sie allerdings eines nicht vergessen: Nichts ist schlimmer als Erwachsene, die den Nachwuchs zum Lesen zwingen wollen. Wem das Vorlesen nach einem anstrengenden Arbeitstag nur lästige Pflicht ist oder wer es nur als notwendige Konzentrationsübung auffasst, wer seine Kinder ständig ermahnt, zum „guten Buch“ zu greifen, weil das für die Schule „etwas bringt“, der wird das Gegenteil erreichen: Die Kinder verlieren den Spaß und das Interesse am Lesen und weichen auf andere Medien aus.
Nicht die Ermahnung, sondern die Verführung zum Lesen sollte also Aufgabe einer richtig verstandenen Leseförderung sein.

Kinder als Kritiker
Im niederbayerischen Landshut gibt es zum Beispiel seit Jahren jeden Donnerstag so genannte Kindernachmittage für Sechs- bis Zehnjährige. Diplombibliothekar Georg Braun leitet dort eine Diskussionsgruppe, die – wie in der bekannten Fernsehsendung „Das literarische Quartett“ – zusammenkommt, um über Kinder- und Jugendliteratur zu diskutieren und diese auch zu beurteilen. Natürlich finden es die Buben und Mädchen besonders toll, dass ihre „Kritik“ regelmäßig in der Lokalzeitung veröffentlicht wird. „Die Kinder erfahren zudem“, ergänzt Georg Braun, „dass das Lesen Spaß macht und durchaus auch ein Gruppenerlebnis sein kann. Nebenbei lernen sie eine Menge über Literatur und können sich dabei über aktuelle Themen austauschen.“

Textquelle

gekürzt nach Schule aktuell 4/96. Hrsg. Bayerisches Staatsministerium für Unterricht, Kultus, Wissenschaft und Kunst.

Arbeitsauftrag

Lesen Sie den Text „Familiensache“ gründlich durch und bearbeiten Sie folgende Aufgaben:

1. Geben Sie den Inhalt kurz wieder.
2. Erläutern Sie den äußeren und inneren Aufbau des Textes und die Funktion der verschiedenen Textteile.
3. Analysieren Sie die Sprache und gehen Sie dabei auf die Zielgruppe ein.
4. Erörtern Sie, wie die Schule das Interesse am Lesen fördern kann.

Gliederung

A. „Schule aktuell" ist eine Zeitschrift für Eltern.
oder:
Das Interesse am Lesen nimmt immer mehr ab.

B. Der Zeitungsartikel „Familiensache“ – Wie kann die Schule das Interesse am Lesen fördern?

1 Texterschließung
1.1 kurze Inhaltswiedergabe

1.2 Aufbau des Textes und Funktion der verschiedenen Textteile
1.2.1 äußerer Aufbau
1.2.1.1 Überschrift, Untertitel
1.2.1.2 Bebilderung mit Kurzkommentar
1.2.1.3 4-spaltige Aufteilung mit Teilüberschriften

1.2.2 innerer Aufbau
1.2.2.1 Bedeutung des Lesens
1.2.2.2 Abgrenzung zum Fernsehen
1.2.2.3 Förderung des Lesens durch die Familie
1.2.2.4 Leseanreiz außerhalb der Schule und der Familie

1.2.3 Funktion der verschiedenen Textteile
1.2.3.1 sachliche Information
1.2.3.2 Anregungen für die Eltern

1.3 Sprachanalyse unter Berücksichtigung der Zielgruppe
1.3.1 Satzbau
1.3.1.1 nur Aussagesätze
1.3.1.2 komplexe Satzgefüge

1.3.2 Wortschatz
1.3.2.1 aussagekräftige Substantive, Verben, Adjektive
1.3.2.2 viele Fremdwörter
1.3.2.3 Fachbegriffe aus dem pädagogischen Bereich

1.3.3 rhetorische Mittel
1.3.3.1 Alliteration, Beispiele
1.3.3.2 Steigerung, Parallelismus

1.3.4 Stilebene: Hochsprache

2 weiterführende Erörterung: Wie kann die Schule das Interesse am Lesen fördern?

2.1 während des Unterrichts

2.1.1 ansprechende Gestaltung und regelmäßiger Besuch der Schülerlesebücherei

2.1.2 Vorstellen von Büchern durch die Schüler

2.1.3 abwechslungsreiche Schullektüre unter fachkundiger Anleitung

2.2 außerhalb des Unterrichts

2.2.1 Besuch von Buchhandlungen und Verlagen

2.2.2 regelmäßige Diskussionsrunden und Besuch von Autorenlesungen

C. Aber auch dem Fernsehen kommt eine wichtige Aufgabe zu.

Möglicher Antwortenkatalog

A. **„Schule aktuell" ist eine Zeitschrift für Eltern.**
Monatszeitschrift für Eltern, behandelt anschaulich und informativ gesundheitliche Probleme von Schülern, wie z. B. Asthma, gesellschaftliche Probleme wie moderne Medien, Drogen, Sekten sowie schulische Themen wie Rechtschreibreform, Schultests, Bildungswege, Berufsfindung.
oder:
Das Interesse am Lesen nimmt immer mehr ab.
stundenlanges Fernsehen oder Computerspielen vieler Kinder, großes Angebot an verschiedensten Sportarten, Desinteresse am Lesen

B. **Der Zeitungsartikel „Familiensache" – Förderung des Lesens durch die Schulen**

1 Texterschließung

1.1 kurze Inhaltswiedergabe
Information über die Bedeutung des Lesens, z. T. in Abgrenzung zum Fernsehen, Anregung, wie vor allem die Familie das Lesen fördern kann, Leseförderung durch Interessensgruppen

1.2 Aufbau des Textes

1.2.1 äußerer Aufbau

1.2.1.1 Überschrift, Untertitel

– balkenartige Überschrift im Großdruck, nimmt in der Breite drei Spalten ein

– fett gedruckter Untertitel in kleinerer Schrift, rahmt die Überschrift oben und unten ein, bildet mit ihr die Form eines kleinen t

1.2.1.2 Bebilderung

Bebilderung als Blickfang und optische Unterstützung des Textes, Ergänzung der Bilder durch zusammenfassenden Kommentar in Fettdruck

1.2.1.3 vierspaltige Aufteilung mit Teilüberschriften

Seiteneinteilung in vier Spalten, die durch informative Teilüberschriften unterbrochen sind; relativ viele Absätze, da das Thema vielseitig abgehandelt ist

1.2.2 innerer Aufbau

1.2.2.1 Bedeutung des Lesens

– wichtig für die Persönlichkeitsentwicklung
– Erkennen von Zusammenhängen
– Schulung des elementaren Denkens
– Förderung der Sprachentwicklung
– Zugang zu fremden Erfahrungen und menschlichen Verhaltensweisen

1.2.2.2 Abgrenzung zum Fernsehen

keine Zeit zum Überdenken und Verarbeiten des Gesehenen durch schnelle, festgelegte Abfolge von Szenen

1.2.2.3 Förderung des Lesens durch die Familie

– Schaffen eines „Leseklimas"
– Vorbild der Eltern
– Sprechen und Diskutieren über das Gelesene
– Vorlesen auch noch in der Schulzeit
– keine Ausübung von Zwang

1.2.2.4 Leseförderung außerhalb der Schule und des Elternhauses

– Kindernachmittage: Lesen als Gruppenerlebnis
– Diskussionsgruppen mit Veröffentlichung in einer Lokalzeitung

1.2.3 Funktion der verschiedenen Textteile

1.2.3.1 Information

wissenschaftlich belegte Informationen über den Wert des Lesens

1.2.3.2 Anregungen für Eltern

konkrete Tips für Eltern, das Lesen bei ihren Kindern zu fördern

1.3 Sprachanalyse unter Berücksichtigung der Zielgruppe

1.3.1 Satzbau

1.3.1.1 nur Aussagesätze
informativer, sachlicher, erläuternder Text für Erwachsene, aufgestellte Behauptungen werden belegt

1.3.1.2 komplexe Satzgefüge
fast nur Satzgefüge mit vielen begründenden („weil, da, wenn") oder gegenüberstellenden („während") Konjunktionen, da Zusammenhänge umfassend dargestellt werden sollen; Zielgruppe: Eltern

1.3.2 Wortschatz

1.3.2.1 aussagekräftige Substantive, Verben, Adjektive

- treffende Substantive: „Beobachtung" (Z. 75), „Nachahmung" (Z. 76), „Lesestoff" (Z. 59)
- aussagekräftige Verben: „beantworten" (Z. 4/5), „belegen" (Z.22) „bestärken" (Z. 9/10), „genießen" (Z. 60)
- veranschaulichende Adjektive: „prägend" (Z. 65), „schnelle und festgelegte..." (Z. 47/48)

Wirkung: präzise, anschauliche und überzeugende Darstellung von Sachverhalten

1.3.2.2 viele Fremdwörter
„profitieren" (Z. 25/26), „elementares Denken" (Z. 18/19), „Präsenz" (Z. 80), „dokumentieren" (Z. 82/83), „Komponente" (Z. 27), „fiktive Figuren" (Z. 39/40)
Wirkung: größere Überzeugungskraft, Zeichen von Kompetenz, Ansprechen eines anspruchsvollen Lesers

1.3.2.3 Fachbegriffe aus dem pädagogischen Bereich
„Persönlichkeitsentwicklung" (Z. 13/14), „kognitive Komponente" (Z. 26/27), „Erziehungsinstanz" (Z. 66), „Konzentrationsübung" (Z. 104/105);
Wirkung: große Überzeugungskraft durch wissenschaftlich belegte Aussagen, durch fundierte Kenntnisse zu diesem Thema; Zielgruppe: Eltern

1.3.3 rhetorische Mittel

1.3.3.1 Alliteration

- „Lust am Lesen“ (Vorspann), „fiktive Figuren“ (Z. 39/40), „moderne Mediengesellschaft“ (Z. 46/47);
  Wirkung: Erwecken von Aufmerksamkeit und Interesse durch Lautmalerei

Beispiele

- „Wer mit Pippi Langstrumpf ... dem kleinen Tiger Panama gesucht hat ...“ (Z. 34 ff.)
  Wirkung: Veranschaulichung der vorher abstrakt formulierten These (Behauptung)
- „Diskussionsgruppe ... ‘Das literarische Quartett’“ (Z. 125 ff.)
  Wirkung: Verdeutlichung durch Anknüpfen an Bekanntes

1.3.3.2 Steigerung

„viel wichtiger“ (Z. 83) soll die Bedeutung des Vorbilds der Eltern hervorheben

Parallelismus

- „Wem ... wer es ..., wer seine Kinder ..., der wird ...“ (Z. 101 ff.)
- „Wer ..., der ..." (Z. 34/37)
  Wirkung: Hervorhebung, Betonung

1.3.4 Stilebene

Hochsprache mit wenigen rhetorischen Mitteln, da der Text bereits durch seine präzisen Formulierungen überzeugt

Zielgruppe Eltern und Erwachsene, die Lesen als Wert ansehen

2 weiterführende Erörterung: Wie kann die Schule das Interesse am Lesen fördern?

2.1 während des Unterrichts

2.1.1 ansprechende Gestaltung und regelmäßiger Besuch der Schülerlesebücherei

- Gestaltung der Lesebücherei durch die Schüler selbst mit Plakaten von Schriftstellern, mit selbst gemalten Postern mit Motiven zu Lieblingsbüchern; „schwarzes Brett“ mit ständig wechselnder Liste von Neuerscheinungen; fördert Zugang zu Büchern, da durch Eigeninitiative eine persönlichere Beziehung zur Bücherei entsteht
- regelmäßiger und ausgiebiger Besuch ermöglicht Kennenlernen des vorhandenen Bücherbestands, erinnert an das Lesen

2.1.2 **Vorstellen von Büchern durch die Schüler**
Kurzreferate über aktuelle Jugendbücher mit Lesen in Auszügen oder Vorlesen markanter Stellen; Wirkung: Information für die ganze Klasse, welche Bücher lesenswert sind; dadurch große Auswahlmöglichkeit

2.1.3 **abwechslungsreiche Schullektüre unter fachkundiger Anleitung**
Besprechung von Schullektüre im Deutschunterricht aus verschiedenen Literaturepochen mit ausführlicher Interpretation auch im Hinblick auf die Zeitgeschichte; Absicht: Kennenlernen verschiedenster Gattungen, Überblick schafft Zugang zu Literatur in allen Richtungen; erweitertes Angebot ermöglicht auch später sichere und selbstständige Auswahl

2.2 **außerhalb des Unterrichts**

2.2.1 **Besuch von Buchhandlungen und Verlagen**
- Fahrten zu großen Buchhandlungen mit Führung, dadurch Überwinden der Schwellenangst, Zurechtfinden in einer zunächst unübersichtlichen Fülle von Regalen und Büchern
- Besuch von Verlagen schafft Einblick in die aufwendige Herstellung von Büchern, dadurch Verständnis für die oft hohen Buchpreise

2.2.2 **regelmäßige Diskussionsrunden und Besuch von Autorenlesungen**
- regelmäßige Treffen an Nachmittagen, um über ein gemeinsam ausgesuchtes Buch zu diskutieren, dadurch Kennenlernen anderer Sichtweisen, Ergänzung seiner eigenen Gedanken
- durch den Besuch von Autorenlesungen besserer Zugang zu den Büchern, da persönlicher Bezug zum Autor, Hintergrundinformation über die Entstehung des Buches aus erster Quelle

C. **Aber auch dem Fernsehen kommt eine wichtige Aufgabe zu.**
- Fernsehen liefert aktuelle Informationen zum Tagesgeschehen aus der ganzen Welt
- informiert in wissenschaftlich fundierten Sendungen anschaulich und lebendig über Sachthemen
- bietet auch geistreiche Unterhaltung an.

C Übungsteil

1 Das Tagebuch der Anne Frank

Freitag, 20. November 1942

Liebe Kitty!

Wir wissen nicht, wie wir uns verhalten sollen. Bis jetzt ist von den Berichten über die Juden nie viel zu uns durchgedrungen, und wir haben es vorgezogen, so heiter wie möglich zu bleiben. Wenn Miep ab und zu mal etwas über das schreckliche Los eines Bekannten erzählte, fingen Mutter oder Frau van Daan immer an zu weinen, so daß Miep lieber gar nichts mehr sagte. Aber Dussel wurde sofort mit Fragen bestürmt, und die Geschichten, die er erzählte, waren so grauenhaft und barbarisch, daß es nicht zu einem Ohr rein und zum anderen wieder rausgeht. Trotzdem werden wir, wenn die Berichte ein bißchen gesackt sind, wohl wieder Witze machen und uns necken. Es hilft uns und denen da draußen nicht, wenn wir so bedrückt bleiben, wie wir es im Augenblick sind, und was hat es für einen Sinn, aus dem Hinterhaus ein melancholisches Hinterhaus zu machen?

Bei allem, was ich tue, muß ich an die anderen denken, die weg sind. Und wenn ich wegen etwas lachen muß, höre ich erschrocken wieder auf und denke mir, daß es eine Schande ist, so fröhlich zu sein. Aber muß ich denn den ganzen Tag weinen? Nein, das kann ich nicht, und sie wird wohl auch wieder vorbeigehen, diese Niedergeschlagenheit.

Zu all diesem Traurigen kommt noch etwas anderes, das persönlicher Art ist und neben dem eben erzählten Elend ins Nichts verschwindet. Trotzdem muß ich Dir erzählen, daß ich mich in der letzten Zeit immer verlassener fühle. Um mich herum ist eine große Leere. Früher dachte ich darüber nie nach, Vergnügungen und Freundinnen erfüllten mein Denken. Nun denke ich oft über unglückliche Dinge oder mich selbst nach. Und ich bin schließlich zu der Überzeugung gekommen, daß Vater, wie lieb er auch ist, mir doch nicht meine frühere Welt ersetzen kann. Mutter und Margot zählen in meinen Gefühlen schon lange nicht mehr mit.

Aber warum falle ich Dir mit solchen dummen Dingen zur Last? Ich bin so schrecklich undankbar, Kitty, ich weiß es ja. Aber mir wird oft schwindlig, wenn ich zuviel abbekomme und dann noch an all das andere Schlimme denken muß!

Deine Anne

Textquelle: Anne Frank Tagebuch, Brief vom 20. November 1942. S. Fischer Verlag GmbH, Frankfurt a. M. 1992, S. 82/83

Erläuterungen zum Buch
Die 13-jährige Anne Frank, ein jüdisches Mädchen (geb. 1929 in Frankfurt), führte vom 12.6.42 bis 1.8.44 ein Tagebuch, in dem sie die Ereignisse dieser Zeit festhielt. Sie wollte das Schicksal der jüdischen Menschen, die sich mit ihrer Familie in einem Hinterhaus in Amsterdam versteckt hielten, nach Kriegsende veröffentlichen. Anne wurde jedoch zusammen mit den weiteren im Hinterhaus untergetauchten Juden am 4.8.44 abgeholt und starb 1945 im KZ Bergen-Belsen an Typhus. Das Tagebuch publizierte der einzige Überlebende der Familie, nämlich ihr Vater Otto Frank.

36 Arbeitsauftrag

1. Formulieren Sie einen Einleitungsgedanken, in dem Sie die Zeitgeschichte berücksichtigen.
   Hinweis: Verwenden Sie dazu die Erläuterungen und eigenes Wissen aus dem Unterricht.
2. Arbeiten Sie die sprachlichen Besonderheiten aus dem Textausschnitt heraus.
3. Verdeutlichen Sie die innere Struktur nach folgendem Schema:
   a) 1. Absatz, Zeile 1 bis 14
   b) 2. und 3. Absatz, Zeile 15 bis 28
   c) 4. Absatz, Zeile 29 bis 32

2 E. T. A. Hoffmann: Das Fräulein von Scuderi

Ein Fremder ist in der Nacht gewaltsam in das Haus von Fräulein von Scuderi eingedrungen, gibt der Dienerin Martiniere ein Kästchen für ihre Herrin und flieht.

...

Alle die Greuel der Zeit schilderte nun die Martiniere mit den lebhaftesten Farben, als sie am andern Morgen ihrem Fräulein erzählte, was sich in voriger Nacht zugetragen, und übergab ihr zitternd und zagend das geheimnisvolle Kästchen. Sowohl sie als Baptiste, der ganz verblaßt in der Ecke stand und vor Angst und Beklommenheit die Nachtmütze in den Händen knetend kaum sprechen konnte, baten das Fräulein auf das Wehmütigste um aller Heiligen willen, doch nur mit möglichster Behutsamkeit das Kästchen zu öffnen. Die Scuderi, das verschlossene Geheimnis in der Hand wiegend und prüfend, sprach lächelnd: „Ihr seht beide Gespenster! – Daß ich nicht reich bin, daß bei mir keine Schätze, eines Mordes wert, zu holen sind, das wissen die verruchten Meuchelmörder da draußen, die, wie ihr selbst sagt, das Innerste der Häuser erspähen, wohl ebensogut als ich und ihr. Auf mein Leben soll es abgesehen sein? Wem kann was an dem Tode liegen einer Person von dreiundsiebzig Jahren, die niemals andere verfolgte als die Bösewichter und Friedenstörer in den Romanen, die sie selbst schuf, die mittelmäßige Verse macht, welche niemandes Neid erregen können, die nichts hinterlassen wird als den Staat des alten Fräuleins, das bisweilen an den Hof ging, und ein paar Dutzend gut eingebundener Bücher mit vergoldetem Schnitt! Und du, Martiniere! du magst nun die Erscheinung des fremden Menschen so schreckhaft beschreiben, wie du willst, doch kann ich nicht glauben, daß er Böses im Sinne getragen!

Also!" –

...

Textquelle: „Das Fräulein von Scuderi" von E. T. A. Hoffmann, Stuttgart 1981, Textausschnitt S. 18/19

Erläuterungen

E. T. A. Hoffmann war einer der bedeutendsten Schriftsteller der Romantik; seine Kriminalnovelle „Das Fräulein von Scuderi" spielt im Paris Ludwigs XIV, also Ende des 17. Jahrhunderts, als dort Verbrechen rapide zunahmen.

37 Arbeitsauftrag

1. Formulieren Sie eine Einleitung, in der Sie Werk und Schriftsteller kurz in die Epoche einordnen.
   Hinweis: Verwenden Sie dazu die Erläuterungen und eigenes Wissen aus dem Unterricht!
2. Welche sprachlichen Mittel wendet der Autor an? Erstellen Sie einen zusammenhängenden Text anhand folgender Stichwörter:
   - Satzgefüge
   - Relativsätze
   - Parallelismus
   - Monolog
   - Ausrufe- und Fragesätze
   - Partizipien der Gegenwart
   - Alliteration
   - Superlative
   - veraltete Begriffe
   - gehobenes Sprachniveau

3 Als Pausensnack Vollwertmampf – oder Schoko?

Wenn's am Dienstag losgeht: Was ist dann das Schönste in der Schule? Die Reklamebeilage einer „Food"-Tandlerei verriet es dieser Tage Eltern und Kindern: „Die Pausen". Doch bei jenen Stärkungs-Schmankerln, die den „Kids" dafür empfohlen wurden, da wendet sich der Reformhäusler und Gesundköstler mit Grausen: Schokoriegel, süße Snackers, Funsize Milkies, Gummibärle, Twixi-Mixi und Copsi Cola? Bäh – für vollkörnige Vollwertschätzer fast sowas wie Selbstmord-Salamitaktik.

Aber auch wissenschaftliche Ernährungsberater geben jetzt wieder ihren Senf zur richtigen Verpflegung von Schulkindern. Rutscht vielleicht das Frühstück daheim noch nicht so recht (Milch und Milchprodukte, Müsli, Vollkornbrot, Obst und Säfte), dann soll dafür der „Pausensnack" umso reichhaltiger ausfallen: Brote, abwechslungsreich belegt mit Magerwurst und Käse, dazu Joghurt oder Topfen und außer Obst auch Gemüse, wie z. B. roher Paprika: Das seien die richtigen Fitmacher für Zwischendurch.

Ja ... aber so was werden weder Eltern noch Lehrer den lieben Schulkinderlein so leicht eintrichtern können. Und nicht mal mehr den noch total analphabetischen Zwergerln im Kindergarten. Denn die haben zwar null Ahnung, wie man Pizza, Pommes, Hendlhaxn und Currywurst buchstabiert. Aber laut einer Studie der Münchner TU wissen schon diese Kleinen ganz genau, dass ihnen just das am besten schmeckt. Wissenschaftlich formuliert: Die Nahrungspräferenzen der Mini-Mampfer liegen bei allem, was mit der Hand gegessen werden kann, was eindeutig erkennbar und leicht zu kauen ist. Die Zeitschrift für Ernährungswissenschaft will außerdem herausgefunden haben, dass bei jeweils über 50 Prozent der Kinder auch Nationalität oder Religion der Mammi einen Einfluss auf die Lieblingsspeisen hat. Logo: Fexer einer katholisch-bayrischen Knödeldreherin werden weit weniger für Börek oder Döner schwärmen als die Bambini einer moslemischen Zeynab oder Sulima.

Multikulturell gemeinsam dürften aber nächste Woche nur wenige Kinder mit einer solchen Brotzeit im Schulranzen antanzen, wie Ernährungsberater sie hier und heute als „peppig zubereitete Pausenverpflegung" propagieren: Zu Sternen geschnittenes Obst und Gemüse, bunt belegte Brote in Form von Dreiecken (etwa gar wegen Pythagoras?) oder ein paar Nüsse und Trockenfrüchte. Ob man damit aber dem Nachwuchs die Gier nach „Junkfood", Gummibärchen und süßen Power-Riegeln austreiben kann? Kaum, meint ein bekannter Ernährungswissenschaftler namens Pudel. Als gegenteilige Rosskur empfiehlt der: Die Kinder mit solchem Zeug vollstopfen bis zum Abwinken. Eine wirksame Entzugs-Methode? Falls ja, dann müssten sich die meisten Jungschlemmer schon in frühester Kindheit total an Vollkornschnitten, Frischobst, Müsli und Gemüsli überfressen haben. Oder woher sonst käme ihre pfuiteuflische Geschmacksaversion gegen fast jegliche supergesunde Vitalvollwertnahrung? *Helmut Seitz*

Textquelle: Süddeutsche Zeitung 14./15. Sept. 1996

Fremdwörter
Präferenz: Vorzug, Vorrang (Z. 45)
Fexer: Ableger (Z. 56)
Pythagoras: griechischer Philosoph, prägte einen grundlegenden Lehrsatz der Geometrie (Z. 71)
Aversion: Abneigung (Z. 89)

38 Arbeitsauftrag

1. Geben Sie den Inhalt wieder.
2. a) Suchen Sie aus dem Text Beispiele zu den in der Tabelle angegebenen rhetorischen Figuren und geben Sie ihre jeweilige Wirkung an. Orientieren Sie sich am vorgegebenen Raster.
   b) Bestimmen Sie die Sprachebene und begründen Sie sie anhand von Textbeispielen.
   c) Aus welcher Sprache werden bevorzugt Ausdrücke verwendet und warum?
3. Welche Absicht verfolgt der Autor mit seiner Glosse?

Tabelle zu den rethorischen Figuren

rhetorische Figur	**Beispiel**	**Wirkung**
Abwertung	*Vollwertmampf (Überschrift)*	*negative Bewertung der Vollwertkost*
Alliteration		
Andeutung		
Beispiel		
Ellipse		
Gegensatz		
Hyperbel (Übertreibung)		
Ironie		
Metapher		
Neologismen (Wortneu-schöpfung)		
Steigerung		
Wortspiel		

4 Tiere sterben für Kosmetik

MAGAZIN AKTUELL

NACHGEFRAGT

Tiere sterben für Kosmetik

Viele Tiere werden ausschließlich zu Versuchszwecken gezüchtet

Über 1,6 Millionen Tiere fielen 1995 Tierversuchen zum Opfer. Hauptsächlich neue Arzneimittel, Kosmetik und andere chemische Substanzen werden so lange an Tieren getestet, bis man sicher gehen kann, daß sie für den Menschen unbedenklich sind. Mit dem Welt-Versuchstiertag am 24. April wollen Tierschutzorganisationen das Gewissen der Wissenschaftler und Verbraucher aufrütteln und daran erinnern, welch großen Qualen die Tiere bei den Versuchen ausgesetzt sind. FRAU IM LEBEN sprach mit Dr. Irmela Ruhdel, Fachreferentin für den Bereich Tierversuche an der Akademie für Tierschutz in München, über die Notwendigkeit und mögliche Vermeidung von Tierversuchen.

Frau im Leben: Woher kommen die Tiere, die für die Versuche verwendet werden?

Dr. Irmela Ruhdel: Durch das Tierschutzgesetz ist vorgeschrieben, daß die Tiere zweckgezüchtet werden müssen. Es gibt also zum Beispiel Händler, die Tiere ausschließlich zu Versuchszwecken züchten und verkaufen. Tierfänger, vor denen immer wieder gewarnt wird, gibt es zweifelsohne. Es konnte allerdings in den vergangenen Jahren in Deutschland keiner überführt werden.

Frau im Leben: Gibt es alternative Verfahren zu den Tierversuchen?

Dr. Irmela Ruhdel: Ja, eine ganze Menge. Zum Beispiel Simulationen mit dem Computer oder das Anlegen von Zellkulturen. Bei diesem Verfahren könnten problemlos auch menschliche Zellen verwendet werden. Dadurch wären die Forschungsergebnisse genauer auf den Menschen zugeschnitten. Neben dem wissenschaftlichen Vorteil sind die Alternativverfahren natürlich auch ethisch besser vertretbar.

Frau im Leben: Warum werden dann diese Verfahren nicht häufiger praktiziert?

Dr. Irmela Ruhdel: Ein großes Problem sind die gesetzlich vorgeschriebenen Tierversuche. 40 Prozent der statistisch erfaßten Versuche gehen darauf zurück. Arzneimittel und Chemikalien, von denen sich viele auch in Kosmetika befinden, müssen am Tier getestet sein, bevor sie zugelassen werden. Gesetze sind sehr schwer zu ändern, da die Wissenschaftler lieber an ihren traditionellen Methoden festhalten und die Behörden diese politische Entscheidung nicht treffen wollen. Dennoch sind die Tierversuchszahlen in den vergangenen Jahren zurückgegangen. Die Wissenschaft erkennt langsam die Vorteile der Alternativverfahren.

Frau im Leben: Sind Tierversuche auch heute noch ein Thema, das die Gesellschaft bewegt?

Dr. Irmela Ruhdel: Sie sind nach wie vor ein Riesenthema! Gerade im Bereich Kosmetik gibt es viele Kampagnen gegen Tierversuche. Erst im November 1996 haben wir der Europäischen Kommission 4 Millionen Unterschriften für ein vollständiges europäisches Tierversuchsverbot in der Kosmetik übergeben. Das ist die größte Petition, die es in diesem Bereich jemals gab.

Interview: Claudia Eberle

Fotos: dpa (2), Globus-Press, IFA-Bilderteam, KNA, Knut Vahlensieck, Veuve Clicquot/Martin Joppen

Tiere sterben für Kosmetik

Über 1,6 Millionen Tiere fielen 1995 Tierversuchen zum Opfer. Hauptsächlich neue Arzneimittel, Kosmetik und andere chemische Substanzen werden so lange an Tieren getestet, bis man sicher gehen kann, dass sie für den Menschen unbedenklich sind. Mit dem Welt-Versuchstiertag am 24. April wollen Tierschutzorganisationen das Gewissen der Wissenschaftler und Verbraucher aufrütteln und daran erinnern, welch großen Qualen die Tiere bei den Versuchen ausgesetzt sind. FRAU IM LEBEN sprach mit Dr. Irmela Ruhdel, Fachreferentin für den Bereich Tierversuche an der Akademie für Tierschutz in München, über die Notwendigkeit und mögliche Vermeidung von Tierversuchen.

FRAU IM LEBEN: Woher kommen die Tiere, die für die Versuche verwendet werden?

DR. IRMELA RUHDEL: Durch das Tierschutzgesetz ist vorgeschrieben, dass die Tiere zweckgezüchtet werden müssen. Es gibt also zum Beispiel Händler, die Tiere ausschließlich zu Versuchszwecken züchten und verkaufen. Tierfänger, vor denen immer wieder gewarnt wird, gibt es zweifelsohne. Es konnte allerdings in den vergangenen Jahren in Deutschland keiner überführt werden.

FRAU IM LEBEN: Gibt es alternative Verfahren zu den Tierversuchen?

DR. IRMELA RUHDEL: Ja, eine ganze Menge. Zum Beispiel Simulationen mit dem Computer oder das Anlegen von Zellkulturen. Bei diesem Verfahren könnten problemlos auch menschliche Zellen verwendet werden. Dadurch wären die Forschungsergebnisse genauer auf den Menschen zugeschnitten. Neben dem wissenschaftlichen Vorteil sind die Alternativverfahren natürlich auch ethisch besser vertretbar.

FRAU IM LEBEN: Warum werden dann diese Verfahren nicht häufiger praktiziert?

DR. IRMELA RUHDEL: Ein großes Problem sind die gesetzlich vorgeschriebenen Tierversuche. 40 Prozent der statistisch erfassten Versuche gehen darauf zurück. Arzneimittel und Chemikalien, von denen sich viele auch in Kosmetika befinden, müssen am Tier getestet sein, bevor sie zugelassen werden. Gesetze sind sehr schwer zu ändern, da die Wissenschaftler lieber an ihren traditionellen Methoden festhalten und die Behörden diese politische Entscheidung nicht treffen wollen. Dennoch sind die Tierversuchszahlen in den vergangenen Jahren zurückgegangen. Die Wissenschaft erkennt langsam die Vorteile der Alternativverfahren.

FRAU IM LEBEN: Sind Tierversuche auch heute noch ein Thema, das die Gesellschaft bewegt?

DR. IRMELA RUHDEL: Sie sind nach wie vor ein Riesenthema! Gerade im Bereich Kosmetik gibt es viele Kampagnen gegen Tierversuche. Erst im November 1996 haben wir der Europäischen Kommission 4 Millionen Unterschriften für ein vollständiges europäisches Tierversuchsverbot in der Kosmetik übergeben. Das ist die größte Petition, die es in diesem Bereich jemals gab.

Interview: Claudia Eberle. Textquelle: Frau im Leben, April 1997

39 Arbeitsauftrag

1. Bestimmen Sie die Textorte und begründen Sie Ihre Aussage.
2. Kennzeichnen Sie den inneren Aufbau des Textbeispiels.
3. Welche Absicht liegt dem Text zugrunde?
4. Erstellen Sie eine Gliederung für einen textgebundenen Aufsatz mit der Thematik „Bedeutung der Tiere für den Menschen“ als weiterführende Erörterung.

5 Eine Schülergeneration rüstet auf

Gewalt an Münchner Bildungsstätten: „Wir sind keine Insel der Seligen“

Eine Schülergeneration rüstet auf

Die Delikte nehmen kontinuierlich zu, doch viele dringen nicht an die Öffentlichkeit

Von Dieter Fabritius

Aus einer Tränengaspistole in einem Schulranzen löst sich versehentlich ein Schuß und verletzt 14 Schüler: Der Vorfall, der sich vor drei Tagen in der Hauptschule an der Barnaystraaße ereignete, hat unter Eltern von Schulkindern einen Wirbel ausgelöst, der sich auch von der Kripo nicht mehr als Sturm im Wasserglas abtun läßt. Immer mehr Erzieher sind erschrocken angesichts einer Gewaltbereitschaft, die leider kein Einzelfall ist.

Hohe Dunkelziffer

Butterfly-Messer im Pausenhof, Erpressung von Taschengeld, Jackenraub auf dem Schulweg - das sei an der Tagesordnung, konstatiert Hauptkommissar Josef Bucher und appelliert an die Lehrer: „Machen Sie von der Schulordnung Gebrauch! Lassen Sie klassenweise die Taschen leeren und sammeln Sie all die Schlag-, Stich- und Schußwaffen ein! Informieren sie die Eltern!“ Und an die Adresse der Schulleiter gerichtet fügt der Leiter des Kripo-Kommissariats für jugendtypische Gewaltdelikte hinzu, „rufen Sie bei gravierenden Fällen die Polizei!“ Denn die Dunkelziffer spiele „eine große Rolle“.

Gewalttaten an Schulen haben zwar „nicht explosionsartig“ zugenommen, sagt Bucher, ihre Zahl wachse aber „kontinuierlich, parallel zu der allgemein ansteigenden Gewaltbereitschaft von Kriminellen, besonders der Jugendlichen und Kinder“, wie sie die kürzlich von Innenminister Beckstein vorgestellte Kriminalstatistik für 1996 ausweist und wie sie auch in München verstärkt registriert wurde: „Wir sind da keine Insel der Seligen.“ Der Einsatz von Waffen habe zugenommen, „auch wenn wir von den Schulen selbst dazu sehr, sehr wenige Meldungen erhalten.“ Wobei die Jugendkriminaler nicht so genau wissen, ob dies auf wenige konkrete Delikte schließen läßt oder ob viele Erzieher - bedacht auf den guten Ruf ihrer Schule - der Polizei gegenüber allzu schweigsam sind. „Das ist ein heikles Problem.“

Die Hemmschwelle sinkt

Warum lassen sich wenige Delikte nachweisen, obwohl die zunehmende Bewaffnung der Schüler offensichtlich ist? Eine Erklärung könnte sein, daß die meisten Überfälle nicht auf dem Pausenhof, sondern auf dem Schulweg oder in der Freizeit stattfinden. Viele Schüler rüsten sich wohl auch deshalb mit Waffen aus, weil sie fürchten, sonst Opfer zu werden, oder es bereits einmal geworden sind. Die Hemmschwelle, selbst Forderungen mit Waffengewalt Nachdruck zu verleihen und sich dadurch strafbar zu machen, sinke mit einer Waffe in der Tasche. So hat der 15jährige Tränengas-Schütze aus der Hauptschule an der Barnaystraße im Harthof (wir berichteten) deshalb eine Gaspistole besorgt, weil er angeblich einmal von älteren Jugendlichen einer Jacke und eines Scall-Funkgerätes beraubt wurde. Ob sich der 15jährige Italiener sich über den Schußwaffenbesitz hinaus strafbar gemacht hat, sollen die Ermittlungen klären.

Zu den Ursachen eskalierender Jugendgewalt - „an Hauptschulen auffällig mehr als an Gymnasien“ - kann Bucher aus seiner Erfahrung nur darauf verweisen, daß „immer mehr Schüler alleingelassen“ würden: „Kinder von ihren geschiedenen und/oder berufstätigen Eltern, Ausländerkinder mit ihren Integrationskonflikten, allesamt mit Horror und Gewaltverherrlichung in den Medien.“ Und mit Einschätzungen wie dieser spricht er offenbar vielen seiner Kollegen aus dem Herzen: „Es ist doch heute niemand mehr bereit, richtig wirksam zu erziehen!“

Eine Schülergeneration rüstet auf

Aus einer Tränengaspistole in einem Schulranzen löst sich versehentlich ein Schuss und verletzt 14 Schüler: Der Vorfall, der sich vor drei Tagen in der Hauptschule an der Barnaystraße ereignete, hat unter Eltern von Schulkindern einen Wirbel ausgelöst, der sich auch von der Kripo nicht mehr als Sturm im Wasserglas abtun lässt. Immer mehr Erzieher sind erschrocken angesichts einer Gewaltbereitschaft, die leider kein Einzelfall ist.

Hohe Dunkelziffer

Butterfly-Messer im Pausenhof, Erpressung von Taschengeld, Jackenraub auf dem Schulweg – das sei an der Tagesordnung, konstatiert Hauptkommissar Josef Bucher und appelliert an die Lehrer: „Machen Sie von der Schulordnung Gebrauch! Lassen Sie klassenweise die Taschen leeren und sammeln Sie all die Schlag-, Stich- und Schusswaffen ein! Informieren Sie die Eltern!" Und an die Adresse der Schulleiter gerichtet fügt der Leiter des Kripo-Kommissariats für jugendtypische Gewaltdelikte hinzu, „rufen Sie bei gravierenden Fällen die Polizei!" Denn die Dunkelziffer spiele „eine große Rolle". Gewalttaten an Schulen haben zwar „nicht explosionsartig" zugenommen, sagt Bucher, ihre Zahl wachse aber „kontinuierlich, parallel zu der allgemein ansteigenden Gewaltbereitschaft von Kriminellen, besonders der Jugendlichen und Kinder", wie sie die kürzlich von Innenminister Beckstein vorgestellte Kriminalstatistik für 1996 ausweist und wie sie auch in München verstärkt registriert wurde: „Wir sind da keine Insel der Seligen". Der Einsatz von Waffen habe zugenommen, „auch wenn wir von den Schulen selbst dazu sehr, sehr wenige Meldungen erhalten". Wobei die Jugendkriminaler nicht so genau wissen, ob dies auf wenige konkrete Delikte schließen lässt oder ob viele Erzieher – bedacht auf den guten Ruf ihrer Schule – der Polizei gegenüber allzu schweigsam sind. „Das ist ein heikles Problem."

Die Hemmschwelle sinkt

Warum lassen sich wenige Delikte nachweisen, obwohl die zunehmende Bewaffnung der Schüler offensichtlich ist? Eine Erklärung könnte sein, dass die meisten Überfälle nicht auf dem Pausenhof, sondern auf dem Schulweg oder in der Freizeit stattfinden. Viele Schüler rüsten sich wohl auch deshalb mit Waffen aus, weil sie fürchten, sonst Opfer zu werden, oder es bereits einmal geworden sind. Die Hemmschwelle, selbst Forderungen mit Waffengewalt Nachdruck zu verleihen und sich dadurch strafbar zu machen, sinke mit einer Waffe in der Tasche. So hat der 15-jährige Tränengas-Schütze aus der Hauptschule an der Barnaystraße im Harthof (wir berichteten) deshalb eine Gaspistole besorgt, weil er angeblich einmal von älteren Jugendlichen einer Jacke und eines Scall-Funkgerätes beraubt wurde. Ob sich der 15-jährige Italiener über den Schusswaffenbesitz hinaus strafbar gemacht hat, sollen die Ermittlungen klären.

Zu den Ursachen eskalierender Jugendgewalt – „an Hauptschulen auffällig mehr als an Gymnasien" – kann Bucher aus seiner Erfahrung nur darauf verweisen, dass „immer mehr Schüler allein gelassen" würden: „Kinder von ihren geschiedenen und/oder berufstätigen Eltern, Ausländerkinder mit ihren Integrationskonflikten, allesamt mit Horror und Gewaltverherrlichung in den Medien". Und mit Einschätzungen wie dieser spricht er offenbar vielen seiner Kollegen aus dem Herzen: „Es ist doch heute niemand mehr bereit, richtig wirksam zu erziehen!"

Textquelle: Dieter Fabritius, Süddeutsche Zeitung 21.3.97

40 Arbeitsauftrag

1. Beschreiben Sie knapp den
   a) äußeren Aufbau
   b) inneren Aufbau.
2. Bestimmen Sie die Sprachebene und begründen Sie sie anhand von Beispielen.
3. Verfassen Sie
   a) eine Einleitung mit einem allgemeinen, zum Thema hinführenden Gedanken
   b) einen Schluss mit einem zusammenfassenden, das Thema abrundenden Gedanken.

6 Backstreet Boys: Riesenjubel über den Triumph bei der Popcorn-Starwahl!

BACKSTREET BOYS:

RIESENJUBEL ÜBER DEN TRIUMPH BEI DER POPCORN-STARWAHL!

Vor zwei Tagen ging es Howie D. so richtig dreckig. „Ich habe die Nacht im Bad verbracht und die Kloschüssel umarmt.“ Auf gut deutsch: der „Latin Lover“ der Backstreet Boys kotzte sich die Seele aus dem Leib! „Irgendein Magenvirus hat mich erwischt. Ich bin bloß froh, daß der mich abends auf der Bühne in Ruhe ließ...“ Dann aber, als Howie schon fast wieder auf dem Weg der Besserung war, erwischte es auch Nick. Ergebnis: Interviewsperre! Und es gab ein Novum: Erstmals in ihrer Karriere mußten die Boys einen Termin absagen - eine Autogrammstunde. Kevin, Sprachrohr der Band: „Wir waren wirklich verzweifelt. Wir wollen unsere Fans nicht enttäuschen. Aber wir mußten absagen, sonst hätten wir riskiert, Shows canceln zu müssen.“

In Köln bei der Pressekonferenz waren wieder alle komplett. „Aber an dem Tag hätte ich mich auch auf allen Vieren aus dem Bett geschleppt“, sagt Nick. „Als ich hörte, daß ihr kommt, ging´s mir top!“ Nick freute sich nämlich wie ein Schneekönig auf die Überreichung der Starwahl-Awards, die für diesen Tag vereinbart war. „Mann, ich kann es nicht glauben, daß mich die POPCORN-Leser zum ´beliebtesten Künstler` wählten. Diese Fan-Liebe - ich kann das immer noch nicht fassen!“ Und: „Ich danke allen POPCORN-Lesern ganz, ganz aufrichtig. Ich hätte damit nie und nimmer gerechnet und freue mich total über die Ehrung!“ Als er „sein“ Edel-Mikro für den Sieg entgegennahm, schubste ihn B-Rok: „Komm, laß ihn mich wenigstens mal anfassen...“ Brian wurde von euch zum zweitbeliebtesten Pop-Künstler gewählt! „Ich glaube, ich werde Nick ab sofort auf der Bühne die Show stehlen. Irgendwie werde ich es schaffen, daß ihn die Fans nicht mehr mögen - und dann ist der Weg frei für mich!“ Scherzkeks Brian wie er leibt und lebt.

Nick ist der Award-Hamster, er bekam zwei! Einen für seinen Solo-Triumph, den anderen für die Erfolge als BSB-Mitglied als „Beste Pop-Band“, „Beste Live-Band“ sowie für die „Beste Single“ und das „Beste Video“ - fünf BSB-Siege bei der POPCORN-Starwahl, ein absoluter Rekord, für den es goldene Mikros gab!

Wir sind wirklich geehrt“, sagte Kevin stolz und aufrichtig. „Ich kann mich noch an letztes Jahr erinnern: Die POPCORN-Leser waren es, die uns unsere allererste Auszeichnung bescherten, sie wählten uns zum ´Newcomer des Jahres 1995`. Und jetzt das. Wahnsinn! Als wir davon hörten, hatte ich ein ähnliches Gefühl wie damals, als ´We've Got It Going On` in die Charts ging. Wir werden das nicht vergessen!“ A.J. ergänzt: „Es ist toll, wenn du merkst, daß deine Arbeit anerkannt wird. Vielen, vielen Dank!“ Howie meinte: „Das ist eine tolle Trophäe. Über die werden noch meine Enkel staunen - und ich werde ihnen viel erzählen können! Vielen Dank an alle POPCORN-Leser!“

Backstreet Boys: Riesenjubel über den Triumph bei der Popcorn-Starwahl!

Vor zwei Tagen ging es Howie D. so richtig dreckig. „Ich habe die Nacht im Bad verbracht und die Kloschüssel umarmt.“ Auf gut Deutsch: der „Latin Lover“ der Backstreet Boys kotzte sich die Seele aus dem Leib! „Irgendein Magenvirus hat mich erwischt. Ich bin bloß froh, dass der mich abends auf der Bühne in Ruhe ließ ...“. Dann aber, als Howie schon fast wieder auf dem Weg der Besserung war, erwischte es auch Nick. Ergebnis: Interviewsperre! Und es gab ein Novum: Erstmals in ihrer Karriere mussten die Boys einen Termin absagen – eine Autogrammstunde. Kevin, Sprachrohr der Band: „Wir waren wirklich verzweifelt. Wir wollen unsere Fans nicht enttäuschen. Aber wir mussten absagen, sonst hätten wir riskiert, Shows canceln zu müssen.“ In Köln bei der Pressekonferenz waren wieder alle komplett. „Aber an dem Tag hätte ich mich auch auf allen Vieren aus dem Bett geschleppt“, sagt Nick. „Als ich hörte, dass ihr kommt, ging's mir top!“ Nick freute sich nämlich wie ein Schneekönig auf die Überreichung der Starwahl-Awards, die für diesen Tag vereinbart war. „Mann, ich kann es nicht glauben, dass mich die POPCORN-Leser zum ‚beliebtesten Künstler' wählten. Diese Fan-Liebe – ich kann das immer noch nicht fassen!“ Und: „Ich danke allen POPCORN-Lesern ganz, ganz aufrichtig. Ich hätte damit nie und nimmer gerechnet und freue mich total über die Ehrung!“ Als er „sein“ Edel-Mikro für den Sieg entgegennahm, schubste ihn B-Rok: „Komm, lass ihn mich wenigstens mal anfassen ...“ Brian wurde von euch zum zweitbeliebtesten Pop-Künstler gewählt!“ „Ich glaube, ich werde Nick ab sofort auf der Bühne die Show stehlen. Irgendwie werde ich es schaffen, dass ihn die Fans nicht mehr mögen – und dann ist der Weg frei für mich!“ Scherzkeks Brian wie er leibt und lebt.

Nick ist der Award-Hamster, er bekam zwei! Einen für seinen Solo-Triumph, den anderen für die Erfolge als BSB-Mitglied als „Beste Pop-Band“, „Beste Live-Band“ sowie für die „Beste Single“ und das „Beste Video“ – fünf BSB-Siege bei der POPCORN-Starwahl, ein absoluter Rekord, für den es goldene Mikros gab!

„Wir sind wirklich geehrt“, sagte Kevin stolz und aufrichtig. „Ich kann mich noch an letztes Jahr erinnern: Die POPCORN-Leser waren es, die uns unsere allererste Auszeichnung bescherten, sie wählten uns zum ‚Newcomer des Jahres 1995'. Und jetzt das. Wahnsinn! Als wir davon hörten, hatte ich ein ähnliches Gefühl wie damals, als ‚We've Got it Going On' in die Charts ging. Wir werden das nicht vergessen!“ A. J. ergänzt: „Es ist toll, wenn du merkst, dass deine Arbeit anerkannt wird. Vielen, vielen Dank!“ Howie meinte: „Das ist eine tolle Trophäe. Über die werden noch meine Enkel staunen – und ich werde ihnen viel erzählen können! Vielen Dank an alle POPCORN-Leser!“

Textquelle: gekürzt nach einem Artikel J. Wirezer aus: Popcorn Nr. 4, April 1997

41 Arbeitsauftrag

1. Fassen Sie den Inhalt des Textes kurz zusammen.
   Hinweis: Achten Sie darauf, dass die sprachliche Darstellung Ihrer knappen Inhaltsangabe ansprechend, sachlich und somit emotionsfrei sein muss und Sie sich im Sprachniveau nicht an den vorgegebenen Text anlehnen dürfen.
2. Um welche sprachlichen Mittel handelt es sich bei den unterstrichenen Ausdrücken? Tragen Sie beides (Zitat aus dem Text und jeweiliges sprachliches Mittel) in die vorgegebene Tabelle ein und erläutern Sie in der 3. Spalte kurz deren Wirkung/Absicht.
3. Begründen Sie knapp die Zielgruppe unter Berücksichtigung der Sprachebene anhand der dafür typischen Wortwahl.

Tabelle zu den sprachlichen Mitteln

Zitat aus dem Text	sprachliches Mittel	Wirkung/Absicht
ganz, ganz aufrichtig:	*Wiederholungen*	*Betonung, Hervorhebung*

7 Nicht ohne meinen Sponsor

Die Kids sind König

FOTO: DANIEL MAYER

»Nicht ohne meinen Sponsor«

Maxi aus Augsburg gehört zu jenen »Auserwählten«, die von »in«-Firmen teuer eingekleidet und ausgestattet werden. Sie sollen in ihren Cliquen Marken-Trends setzen

Julia hatte mit ihrem Snowboard schon 24mal die Schwarzwald-Luft zerschnitten, als die Zwölfjährige noch mal alles riskierte. »Du, Journalist«, sagte sie mit blaugefrorenen Lippen, »bist du auch gut zu meinem Sponsor? Dann krieg' ich einen besseren Vertrag.« Ihre Aufgaben als »Firmenrepräsentantin« nimmt die Waldorf-Schülerin sehr ernst. Wenn ihr Freund Fabian nach einem guten Board fragt, sagt Julia: »Nimm das von Oxygen.« Und ihrem Klassenkameraden Tilman empfiehlt sie zur Oxygen-Jacke auch die Oxygen-Hose.

Für die Firma ist Julia ein Glücksfall, ein Sunshine-Typ mit Traumdaten: zwölf Jahre frisch, 15 Sprüche pro Stunde, 100 Schulfreunde. Oxygen hat ihr bereits das 1000-Mark-Board geschenkt; demnächst sollen Jacken, Shirts und Unterwäsche vom Co-Sponsor Homeboy hinzukommen. »Sie hat schon Vorbildcharakter«, schwärmt Chris Sauer, Promotion-Chef bei Oxygen.

Gezielt sponsern Unternehmen junge Trendsetter und Provinzhelden; in Skatehallen und Sportläden angeln sie sich charismatische Knirpse als laufende Werbeflächen. Meist sportliche Typen ab neun Jahren, Typen, die der Klasse imponieren. »Wir brauchen Opinion-Leader«, sagt Jörg Csallner, Product Manager bei Rollerblade/Benetton. »Ob sie gute Sportler sind, ist gar nicht so wichtig.«

Die passenden Leader findet Benetton auf Castings. Fünf »Judges« ziehen durch Skate-Hallen, auf die Freiflächen vor der Münchner Oper oder dem Kölner Dom. 300 Kinder werden jährlich unter Vertrag genommen. Als Gegenleistung sollen die Jungen und Mädchen ständig die Markenklamotten tragen und den Firmennamen beim Small talk fallen lassen, »denn für Nichtstun gibt's keinen Vertrag«, sagt Csallner. Die trendige Jugend macht gern mit. Sie genießt das Gefühl, auserwählt zu sein. Und die Attitüden des Gewerbes sind ihnen bestens vertraut.

Maxi, 10, aus Augsburg etwa klagt bereits über Kopfschmerzen vom ständigen Blitzen der Fotografen bei den Inline-Shows, und seine Freundin Angi, 9, war im Interview so cool, daß es ihrem Sponsor angst und bange wurde. »Die sind schon verdammt abgezockt heute«, meint Richard Mayer, Geschäftsführer von »Sport Wagner« in Augsburg.

Für Patrick, 13, aus Haubersbronn bei Stuttgart war das Wort Sponsor wie eine Heilsbotschaft aus der Welt der süßen Träume und scharfen Skates. Zwar hat er gezittert beim Casting, aber dann konnte er die »Judges« doch mit seiner kecken Art überzeugen: »Ich weiß, was ich will in meinem Leben.«

Was ein Opinion-Leader macht, weiß er zwar nicht, aber er wird sich jetzt öfter mit Babyöl einreiben, »damit die Haut glatter wird«. Außerdem will er ein Vorbild sein: »Als Vorbild mußt du immer Stimmung machen!« Und als ihn seine zwei Jahre ältere Freundin fragte, wie es jetzt mit ihnen weitergehen soll, hat der 40-Kilo-Bub gesagt: »Wenn ich jetzt viel unterwegs bin, kommst du mit mir quer durch Deutschland.«

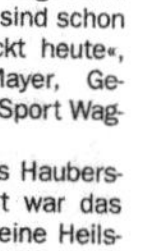

Als Skater jetzt 15 000 Mark wollten für einige Auftritte auf der Messe, hat Richard Mayer sie rausgeschmissen. Und dann rief noch eine Mutter bei ihm an, deren Sohn einen Interviewtermin beim Radio hatte: »Was kriege ich, wenn mein Sohn Ihren Firmennamen erwähnt?«

JAN CHRISTOPH WIECHMANN

Nicht ohne meinen Sponsor

Julia hatte mit ihrem Snowboard schon 24mal die Schwarzwald-Luft zerschnitten, als die Zwölfjährige noch mal alles riskierte. „Du Journalist“, sagte sie mit blau gefrorenen Lippen, „bist du auch gut zu meinem Sponsor? Dann krieg’ ich einen besseren Vertrag.“

Ihre Aufgaben als „Firmenrepräsentantin“ nimmt die Waldorf-Schülerin sehr ernst. Wenn ihr Freund Fabian nach einem guten Board fragt, sagt Julia: „Nimm das von Oxygen.“ Und ihrem Klassenkameraden Tilman empfiehlt sie zur Oxygen-Jacke auch die Oxygen-Hose.

Für die Firma ist Julia ein Glücksfall, ein Sunshine-Typ mit Traumdaten: zwölf Jahre frisch, 15 Sprüche pro Stunde, 100 Schulfreunde. Oxygen hat ihr bereits das 1000-Mark-Board geschenkt; demnächst sollen Jacken, Shirts und Unterwäsche vom Co-Sponsor Homeboy hinzukommen. „Sie hat schon Vorbildcharakter“, schwärmt Chris Sauer, Promotion-Chef bei Oxygen.

Gezielt sponsern Unternehmen junge Trendsetter und Provinzhelden; in Skatehallen und Sportläden angeln sie sich charismatische Knirpse als laufende Werbeflächen. Meist sportliche Typen ab neun Jahren, Typen, die der Klasse imponieren. „Wir brauchen Opinion-Leader“, sagt Jörg Csallner, Product Manager bei Rollerblade/Benetton. „Ob sie gute Sportler sind, ist gar nicht so wichtig.“

Die passenden Leader findet Benetton auf Castings. Fünf „Judges“ ziehen durch Skate-Hallen, auf die Freiflächen vor der Münchner Oper oder dem Kölner Dom. 300 Kinder werden jährlich unter Vertrag genommen. Als Gegenleistung sollen die Jungen und Mädchen ständig die Markenklamotten tragen und den Firmennamen beim Small talk fallen lassen, „denn für Nichtstun gibt’s keinen Vertrag“, sagt Csallner. Die trendige Jugend macht gern mit. Sie genießt das Gefühl, auserwählt zu sein. Und die Attitüden des Gewerbes sind ihnen bestens vertraut.

Maxi, 10, aus Augsburg etwa klagt bereits über Kopfschmerzen vom ständigen Blitzen der Fotografen bei den Inline-Shows und seine Freundin Angi, 9, war im Interview so cool, dass es ihrem Sponsor Angst und Bange wurde. „Die sind schon verdammt abgezockt heute“, meint Richard Mayer, Geschäftsführer von „Sport Wagner“ in Augsburg.

Für Patrick, 13, aus Haubersbronn bei Stuttgart war das Wort Sponsor wie eine Heilsbotschaft aus der Welt der süßen Träume und scharfen Skates. Zwar hat er gezittert beim Casting, aber dann konnte er die „Judges“ doch mit seiner kecken Art überzeugen: „Ich weiß, was ich will in meinem Leben.“

Was ein Opinion-Leader macht, weiß er zwar nicht, aber er wird sich jetzt öfter mit Babyöl einreiben, „damit die Haut glatter wird“. Außerdem will er ein Vorbild sein: „Als Vorbild musst du immer Stimmung machen!“ Und als ihn seine zwei Jahre ältere Freundin fragte, wie es jetzt mit ihnen weitergehen soll, hat der 40-Kilo-Bub gesagt: „Wenn ich jetzt viel unterwegs bin, kommst du mit mir quer durch Deutschland.“

Als Skater jetzt 15000 Mark wollten für einige Auftritte auf der Messe, hat Richard Mayer sie rausgeschmissen. Und dann rief noch eine Mutter bei ihm an, deren Sohn einen Interviewtermin beim Radio hatte: „Was kriege ich, wenn mein Sohn Ihren Firmennamen erwähnt?"

Jan Christoph Wiechmann

Textquelle: Stern, 14, 1997

42 Arbeitsauftrag

1. Formulieren Sie eine ausführliche Einleitung zu diesem Text unter Berücksichtigung der Textsorte.
2. Welche sprachlichen Mittel setzt der Autor ein? Geben Sie deren Funktion an. Fertigen Sie ein Raster an wie auf S. 195
3. Bestimmen Sie die Sprachebene und geben Sie an, aus welchem Bereich die Wortwahl bevorzugt genommen ist.
4. Welche Absicht verfolgt der Autor mit diesem Text?

8 Schlank sein, schlank bleiben. Ganz ohne Fitneß-Studio.

(Wie Sie mehr aus sich machen. Die 3. Neuigkeit.)

Schlank sein, schlank bleiben. Ganz ohne Fitneß-Studio.

Zu Hause, bei Ihnen, wann immer Sie Zeit und Lust dazu haben. Mit dem Original Breiter BODYSTYLER. Praktische, kleinformatige und bequem zu bedienende Elektrogeräte, ideal zur Muskelstimulation. Knapp gesagt, ist der Original Breiter BODYSTYLER ein effektvoller und überaus wirksamer „Hometrainer" für Ihren Körper.

Er beeinflußt Ihren Muskel- und Skelettbereich optimal. Sachkundig angewandt und dennoch einfach zu bedienen, führt die konsequente Anwendung in der Regel zu Straffung, Gewichtsabnahme sowie schlankeren Figuren. Um Ihnen das alles ganz ausführlich und überzeugend zu erklären, bedarf es mehr Raum für

Wo denn?

Informationen. Diese erhalten Sie gerne und kostenlos, prompt und persönlich, wenn Sie interessiert sind. Von Uli Breiter Kosmetik, Medizin, Technik in 85001 Ingolstadt, Postfach 10 01 50. Besser noch, wenn Sie anrufen, unser Telefon: **08 41/22 81**

Rufen Sie noch heute an. Denn wo sonst können Sie so schnell und so bequem etwas für Ihren Körper und Ihr Wohlbefinden tun, ohne das Haus zu verlassen. Das hört sich doch gut an.

Oder?

Uli Breiter. *Light your Body*

Schlank sein, schlank bleiben. Ganz ohne Fitness-Studio.

Zu Hause, bei Ihnen, wann immer Sie Zeit und Lust dazu haben. Mit dem Original Breiter BODYSTYLER. Praktische, kleinformatige und bequem zu bedienende Elektrogeräte, ideal zur Muskelstimulation. Knapp gesagt, ist der Original Breiter BODYSTYLER ein effektvoller und überaus wirksamer „Hometrainer“ für Ihren Körper.
Er beeinflusst Ihren Muskel- und Skelettbereich optimal. Sachkundig angewandt und dennoch einfach zu bedienen, führt die konsequente Anwendung in der Regel zu Straffung, Gewichtsabnahme sowie schlankeren Formen. Um Ihnen das alles ganz ausführlich und überzeugend zu erklären, bedarf es mehr Raum für Informationen. Diese erhalten Sie gerne und kostenlos, prompt und persönlich, wenn Sie interessiert sind. Von Uli Breiter Kosmetik, Medizin, Technik in 85001 Ingolstadt, Postfach 100150.
Besser noch, wenn Sie anrufen, unser Telefon: 0841 /2281
Rufen Sie noch heute an. Denn wo sonst können Sie so schnell und so bequem etwas für Ihren Körper und Ihr Wohlbefinden tun, ohne das Haus zu verlassen. Das hört sich doch gut an.
Oder?

Uli Breiter: Light your body Textquelle: Gong Nr. 15, April 1997

43 Arbeitsauftrag

1. Formulieren Sie einen Basissatz.
2. Bestimmen Sie die Textsorte unter Einbeziehung des äußeren Aufbaus.
3. Geben Sie stichpunktartig den inneren Aufbau an.
4. Welche sprachlichen Mittel werden eingesetzt, um die Aufmerksamkeit des Lesers zu erreichen?

III Wichtige Neuregelungen der deutschen Rechtschreibung

Die deutsche Rechtschreibung wird nach einem Übereinkommen der Kultusminister und Ministerpräsidenten der Länder reformiert. Zwar wird die bisherige Rechtschreibung noch bis zum Ende des Schuljahres 2004/2005 gültig sein, jedoch ist sie überholt. Sicherlich wirst du künftig sehr oft ein Regelwerk wie den Duden benötigen, um dir im Einzelfall Sicherheit zu verschaffen.

Im Folgenden sind nur die wichtigsten Änderungen zur neuen Rechtschreibreform festgehalten.

1 Zuordnung bei Lauten und Buchstaben

- **Dem Wortstamm wird nun mehr Bedeutung zugemessen,** sodass er möglichst in allen Wörtern einer Wortfamilie gleich geschrieben wird.

alt	neu
numerieren, plazieren, Stengel, Steptanz, Tip, behende, überschwenglich	nummerieren (Nummer), platzieren (Platz), Stängel (Stange), Stepptanz (steppen), Tipp (tippen), behände (Hand), überschwänglich (Überschwang)

- **Nach kurzem Vokal folgt immer ss statt ß.**

alt	neu
daß, er haßt, er läßt, Genuß, Schluß, er muß	dass, er hasst, er lässt, Genuss, Schluss, er muss

Man schreibt aber wie bisher **ß nach langem Vokal** und **nach Doppellaut**: Stra**ß**e, Fu**ß**, flei**ß**ig, au**ß**en

- **Wenn drei gleiche Konsonanten aufeinander treffen, bleiben alle drei erhalten.**

alt	neu
Flußsand, Schlußsatz, Schrittempo	Flusssand, Schlusssatz, Schritttempo

Beim Zusammentreffen von drei gleichen Buchstaben darf auch ein Bindestrich gesetzt werden: Schrott-Transport, Fluss-Strecke, Bett-Tuch, Schiff-Fahrt.

- **Fremdwörter werden behutsam an die deutsche Schreibung angepasst. Die jeweils empfohlene Schreibweise ist unterstrichen.**

alt	neu
Geographie	Geographie, auch Geografie
Joghurt	Joghurt, auch Jogurt
Ketchup	Ketchup, auch Ketschup
Graphik	Grafik, auch Graphik
Biographie	Biografie, auch Biographie
potentiell	potenziell, auch potentiell

- **Bestimmte Endungen werden angeglichen und einige Wörter werden sinnvoller geschrieben.**

alt	neu
rauh	rau (wie grau, schlau)
Känguruh	Känguru (wie Kakadu, Gnu)
selbständig	selbstständig (wegen selbs**t**verständlich), aber auch selbständig

2 Getrennt- und Zusammenschreibung

Während man früher nach inhaltlichen Kriterien getrennt oder zusammengeschrieben hat, lautet heute die Grundregel: Man schreibt normalerweise getrennt. Doch gibt es auch noch weiterhin Ausnahmen.

2.1 Getrenntschreibung

- **Adjektiv in Verbindung mit einem Verb,** wenn man das Adjektiv steigern oder erweitern kann.

alt	neu
nahebringen	nahe bringen (Steigerung: näher bringen),
gutgehen	gut gehen (Erweiterung: sehr gut gehen)
schwernehmen	schwer nehmen

- **Substantiv in Verbindung mit einem Verb**

alt	neu
radfahren	Rad fahren
haltmachen	Halt machen
maßhalten	Maß halten

- **Verb in Verbindung mit einem Verb**

alt	neu
stehenbleiben	stehen bleiben
spazierengehen	spazieren gehen
kennenlernen	kennen lernen

- **Partizip in Verbindung mit einem Verb**

alt	neu
gefangennehmen	gefangen nehmen
übrigbleiben	übrig bleiben

- **zusammengesetzte Umstandswörter (Adverbien) in Verbindung mit einem Verb**

alt	neu
vorwärtskommen (Fortschritte machen)	vorwärts kommen
vorwärts kommen (auf dem Weg)	
überhandnehmen	überhand nehmen

Weitere Beispiele für zusammengesetzte Umstandswörter:
abwärts, rückwärts, durcheinander, aneinander, beieinander

- **Partizipien in Verbindung mit einem Adjektiv**

alt	neu
nahestehend	nahe stehend
laubtragend	Laub tragend

- **alle Verbindungen mit „viel"**

alt	neu
soviel	so viel
wieviel	wie viel

2.2 Zusammenschreibung

- **wenn die Bedeutung der Substantive verblasst oder die Wörter nicht zerlegt werden können:**
  irreführen, standhalten, teilnehmen, wettmachen, stattfinden, preisgeben, teilhaben
- **wenn man bei Zusammensetzungen das Adjektiv nicht steigern oder erweitern kann:**
  totschlagen, bereithalten, fernsehen, vollenden, hochrechnen, bloßstellen, wahrsagen

- **viele Zusammensetzungen aus Präpositionen oder Adverbien**
  wegräumen, davonlaufen, fortgehen, entgegenkommen, vorsprechen, auskommen

- **alle Verbindungen mit „irgend"**

alt	neu
irgend etwas irgend jemand	irgendetwas irgendjemand

3 Groß- und Kleinschreibung

- **Substantive in Verbindung mit einer Präposition oder einem Verb werden großgeschrieben.**

alt	neu
in bezug auf, zugunsten, radfahren, achtgeben	in Bezug auf, zu Gunsten (auch zugunsten), Rad fahren, Acht geben

- **Nach Adverbien werden Tageszeiten immer großgeschrieben.**

alt	neu
gestern abend, heute mittag, morgen nachmittag	gestern Abend, heute Mittag, morgen Nachmittag

- **Substantivierte Adjektive und Wörter anderer Wortarten werden großgeschrieben.**

alt	neu
im großen und ganzen im allgemeinen im folgenden im voraus	im Großen und Ganzen im Allgemeinen im Folgenden im Voraus

alt	neu
der einzelne	der Einzelne
das gleiche	das Gleiche
auf dem laufenden	auf dem Laufenden
die unzähligen	die Unzähligen

Für folgende vier unbestimmte Nummeralien gilt diese Regel nicht:
viel: Das trifft für **viele** zu.
wenig: Die **wenigsten** kennen sich aus.
ein: Die **einen** fahren, die
ander: **anderen** laufen.

- **Paarformeln mit gebeugten Adjektiven werden, wenn sie für Personen stehen, immer großgeschrieben.**
  Jung und Alt, Groß und Klein, Arm und Reich

- **Adjektivische Bestandteile von Eigennamen schreibt man wie bisher groß** (z. B. der Nahe Osten, der Westfälische Friede); **in festen Verbindungen, die aber keine Eigennamen sind, schreibt man die Adjektive künftig klein.**

alt	neu
die Erste Hilfe	die erste Hilfe
die Schwarze Magie	die schwarze Magie
das Schwarze Brett	das schwarze Brett

- **Adjektivische Ableitungen von Namen schreibt man künftig nur noch klein.**

alt	neu
das Ohmsche Gesetz	das ohmsche Gesetz (oder Ohm'sche Gesetz)
die Bachschen Werke	die bachschen Werke (oder Bach'schen Werke)
der Viktorianische Stil	der viktorianische Stil

- **Die Anrede „du“ wird in Briefen kleingeschrieben, die höfliche Anrede „Sie“ bleibt groß.**

alt	**neu**
Lieber Ernst, wenn Du willst ... Sehr geehrter Herr Müller, Sie können ...	Lieber Ernst, wenn du willst ... Sehr geehrter Herr Müller, Sie können ...

4 Worttrennung am Zeilenende

- **Die bisherigen Regeln zur Trennung von st, ck und einzelnen Vokalen am Wortanfang werden wie folgt geändert:**

alt	**neu**
Mu-ster	Mus-ter (Der letzte Konsonant muss in die nächste Zeile.)
Wek-ker	We-cker (ck muss auf die nächste Zeile.)
Esel	E-sel (Einzelne Vokale können am Anfang eines Wortes abgetrennt werden.)

5 Zeichensetzung

- **Sind vollständige Hauptsätze durch „und, oder, beziehungsweise, sowie, wie, entweder ... oder, nicht ... noch, sowohl ... als auch, weder ... noch“ verbunden, so steht kein Komma.**

alt	**neu**
Die Ampel schaltet auf Grün um, und der Autofahrer fährt los.	Die Ampel schaltet auf Grün um und der Autofahrer fährt los.

- **Bei vollständigen Hauptsätzen kann man ein Komma setzen,** um die Gliederung des Satzes deutlich zu machen.
  Ich lernte mit Sebastian, und Ferdinand störte uns dabei.

- **Beim erweiterten Infinitiv und bei Partizipgruppen muss kein Komma mehr gesetzt werden.**

alt	neu
Die Abschlussklasse beschloss, gemeinsam nach London zu fahren.	Die Abschlussklasse beschloss (,) gemeinsam nach London zu fahren.
Über den Teppich stolpernd, verließ er das Zimmer.	Über den Teppich stolpernd (,) verließ er das Zimmer.

- **Zielt ein hinweisendes Wort** (oder eine Wortgruppe) **auf die Infinitivgruppe oder werden erläuternde Infinitivgruppen eingeschoben, müssen Kommas gesetzt werden.**
  Zu arbeiten, **das** ist ihr ganzes Bestreben.
  Denke **daran**, den Termin zu vereinbaren.
  Er, **ohne einen Moment nachzudenken**, sprang ihm nach.

- **Bei der wörtlichen Rede steht ein Komma.**

alt	neu
„Treffen wir uns in der Disko?“ fragte mich meine Freundin.	„Treffen wir uns in der Disko?“, fragte mich meine Freundin.

IV Lösungen

Erörterung

1 Gliederung

1 **Achte auf die Rechtschreibung am Zeilenanfang.**

Entweder du beginnst grundsätzlich mit großen Buchstaben oder du schreibst, wie es die Rechtschreibung erfordert.

1 Vorteile für die Gesundheit
1.1 Schöne Wanderwege
1.2 Frische, gesunde Luft

2 Guter Service
2.1 Komfortable Zimmer
2.2 Freundliche Bedienung

3 Klimatische Gründe
3.1 Große Trockenheit
3.2 Hohe Temperaturen

1 Vorteile für die Gesundheit
1.1 schöne Wanderwege
1.2 frische, gesunde Luft

2 guter Service
2.1 komfortable Zimmer
2.2 freundliche Bedienung

3 klimatische Gründe
3.1 große Trockenheit
3.2 hohe Temperaturen

2 **Einleitung und Schluss müssen konkret in einem Satz formuliert werden.**

A. An den Osterfeiertagen herrschte wieder lebhafter Verkehr auf den Autobahnen in den Süden.

B. Trotz vieler Verbrechen ist Italien als Reiseziel beliebt.

C. Zusammenfassend kann man sagen, dass Italien das ideale Urlaubsland ist.

3 Formulierungen müssen einheitlich sein.

1 Gründe für das Rauchen
1.1 Erleichterung der Kontaktaufnahme
1.2 kurzfristige Leistungssteigerung
1.3 Vorbild der Eltern
1.4 Förderung der Neugier durch die Werbung

4 Man darf keine Beispiele als Unterpunkte verwenden.

Beispiele können im Aufsatz nicht als Argument ausgeführt werden, da sie nur der Veranschaulichung dienen und sich die Argumentation ständig wiederholen würde; fasse sie deshalb unter einem übergreifenden Punkt zusammen.

„Was sind die Nachteile der Landstraßen?“
1 Langsames Vorwärtskommen
1.1 Langsam fahrende Verkehrsteilnehmer
1.2 ...

„Warum reisen viele Deutsche nach Italien?“
1 Vielseitige Freizeitgestaltung
1.1 Wassersportmöglichkeiten
1.2 ...

„Welche Folgen ergeben sich aus dem Alkoholkonsum?“
1 Folgen des Alkoholkonsums
1.1 Schädigung der Gesundheit
1.2 ...

5 Beispiele und Folgen müssen wegen der Einheitlichkeit gestrichen werden.

„Was sind die Nachteile der Landstraßen?“
1 langsames Vorwärtskommen
1.1 schlecht ausgebaute Straßen
1.2 Behinderung durch langsam fahrende Verkehrsteilnehmer

„Warum geraten Jugendliche auf die schiefe Bahn?“

1 umweltbedingte Ursachen
1.1 zerrüttete Familienverhältnisse
1.2 Berufstätigkeit beider Eltern

„Wie wird der Wald bedroht?“

1 durch die Industrie
1.1 Luftverschmutzung
1.2 Wasserverschmutzung

6 Die Gliederung muss steigernd aufgebaut werden.

„Welche Vorteile hat die Autobahn?“

1 guter Service
1.1 ...
1.2 ...

2 Wirtschaftlichkeit7
2.1 ...
2.2 ...

3 schnelles Vorankommen
3.1 ...
3.2 ...

4 große Sicherheit
4.1 ...
4.2 ...

7 Unterpunkte dürfen nicht alleine stehen.

„Welche Vorteile bringt das Landleben mit sich?“

1 finanzielle Vorteile
1.1 niedrige Lebenshaltungskosten
1.2 günstige Wohnmöglichkeiten

2 gesundheitliche Vorteile
2.1 geringe Lärmbelästigung
2.2 geringe Luftverschmutzung

8 **Die Gliederung muss ausgewogen sein.**

„Was sind die Vorteile der Autobahn?“

1 schnelles Vorankommen
1.1 mehrere Spuren
1.2 keine Behinderung durch langsame Fahrzeuge
1.3 gut ausgebaute Straßen
1.4 keine Geschwindigkeitsbegrenzung

2 große Sicherheit
2.1 eigene Standspur
2.2 kein Wildwechsel
2.3 übersichtliche Beschilderung
2.4 guter Straßenzustand
2.5 kein Gegenverkehr

2 Ausführung

2.1 Inhalt

9 **Nimm in der Einleitung keine Argumente aus dem Hauptteil vorweg.**

- Wenn man sich mit dem Thema „Mode“ beschäftigt, muss man sich darüber klar sein, dass nicht nur Kleidung, Frisur und Schmuck modern oder unmodern sein können, sondern dass fast alle Güter des täglichen Bedarfs, sogar unser soziales Verhalten, der Mode unterworfen sind. Die Mode interessiert nahezu alle Menschen. Vor allem wir Jugendlichen richten uns gern nach ihr. Worin sind eigentlich die Gründe dafür zu suchen?
- Erst vor wenigen Tagen konnte man in der Zeitung lesen, dass auf der Autobahn München–Landsberg ein „Geisterfahrer“ einen schweren Verkehrsunfall verursachte. Er war auf der falschen Fahrbahnseite mit einem Kleinbus zusammengestoßen. Wenngleich sich in letzter Zeit Unfälle dieser Art häuften, wird das Autobahnnetz auch in Zukunft weiter ausgebaut. Deshalb sollten wir uns fragen, welche Vorteile unsere Autobahnen besitzen.

10 Werte nicht in der Einleitung.

- In den letzten großen Ferien war ich in einem Büro beschäftigt. Manche meiner Mitschüler hatten auch eine Ferienarbeit angenommen. Wir tauschten unsere Erfahrungen aus und erkannten, dass eine solche Tätigkeit sowohl Vor- als auch Nachteile hat. Darüber muss sich jeder im Klaren sein und erst dann kann er die für ihn richtige Entscheidung treffen.
- Die Ferien stehen vor der Tür und die meisten werden schon ihren Urlaub geplant haben. Auch ich habe vor, zusammen mit Freunden nach Oberitalien zu reisen. Vor allem stellen wir uns schon lange die Frage, ob wir campen sollen.

11 Die Argumentation muss vollständig sein.

- Unvernünftiges Handeln, z. B. Ölwechsel im Freien, kann zur Schädigung des Grund- und Oberflächenwassers führen. Dies wiederum wirkt sich negativ auf die Tier- und Pflanzenwelt aus.
- Eine weitere Ursache der Jugendkriminalität kann die Berufstätigkeit der Eltern sein. Da sie den ganzen Tag nicht zu Hause sind, ist der Jugendliche sich selbst überlassen und fühlt sich häufig einsam. Nicht wegen materieller Wünsche, sondern um die Aufmerksamkeit der Eltern auf sich zu lenken, wird er straffällig.
- Manche Jugendliche verhalten sich bei Vorstellungsgesprächen nicht natürlich, sondern sind gehemmt. Dadurch kann beim Gesprächspartner der Eindruck entstehen, sie seien schüchtern und nicht für einen Beruf, bei dem menschliche Kontakte erforderlich sind, geeignet. Dies ist dann der Grund dafür, dass sie die betreffende Lehrstelle nicht erhalten.

12 Das Argument muss geradlinig aufgebaut sein.

- Einer der größten Nachteile, die die Anschaffung eines Mofas mit sich bringt, sind die für einen 15-Jährigen hohen Kosten. Da er zumeist noch nichts verdient, muss er die finanziellen Belastungen mit dem Taschengeld decken oder ist auf die Unterstützung der Eltern angewiesen. Man muss nämlich bedenken, dass zu dem einmaligen Anschaffungspreis noch andere Kosten hinzukommen, wie etwa die jährliche Versicherungsrate, der Benzinverbrauch und die Inspektion. So muss der Jugendliche monatlich mit deutlichen Mehrausgaben rechnen.

- Ein wesentlicher Gesichtspunkt ist, dass durch die Technik eine Kosten sparende Vorratswirtschaft möglich wird. Die Hausfrau kann in modernen technischen Geräten, wie Kühl- oder Gefrierschränken, Waren tage-, ja sogar monatelang aufbewahren. Sie wird also Sonderangebote nützen oder auch saisonbedingte Produkte, z. B. Erdbeeren, im Sommer günstig erstehen und eingefrieren. In den Wintermonaten wird auf diesen Vorrat zurückgegriffen. Deshalb ist es nicht verwunderlich, dass die moderne Hausfrau nicht mehr auf technische Hilfsmittel verzichten will.

13 Begründe deine Behauptungen.

- Der Jugendliche sollte sich bei der Berufswahl zuerst überlegen, ob sein auserwählter Beruf auch in einigen Jahren oder Jahrzehnten noch gefragt ist. Denn oft ist es der Fall, dass Berufe aufgrund neuer technischer Errungenschaften aussterben und der Betroffene arbeitslos wird.
- Auch die Frage, ob der Beruf häufig gewählt wird, spielt eine wichtige Rolle. Man sollte sich nicht immer für „Standardberufe", wie Automechaniker oder Bankangestellte, entscheiden, da gerade in gefragten Sparten oft Lehrstellenmangel herrscht.
- Viele Jugendliche tragen moderne und schicke Kleidung, weil sie von anderen bewundert werden wollen. Sie versuchen dadurch ihr Selbstbewusstsein zu heben.

14 Gestalte die Argumente abwechslungsreich.

- Auch der Traum vom großen Geld kann zu kriminellen Handlungen führen. In Krimis und Gangsterfilmen wird den Jugendlichen recht deutlich vorgeführt, wie man schnell und ohne große Anstrengung zu viel Geld kommt. Gerade junge Leute, die nicht gerne arbeiten und trotzdem in Luxus leben wollen, lassen sich durch derartige Schilderungen zu strafbaren Handlungen hinreißen.
- Zudem hört man immer wieder davon, dass Jugendliche in Kaufhäusern stehlen oder Einrichtungen beschädigen. Vielfach begehen sie solche Handlungen, um in eine Gruppe aufgenommen zu werden. Die Delikte sind folglich als Mutproben anzusehen, durch die der junge Mensch zu beweisen hat, dass er der Gruppe würdig ist. Nur selten ist sich dabei der Täter der Tragweite seiner Handlungen bewusst.

- Sogar ohne direkten Zwang in der Gruppe kann ein Jugendlicher strafbar werden. Oft geht der Impuls von ihm selbst aus, vor allem, wenn er sich durch Angeberei bei anderen Anerkennung verschaffen will. So beschädigt er etwa parkende Autos oder knackt Automaten, um sich vor Mädchen zu brüsten und ihnen zu imponieren. Auch die Polizeibehörden sind der Meinung, dass dieses Motiv eine wesentliche Rolle bei der Jugendkriminalität spielt.

15 **Damit du nicht vom Thema abkommst, musst du immer wieder im Argument den Bezug zum Gliederungsüberpunkt bzw. zum Thema herstellen.**

- Häufig ergeben sich durch die zunehmende Freizeit Probleme in **sozialer** Hinsicht. Es besteht bei vielen Arbeitenden die Gefahr, dass sie mit ihrer **vermehrten Freizeit** nichts anzufangen wissen und nach Feierabend des Öfteren in eine Kneipe gehen, wo sie den ganzen Abend verbringen. Dabei **lernen sie** oft **Gleichgesinnte kennnen**, durch die sie noch zusätzlich **zum Alkoholkonsum angehalten** werden. Solche Trinkkumpanen sehen sie häufig als ihre Freunde an, doch bemerken sie dabei nicht, dass sie durch diese zu übermäßigem Alkoholgenuss verführt werden und im Laufe der Zeit **sozial absteigen können.**

  Themenbezug

  1.1 „falsche" Freunde

  Bezug zum Überpunkt „sozial"

- Ein anderes Problem ergibt sich für die Gesundheit durch die zunehmenden Verkehrsunfälle. Da die Menschen **aufgrund der fortschreitenden Arbeitszeitverkürzung** relativ früh von der Arbeit nach Hause kommen, können sie am Feierabend noch etwas unternehmen. Häufig fahren sie mit dem Auto in Naherholungszentren oder besuchen Freunde. Durch das **verstärkte Autofahren** erhöht sich natürlich die Zahl der **Verkehrsunfälle**, die bei **Auffahrunfällen** noch glimpflich, bei **überhöhter Geschwindigkeit allerdings oft auch tödlich ausgehen können**.

  Bezug zur „vermehrten" Freizeit

  2.1 zunehmende Verkehrsunfälle

  Bezug zum Überpunkt „gesundheitlich"

- Aber auch der durch die vermehrte Freizeit geförderte Massentourismus wirkt sich negativ auf die Umwelt aus. **Durch die Verlängerung der Urlaubszeit** fahren viele im Sommer in südliche Länder oder machen im Winter einen Skiurlaub. **Attraktive Gebiete** werden dann **von Touristen belagert**, die sich oft wenig um die **Umwelt** kümmern und **ihre Abfälle achtlos wegwerfen.** Auch darf man **die Abgase** der Autokolonnen, die sich jedes Jahr in den Süden wälzen, nicht unterschätzen, denn auch diese **gefährden die Pflanzen- und Tierwelt** in den Touristengebieten.

Themenbezug „vermehrte" Freizeit
3.1 Massentourismus
Bezug zum Überpunkt „Umwelt"

16 **Verwende keine allzu persönlichen Beispiele.**

- Viele Menschen suchen im Alkohol Trost.
- Sogar junge Menschen müssen schon eine Entziehungskur antreten.
- Darum wird immer wieder vor Alkoholgenuss gewarnt.

17 **Erfinde keine unglaubwürdigen Beispiele.**

- Ebenso ist man beim Fahrrad auf keinen Kraftstoff angewiesen. Benzinkosten wie beim Auto fallen somit weg.
- Für manchen Unfallverletzten kommt jede Hilfe zu spät.
- Gerade auf viel befahrenen Strecken häufen sich Unfälle und Staus.

18 **Führe keine Extrembeispiele an.**

- Auch heute noch sind Asylanten teilweise in feuchten und wenig komfortablen Wohnungen untergebracht.
- Manche werden nur dann in eine Clique aufgenommen, wenn sie bereit sind, sich den Gewohnheiten in der Gruppe anzupassen, also zu rauchen, zu trinken oder gar Rauschgift zu nehmen.

19 **Vermeide Übertreibungen und Verallgemeinerungen.**

- In den letzten Jahren hat die Zahl jugendlicher Mofafahrer stark zugenommen.
- Einigen Menschen ist der Nutzen des Waldes gleichgültig.
- Wenn man ohne Eltern in den Urlaub fährt, kann man zudem selbstständiger werden.

2.2 Stil

20 **Der Erzählstil, bei dem oft eine Situation geschildert wird, entspricht nicht einer sachlichen Erörterung und vermittelt nicht den Eindruck der Allgemeingültigkeit.**

- Häufig entstehen auch Abgase, wenn Autofahrer an Bahnschranken oder Ampeln den Motor nicht abstellen, sondern ihn für längere Zeit unnötig laufen lassen.
- Der Leichtsinn mancher junger Motorradfahrer geht sogar so weit, dass sie Schutzvorkehrungen wie Sturzhelm oder Nierengurt ablehnen und darum oft an den Folgen eines Unfalls sterben.
- Auch die beengten Wohnverhältnisse spielen eine Rolle. Gerade in Großstädten ist es häufig der Fall, dass eine Familie mit mehreren Kindern auf engem Raum zusammenlebt. Dadurch haben die einzelnen Familienmitglieder kaum die Möglichkeit, sich in ein eigenes Zimmer zurückzuziehen, um ungestört zu sein. Zusätzlich kann auch der Wohnlärm noch dazu beitragen, dass in dem Jugendlichen Aggressionen entstehen, die ...

21 **Suggestivfragen sind unnötig und haben für die Argumentation keinen Wert.**

- Manche Menschen können sich nicht mehr beherrschen und werfen aus Wut Gegenstände an die Wand.
- Der Schwarzwald würde keine Urlauber mehr anlocken, wenn es dort keinen Wald mehr gäbe.
- Nur wenige Menschen wollen in einsamen Gegenden wohnen.

22 **Als stilistische Variante sind zwar Fragesätze möglich, aber sie sollten äußerst sparsam verwendet werden und nie gehäuft auftreten.**

- Friedliches Zusammenleben fängt bereits in der Familie an. Man spricht hier vom häuslichen Frieden, wobei das Familienleben leider vielfach durch Zank und Streit geprägt ist. Der junge Mensch muss aber in der Familie lernen, ...
- ... Oft quält einen ein Problem oder man ist einfach abgespannt und müde. Ein eigenes Zimmer ist in diesem Fall sehr von Vorteil. Man kann sich zurückziehen und über alles in Ruhe nachdenken.
- Ein ganz wesentlicher Gesichtspunkt ist, dass dieser Zweig der Wissenschaft enorme Geldsummen verschlingt. Die Menschheit hätte ohne Zweifel viel wichtigere Aufgaben zu erfüllen, denkt man nur an die Hungerkatastrophen in der Dritten Welt. Hier wäre unsere finanzielle Hilfe weitaus nötiger ...

23 **Gestalte die Überleitungen abwechslungsreich.**

- Neben den Ursachen des Waldsterbens müssen allerdings auch die Folgen bedacht werden.
- Viele Menschen ziehen jedoch nicht nur aus gesundheitlichen, sondern auch aus sozialen Gründen aufs Land.
- Außer den zerrütteten Familienverhältnissen kann auch der falsche Freundeskreis zur Straffälligkeit Jugendlicher führen.

24 **Teile einen unübersichtlichen Satz in mehrere Einzelsätze auf oder kürze ihn, indem du zusammenfasst; dadurch wird er verständlich und klar.**

- Ist kein Wald mehr vorhanden, so kann er auch keinen Lärmschutz bieten. Dadurch entfällt für den Menschen ein lebenswichtiges Erholungsgebiet, in dem er sich vom Großstadtlärm regenerieren könnte.
- Auch kann sich die nicht berufstätige Mutter viel intensiver und mit mehr Geduld ihren Kindern widmen, weil sie durch den fehlenden Berufsstress ausgeglichener ist. Dies kann sich insgesamt positiv auf das Familienklima auswirken.
- Der Müll wird in Dosen und Fässern in den Wald geworfen, wo er verrotten soll. Die Leute bedenken dabei allerdings nicht, dass diese Dosen rosten und aus den entstandenen Roststellen giftige Abfälle, wie Lacke und Abbeizmittel, in den Boden gelangen können. Diese Stoffe werden von den Baumwurzeln aufgenommen und bewirken das Absterben des Baumes.

25 **Relativsätze und dass-Sätze können oft durch einen Partizipialsatz, Infinitivsatz, Hauptsatz, den Konjunktiv oder auch andere Nebensätze ersetzt werden.**

- Wir leben in einer Wohlstandsgesellschaft. Dies ist wohl unbestritten. Bei uns muss kaum jemand Hunger leiden, vielmehr ist ein Teil unserer Bevölkerung überernährt. Auch besitzen viele Familien einen Zweitwagen, was auf den allgemeinen Wohlstand hinweist.
- Bei einem Buch kann der Leser immer wieder nachschlagen, falls er etwas nicht sofort verstanden hat. Der Fernsehzuschauer hingegen hört einen Beitrag oder sieht eine Szene und will er sie nochmals überdenken, so hat er höchstens die Möglichkeit einer Videoaufzeichnung, sofern er ein solches Gerät überhaupt besitzt.
- Ein Jugendlicher, schon im Elternhaus mit Alkohol konfrontiert, wird ihn auch später in schwierigen Situationen als möglichen Lösungsweg ansehen.

26 **Vermeide Wortwiederholungen; suche nach Synonymen.**

- Werden ungünstige Fahrtrouten oder Fahrzeiten gewählt, wünscht sich so mancher, er wäre lieber zu Hause geblieben. Dies ist sicherlich kein geglückter Ferienbeginn.
- Zudem gehen einige Jugendliche deshalb mit der Mode, weil es andere ebenfalls tun. Viele kaufen bestimmte Modeartikel nur, da sie die Freundin schon besitzt.
- Alle haben eine Aufgabe zu erfüllen, die sie fordert, ob in der Schule oder im Beruf. Folglich braucht der Einzelne die notwendige Abwechslung, vielleicht auf sportlichem Gebiet. Die meisten können hierbei einmal richtig abschalten.
- Es wäre wünschenswert, dass sportliche Betätigung in erster Linie der Gesundheit des Einzelnen zugute kommt, aber man darf dabei niemals vergessen, dass sie auch Spaß machen muss.

27 **Konzentriere dich auf hochsprachliche Ausdrucksweise.**

- Man sollte sich nicht zu auffallend kleiden, obgleich es natürlich Jugendliche gibt, die Rocker, Popper oder Punker bewundern.
- Jeder muss einmal dem Alltag entfliehen.
- Man muss alles tun, um stressreiche Situationen zu vermeiden.
- Gerade die Werbung macht uns auf reizvolle Angebote aufmerksam.

28 **Unsinnige Bilder wirken oft lächerlich und übertrieben;** sie erreichen die gegenteilige Wirkung, nämlich dass das Ausgeführte nicht ernst genommen wird.

- Die einzige Aufgabe der Frau und Mutter war es früher, für das Wohl der Familie zu sorgen.
- Ich bin dafür, dass die Frau zu Hause bleibt, da sie das Zentrum der Familie bildet und sie zusammenhält.
- Menschen haben sich unter Alkoholeinfluss oft nicht mehr unter Kontrolle und reagieren recht aggressiv, wenn sie Widerstand spüren.

29 **Der Verbalstil wirkt natürlicher und spricht den Leser besser an.**

- Alte Menschen fühlen sich auch deshalb einsam, weil sie von ihren Kindern oft ins Altersheim abgeschoben werden.
- Das Waldsterben kann allerdings auch dadurch gefördert werden, dass Schädlingsbefall zu spät erkannt und deshalb nicht rechtzeitig dagegen eingeschritten wird.
- Nicht vergessen darf man, dass viele Menschen ihre Hausabfälle wild im Wald abladen und ihn so schädigen und sogar zerstören.

30 **Verwende aussagekräftige Verben.**

- Sie **beneiden** andere.
  Sie **besitzen / bekommen / erhalten** nicht viel Geld.
  Sie **bringen** ihren Kindern keine Geduld **entgegen**.
  Die Arbeitslosigkeit **wirkt sich** nachteilig **aus**.
  Der Wald **reinigt** die Luft.

- Ein schlechter Freundeskreis **gilt** als Ursache ...
  Zu den Nachteilen **zählt** auch die Abgeschiedenheit.
  Trotz der vielen Vorteile **überwiegen** für mich die Nachteile.
  Als wichtige Ursache kann man die Unvernunft der Menschen **anführen.**
  Auch die beengten Wohnverhältnisse **begünstigen** straffällige Handlungen.
  Viele **verhalten** sich passiv.
  Sie muss für die Familie **sorgen**.
- Sie **begehen** Einbrüche.
  Sie **verdienen** viel Geld.
  Sie **erledigen** viele Handgriffe.
  Sie wollen diese Arbeiten nicht **ausführen**.
  Sie **schädigen** den Baum.
  Sie **handeln** unüberlegt.
  Sie **arbeitet** nichts im Haushalt.

31 **Direkte Reden gehören nicht in eine sachliche Erörterung. Man sollte sie durch indirekte Rede ersetzen oder den ganzen Satz umgestalten.**

- Außerdem wäre noch zu erwähnen, dass die Mode das Selbstbewusstsein eines Menschen stärken kann. So mancher leidet unter Minderwertigkeitskomplexen oder ist in vielerlei Hinsicht unsicher, **was durch abfällige Bemerkungen über sein Aussehen und seine Kleidung noch verstärkt wird.** Ein pfiffiger, moderner Haarschnitt und eine zeitgemäße Kleidung helfen ihm vielleicht über Komplexe, die er wegen seines Äußeren hat, etwas hinweg. Gerade **wenn Freunde oder Schulkameraden** diese rein äußerliche Veränderung **positiv beurteilen,** kann dies das Selbstvertrauen steigern und ein sicheres Auftreten bewirken.
- ... Immer wieder hört man gerade zu Ferienbeginn **Meldungen über Staus und stundenlange Wartezeiten an Grenzübergängen.** Ein typisches Beispiel dafür wäre die Brennerautobahn. So kommt der Urlauber schon gestresst am Zielort an. **Ein Ferienbeginn zu Hause wäre in solch einem Fall sicher ruhiger verlaufen.**
- Vielfach wird der Jugendliche in seinem Freundeskreis dazu angeleitet, Alkohol zu trinken. **Zum einen will er nicht als Feigling gelten,** zum anderen glaubt er vielleicht den **Beteuerungen seiner Freunde, dass wenig Alkohol nicht schade.** So wird der Jugendliche animiert, Bier, Wein oder gar Schnaps zu trinken ...

2.3 Grammatik

32 Stelle richtige Bezüge her.

- **Er** hat ...
- ..., dass **sie** viel leisten müssen. Stattdessen meinen **sie,** ...
- ... So **werden** sie ...

33 Gleiche das Prädikat an das Subjekt an.

- Durch das unnötige Anhalten der Autos **werden** vermehrt **Abgase** ...
- Dadurch **werden Getriebe und Bremsbeläge** abgenutzt.
- So **werden** erst gegen Mittag die **Fahrbahnen** freigelegt.

34 Achte auf die Dativendungen.

- Ab ein**em** gewisse**n** Alter
- Nach ein**em** anstrengende**n** Tag
- ... der ein**em** ... hereinlaufende**n** Reh
- ... mit gut**em** Gewissen
- Bei schlecht**em** Wetter
- ... aus beständig**em** Material
- Mit ein**em** älter**en,** abgenutzt**en** und schäbig**en** Auto ...
- Bei gleichmäßig**em,** langsam**em,** aber konzentriert**em** Fahren ...
- Nach ein**em** lang**en,** anstrengend**en** Urlaub ...

Textgebundener Aufsatz

36 Mögliche Lösung

1. Einleitung

Der Textauszug ist dem Tagebuch der Anne Frank entnommen. Sie wurde 1929 als Kind jüdischer Eltern in Frankfurt geboren. 1933, als Hitler an die Macht kam, flüchtete die Familie vor den Nationalsozialisten in die Niederlande nach Amsterdam, da es in Deutschland für die Juden zunehmend gefährlicher wurde. Im 2. Weltkrieg besetzte jedoch die deutsche Armee Holland, sodass die Familie Frank und viele andere gezwungen waren unterzutauchen. Nur so hatten die Juden die Chance, einer Deportation durch die deutschen Besatzer zu entkommen.

2. Sprachliche Besonderheiten

Bei dem Textausschnitt handelt es sich um einen Brief aus einem Tagebuchroman. Anne formuliert ihre Zeilen sowohl in **Satzreihen** als auch in **Satzgefügen.** Bei Letzteren bevorzugt sie **Konjunktionsalsätze** mit „wenn“ und „dass“, um Zusammenhänge besser zu erklären. Dabei stellt sie auch einige **Fragen**, die sie selbst beantwortet (Z. 18) oder die eher rhetorischer Art sind, d. h., es wird keine Anwort erwartet (Z. 12–14).
Die Verwendung sehr **gegensätzlicher Adjektive** wie „grauenhaft“ (Z. 9) – „heiter“ (Z. 5) oder „schrecklich“ (Z. 30) – „fröhlich“ (Z. 17) und Verben wie „weinen“ (Z. 17/18) – „lachen“ (Z. 16) betont die zwiespältige innere Verfassung Annes. Ungewöhnlich für eine so junge Schreiberin ist ihre Fähigkeit der bildhaften Darstellung. Die **Metapher** „... ins Nichts verschwindet“ (Z. 21) verdeutlicht die eigentliche Bedeutungslosigkeit ihrer persönlichen Probleme gegenüber dem Zeitgeschehen. Wie sehr sie aber doch unter ihrer persönlichen Situation leidet, erkennt man an der Metapher „Um mich herum ist eine große Leere“ (Z. 22/23).
Auffallend ist, dass das Tagebuch namens Kitty **direkt angesprochen** wird. So heißt es Zeile 21/22: „Trotzdem muss ich Dir erzählen, ...“. Im 1. Absatz ist der Text in **Wir-Form** abgefasst, wodurch das gemeinsame Schicksal aller Hinterhaus-Bewohner betont wird. Dann geht die Tagebuch-Verfasserin zur **Ich-Form** über, wobei sie vor allem ihre eigene Situation schildert. Der Schreibstil wirkt subjektiv und emotional, wenn es z. B. heißt: „Aber mir wird oft schwindlig, wenn ...“ (Z. 30). Zwar enthält der Brief **umgangssprachliche**

Wendungen wie etwa „... zu einem Ohr rein und zum anderen wieder rausgeht“ (Z. 9/10) oder „... wenn ich zuviel abbekomme ...“ (Z. 30/31), insgesamt jedoch ist der Text für ein 13-jähriges Mädchen durchaus **gehoben formuliert.**

3. Innere Struktur

a) Schilderung der Gesamtsituation:
Im 1. Absatz bezieht Anne die Mitbewohner des Hinterhauses, die nur wenig und wenn dann zumeist Negatives über die Geschehnisse und das Schicksal der Juden außerhalb ihres Wohnbereichs hören, in ihre Gedankengänge mit ein.

b) Schilderung der eigenen Lage:
In den folgenden beiden Absätzen schreibt Anne ausschließlich über ihre Gefühle, die zwischen Fröhlichkeit und Traurigkeit schwanken, gerade wenn sie an den Leidensweg anderer Juden denkt. Schmerzvoll empfindet sie als 13-jähriges Mädchen den Verlust der Freundinnen und alltäglicher Vergnügungen, sodass sie immer deprimierter wird.

c) Zwiesprache mit Kitty:
Im letzten Abschnitt wendet sich Anne erneut direkt an ihr Tagebuch und drückt ihre innere Verzweiflung und Überforderung noch einmal aus.

37 Mögliche Lösung

1. Einleitung

Der Textausschnitt stammt aus dem Stück „Das Fräulein von Scuderi“ von E. T. A. Hoffmann, der von 1776–1822 lebte. Er gehört zu den bedeutendsten deutschen Schriftstellern der Romantik. Bei ihm sind Wirklichkeit und Fantasie oft eng miteinander verflochten, was für diese Literaturepoche insgesamt typisch ist. Rein verstandesmäßiges Handeln lehnen die Romantiker ab. Dabei enthält Hoffmanns Dichtung auch Schauriges, Dämonisches und Verbrecherisches. Gerade auf die Kriminalnovelle „Das Fräulein von Scuderi“ trifft dies in eindrucksvoller Weise zu.

2. Sprachliche Mittel

Als nächstes sollen die sprachlichen Besonderheiten des Textausschnitts untersucht werden. Der Autor verwendet fast ausschließlich lange **Satzgefüge,** schwerpunktmäßig Relativsätze, um die Geschehnisse sehr detailliert zu schildern (Z. 4 ff.). Als Satzfigur bevorzugt er den **Parallelismus**, wie z. B. in den Zeilen 14 bis 17 „... die sie ..., die mittelmäßige Verse ..., welche niemandes ..., die ...". Die 2. Hälfte des Textes (ab Z. 8) besteht aus einem **Monolog** des Fräulein von Scuderi, gerichtet an ihre beiden Bediensteten. Die hierin gehäuft auftretenden **Ausrufe- und Fragesätze** verstärken den gefühlsbetonten Charakter des Textauszugs. Auffallend bei der Wortwahl sind die vielen **Partizipien der Gegenwart.** Durch „zitternd, zagend" (Z. 3), „wiegend, prüfend" (Z. 8) wird die Situation sehr genau und ausmalend beschrieben. Bei den beiden Begriffen „zitternd" und „zagend" ist zudem eine **Alliteration** festzustellen. Mehrfach treten Superlative auf wie „lebhafteste Farben" (Z. 1/2), „auf das Wehmütigste" (Z. 6), die die emotionale Wirkung noch steigern. Die Begriffe „Bösewichter" (Z. 14), „schreckhaft beschreiben" (Z. 18/19) und „Böses im Sinne getragen" (Z. 19/20) lassen die Sprache etwas **veraltet** wirken, was natürlich auf die Entstehungszeit der Novelle zurückzuführen ist. Sie bewegt sich aber insgesamt auf einem hohen Niveau, nicht zuletzt wegen der schon erwähnten komplizierten Satzgefüge.

38 Mögliche Lösung

1. Inhaltsangabe

Der Autor Helmut Seitz äußert sich in seiner Glosse ironisch zu einem immer wieder diskutierten Thema, nämlich zu der gesunden Ernährung von Schulkindern in den Pausen.

Alle Jahre zu Schulbeginn wird das Thema „Pausenbrot der Schulkinder" wieder aktuell. Während die Wirtschaft Reklame macht für alle Arten von süßen „Snacks" zwischendurch, sprechen sich die Vertreter der Vollwerternährung, unterstützt durch wissenschaftliche Untersuchungen und durch Ernährungsberater, für gesunde, allerdings bei den Kindern nicht beliebte Vollwertkost aus. Trotz der Vorschläge, das Pausenbrot für das Auge ansprechend zuzubereiten oder die Kinder so viel Süßigkeiten essen zu lassen, bis ihnen schlecht wird, haben die Kinder eine Abneigung gegen vollwertige Pausenbrote.

2. a) Rhetorische Figuren mit Beispielen und deren Wirkung

rhetorische Figur	**Beispiel**	**Wirkung**
Abwertung	*Vollwertmampf (Überschrift)* mit solchem Zeug (Z. 80) Reformhäusler und Gesundheitsköstler (Z. 9/10) Fexer (Z. 56)	*negative Bewertung der Vollwertkost* Abwertung der Süßigkeiten negative Einschätzung der Verfechter der Vollwertkost saloppe Bezeichnung für „Kinder“
Abwertung	„Food“-Tandlerei (Z. 4)	Herabsetzung der Geschäfte, die für „ungesunde“ Produkte werben
Alliteration	Stärkungs-Schmankerln (Z. 6/7) Gesundköstler mit Grausen (Z. 9/10) süße Snackers (Z. 11) Mini-Mampfer (Z. 46) bunt belegte Brote (Z. 69)	suggeriert: Süßes gibt Kraft und ist eine Delikatesse, schmeckt gut sehr starke Abneigung Gesundheitsbewusster gegen Süßes Hervorhebung des süßen Geschmacks lustige Wirkung sollen Appetit anregen
Andeutung	will herausgefunden haben (Z. 50/51)	Zweifel an der Richtigkeit der Aussage
Beispiel	Fexer einer katholisch-bayrischen ... (Z. 56 ff.)	Verdeutlichung der vorhergehenden Behauptung
Ellipse	Eine wirksame Entzugsmethode? (Z. 81/82) Und nicht mal mehr ... (Z. 35–37)	stellt vorhergehende Aussage in Frage: man erwartet Antwort „nein“ Ablehnung vollwertiger Nahrung sogar bei den Kleinsten

rhetorische Figur	**Beispiel**	**Wirkung**
Gegensatz	Vollwertmampf – Schoko (Überschrift) pfuiteuflisch – super- gesund (Z. 88/90)	extreme Essensrichtungen zwar gesund, aber nicht schmackhaft
Hyperbel (Über- treibung)	Selbstmord – Salamitaktik (Z. 15) supergesunde (Z. 90) total überfressen (Z. 85/87) total analphabetisch (Z. 36)	Wurst gilt als ungesund und deren Genuss käme den Vertretern der Vollwertkost einem Selbstmord gleich; der gesundheitliche Aspekt wird überbetont
Ironie	etwa gar wegen Pytha- goras? (Z. 70/71) katholisch-bayrische Knödeldreherin (Z. 56/57)	sogar beim Essen sollte man noch etwas lernen; Beweis des Einflusses von Herkunft und Religion auf das Essverhalten
Metapher	geben ... ihren Senf zu (Z. 17/18)	aus dem Bereich des Essens gilt Senf als Würze; hier übertragen im abwertenden Sinn: seine Meinung äußern, aufdrängen
Neologismen (Wortneu- schöpfung)	Gesundköstler (Z. 9/10) vollkörnige Vollwert- schätzer (Z. 13/14) Knödeldreherin (Z. 57) Jungschlemmer (Z. 83/84) pfuiteuflisch (Z. 88)	ironische Wirkung im ab- wertenden Sinn; spieleri- scher Umgang mit der Sprache

rhetorische Figur	Beispiel	Wirkung
Steigerung	das Schönste in der Schule (Z. 2/3) umso reichhaltiger (Z. 24/25)	Abwertung der Schule, Überbewertung der Pause, des Essens wenn schon das Frühstück nicht geschmeckt hat, soll die Pause eine Steigerung sein
Wortspiel	Müsli und Gemüsli (Z. 86) Twixi-Mixi (Z. 12) Copsi Cola (Z. 13) = Coca Pepsi	Anspielung auf Gemüse; witzig, lustig, erheiternd; einfache Reimform wirkt einprägsam

b) Bestimmung der Sprachebene mit Begründung anhand von Textbeispielen

<table>
<tr><th>Hochsprache</th><th>Umgangssprache</th></tr>
<tr><td>• anspruchsvolle Verben:
verraten (Z. 4), empfehlen (Z. 8)</td><td rowspan="2">• umgangssprachliche Wortwahl:
eintrichtern (Z. 34/35),
mal (Z. 35), sowas (Z. 14),
denn die haben ... (Z. 37/38),
Mampfer (Z. 46),
antanzen (Z. 64),
vollstopfen (Z. 80),
überfressen (Z. 87)</td></tr>
<tr><td>• aussagekräftige Adjektive:
abwechslungsreich belegt
(Z. 25/26), reichhaltig (Z. 24/25),
wirksam (Z. 81)</td></tr>
<tr><td>• viele Fremdwörter:
Nahrungspräferenzen (Z. 45),
Nationalität (Z. 53),
multikulturell (Z. 61)
propagieren (Z. 67)</td><td>• Dialekt:
Schmankerln (Z. 7),
Zwergerln (Z. 37),
Hendlhaxn (Z. 39)</td></tr>
<tr><td>• viele rhetorische Mittel (s. Tabelle)</td><td></td></tr>
<tr><td>• anspruchsvoller Satzbau
Satzgefüge (Z. 6–10; Z. 49–55;
Z. 61–67)</td><td></td></tr>
</table>

Zusammenfassung

Die Hochsprache ist gemischt mit Umgangssprache, um eine breites Publikum anzusprechen, aber auch einen Anspruch auf Wissenschaftlichkeit zu erheben, gepaart mit Volksnähe. Zielgruppe sind vor allem Eltern mit schulpflichtigen Kindern.

c) **Bevorzugte Verwendung von Fremdwörtern mit Begründung**

Der Autor verwendet bevorzugt Fremdwörter aus der englischen Sprache, wie z. B. „Snack" (Überschrift), „Funsize Milkies" (Z. 11), „Food" (Z. 4), „Fitmacher" (Z. 30), „Junkfood" (Z. 74), „Power-Riegel" (Z. 75). Sie wirken modern, sind aus der Sprache der Werbung genommen und sprechen Leute an, die immer im neuesten Trend liegen wollen.

3. Absicht des Autors

Helmut Seitz will kritisch zwei extreme Ernährungsrichtungen beleuchten, nämlich die „totale" Vollwerternährung, die bei den Kindern wegen ihres Geschmacks nicht den entsprechenden Erfolg hat, und die ungesunde, von den Kindern allerdings bevorzugte Ernährung mit kalorienhaltigen Süßigkeiten. Er stellt die extreme Position der Vertreter der Vollwertkost in Frage und deutet an, dass durch die Überbetonung einer gesunden, vollwertigen Ernährung bei den Kindern gerade das Gegenteil erreicht wird, nämlich eine Abneigung. Auch die fürs Auge ansprechende Zubereitung eines gesunden Pausenbrots kann den süßen Geschmack, den Kinder bevorzugen, nicht ersetzen.

Seitz nimmt die extreme, manchmal fast fanatische Einstellung der Vertreter der Vollwertkost aufs Korn und stellt die Überbetonung des gesundheitlichen Aspekts in Frage. Durch wissenschaftliche Untersuchungen, die der Autor mehrmals ironisch anführt, sehen sich die Vollwertkostanhänger bestätigt, doch Seitz lässt immer wieder anklingen, dass Essen auch schmecken und ein Genuss sein und nicht nur unter streng gesundheitlichen Kriterien zu sich genommen werden sollte.

39 Mögliche Lösung

1. Textsorte

Bei dem Text „Tiere sterben für Kosmetik“ handelt es sich eindeutig um ein Interview. Das ist auf den ersten Blick durch das Frage-Antwort-Schema erkennbar. Die Journalistin Claudia Eberle befragt im Auftrag von „Frau im Leben“ Dr. Irmela Ruhdel, die Fachreferentin für den Bereich Tierversuche an der Akademie für Tierschutz im München. Wie für ein Interview typisch, kommen beide Gesprächspartner abwechselnd zu Wort. Allerdings fehlt ein Portrait der befragten Person, was bei den meisten Interviews üblich ist.

2. Innerer Aufbau

Dem eigentlichen Interview geht im 1. Absatz eine Einführung voraus, um den Leser mit aktuellen Ereignissen bezüglich der Thematik Tierversuche vertraut zu machen. Anschließend stellt die Journalistin Claudia Eberle vier knappe, gezielte Fragen. Die erste davon bezieht sich auf die Herkunft der Versuchstiere, die beiden nächsten auf alternative Verfahren, um Tierversuche zu vermeiden, und die letzte auf die gesellschaftliche Bedeutung der Thematik. Die Gesprächspartnerin antwortet jeweils ausführlich und mit großem Sachwissen, indem sie konkrete Beispiele wie „Simulation mit dem Computer“ oder „das Anlegen von Zellkulturen“ (Z. 40–42) nennt. Die Antworten auf Frage 3 und vor allem 4, in denen über Tierversuche für die Kosmetik und Kampagnen gegen Tierversuche berichtet wird, stehen in direktem Zusammenhang zur Überschrift „Tiere sterben für Kosmetik“.

3. Absicht

Das Interview will alle Leser relativ emotionsfrei über die Thematik informieren, aber gleichzeitig auch betroffen machen. Dieses Ziel wird dadurch erreicht, dass sich eine Fachkraft, die beruflich auf dem Gebiet Tierversuche/Tierschutz tätig ist, dazu äußert. Im letzten Teil des Interviews wird der Leser indirekt zum Handeln aufgerufen, nämlich sich an Unterschriftenaktionen zu beteiligen, um so sein Missfallen kundzutun.

4. Gliederung

A. Textquelle und thematischer Hintergrund

B. Das Interview „Tiere sterben für Kosmetik“ – Bedeutung der Tiere für den Menschen

1 Texterschließung

1.1 Kurzinformation zum Inhalt: Infragestellen der Notwendigkeit von Tierversuchen

1.2 Textsorte: Interview
1.2.1 Hinweis zu Beginn und am Ende des Textes
1.2.2 typisches Frage-Antwort-Schema
1.2.3 Angabe über Interviewerin und Interviewpartnerin

1.3 äußerer Aufbau
1.3.1 Einordnung in die Rubrik („Magazin aktuell“, „Nachgefragt“), fett gedruckte Überschrift
1.3.2 Bild als Illustration
1.3.3 Einteilung in mehrere Abschnitte

1.4 innerer Aufbau
1.4.1 allgemeine Einführung in die Thematik
1.4.2 vier gezielte Fragen mit genauer Beantwortung

1.5 sprachliche Gestaltung
1.5.1 verständlicher Wortschatz mit in der Regel bekannten Fachbegriffen und Fremdwörtern
1.5.2 viele Satzgefüge als Aussagesätze
1.5.3 Hochsprache in sachlich-informativem Stil mit nur wenigen Abweichungen

1.6 Absicht
1.6.1 Information erwachsener Leser/innen (siehe Textquelle)
1.6.2 Meinungsbildung der Leser zum Thema

2 weiterführende Erörterung: Bedeutung der Tiere für den Menschen

2.1 als Rohstofflieferant
2.2 als Nahrungslieferant
2.3 als Helfer
2.4 als „Partner“

C. Ich bin gegen Tierversuche, soweit sie aus Forschungszwecken nicht dringend notwendig sind.

40 Mögliche Lösung

1. a) Äußerer Aufbau

Der äußere Aufbau entspricht dem eines Berichts mit
- unterstrichener Dachzeile
- fett gedruckter Schlagzeile
- fett gedrucktem Untertitel in kleiner Schrift
- einem Lauftext, dessen fett gedruckte Teilüberschriften eine kurze Information zum Inhalt geben.

Der für einen Bericht typische Lead (Vorspann) fehlt.
Außerdem enthält der Text auch reportagehafte Elemente, nämlich am Anfang eine konkrete Situationsschilderung, wörtliche Reden und gefühlsbetonte Adverbien wie „leider“ (Z. 13) oder „aus dem Herzen sprechen“ (Z. 101/102).

b) Innerer Aufbau

1. Konkreter Vorfall an einer Münchner Schule führt zum Thema hin, nämlich: zunehmende Gewaltbereitschaft an Schulen.
2. Beispiele für häufige Delikte an Schulen:
   Appell eines Hauptkommissars an Lehrer und Schulleiter, verhindernde Maßnahmen zu ergreifen; hohe Dunkelziffer, da viele Delikte nicht gemeldet werden.
3. Ursachen für die zunehmende Bewaffnung der Schüler:
   - Schutz vor Überfällen auf dem Schulweg oder in der Freizeit
   - Furcht der Schüler, Opfer zu werden
   - leichtere Durchsetzung von Forderungen an Mitschüler
4. Hauptursache für die zunehmende Gewaltbereitschaft:
   Immer mehr Schüler werden allein gelassen
   - von geschiedenen oder berufstätigen Eltern
   - Ausländerkinder mit ihren Integrationsproblemen
   - mit Horror und Gewaltverherrlichung in den Medien.

2. Sprachebene

Dieser Bericht ist in der **Hochsprache** verfasst. **Gewählte Verben** wie „ereignete“ (Z. 6), „löst sich ein Schuss“ (Z. 2/3), „Wirbel ausgelöst“ (Z. 8), „fügt hinzu“ (Z. 28) sowie wenige, aber **aussagekräftige Adjektive** wie „versehentlich“ (Z. 2/3), „erschrocken“ (Z. 11/12), „gravierend“ (Z. 31) oder „explosionsartig“ (Z. 35) belegen dies. Auch fallen **viele Fremdwörter** auf, wie z. B.

„konstatiert“ (Z. 19/20), „appelliert“ (Z. 21), „kontinuierlich“ (Z. 37), „parallel“ (Z. 37), „registriert“ (Z. 45) „konkrete Delikte“ (Z. 53), „eskalierend“ (Z. 88), „Integrationskonflikte“ (Z. 96/97) oder „Horror“ (Z. 98). Viele Wörter gehören der **Fachsprache der Polizei** an. „Gewaltbereitschaft“ (Z. 12/13), „Delikte“ (Z. 60), „Kripo-Kommissariat“ (Z. 29), „Kriminalstatistik“ (Z. 43), „Waffen“ (Z. 69), „Opfer“ (Z. 70), „Ermittlungen“ (Z. 86/87), „Dunkelziffer“ (Z. 15) belegen dies.
Mit diesen Mitteln möchte der Autor ein gebildetes Publikum ansprechen, es fachkundig informieren und über die Hintergründe aufklären.

3. a) Einleitung

Gewalt an Schulen – mit diesem Thema werden wir immer häufiger konfrontiert, sei es durch die Medien oder durch eigene Erfahrungen im täglichen schulischen Leben. Gewalt äußert sich nicht nur in Form von direkter körperlicher Gewaltanwendung, also durch Verletzungen oder Schläge, sondern auch in Form von seelischer Gewaltanwendung, wie z. B. Beleidigung, Unterdrückung, Ausgrenzung von Mitschülern oder Erpressung von Geldern. Die Gewaltbereitschaft von Schülern nimmt zu und gerade in Großstädten stehen Lehrer und Erzieher diesem Problem oft machtlos gegenüber. Der nachfolgende Text aus der Süddeutschen Zeitung verschafft einen kurzen Überblick über die Zustände an Münchner Schulen.

b) Schluss

Dieser Text spricht natürlich nur in Ansätzen einige Ursachen für Gewalt an Schulen an. Der prägende Einfluss der Medien auf die Lebensweise und auf die Wertvorstellungen der Menschen darf nicht unterschätzt werden, ebenso wenig wie die sich verändernde Gesellschaft und Arbeitswelt mit ihrem hohen Leistungs- und Anspruchsdenken. Die Auflösung der traditionellen, Sicherheit vermittelnden Familienstruktur, aber auch die hohen Anforderungen an die Jugendlichen von schulischer Seite tragen zu einem erhöhten Aggressionspotential bei. Doch müsste man bei der Diskussion dieses Themas innehalten und sich auf ein Zitat Alexander Mitscherlichs besinnen, der da sagt: „Die tiefste Wurzel der Aggressivität ist die enttäuschte Hoffnung geliebt, verstanden, geachtet zu werden.“

41 Mögliche Lösung

1. Inhalt

In dem Artikel „Backstreet Boys: Riesenjubel über den Triumph bei der Popcorn-Starwahl!“ geht es zunächst um gesundheitliche Probleme von Howie und Nick, zwei Mitgliedern der „Backstreet Boys“. Anschließend wird über die Verleihung der Popcorn-Starwahl-Awards anlässlich einer Pressekonferenz in Köln berichtet. Alle Mitglieder dieser bekannten Boygroup zeigten sich hocherfreut über die Auszeichnung und dankten überschwänglich den Popcorn-Lesern.

2. Sprachliche Mittel

Zitat aus dem Text	sprachliches Mittel	Wirkung/Absicht
ganz, ganz aufrichtig: vielen, vielen Dank; toll, toll	*Wiederholungen*	*Betonung, Hervorhebung*
... dass der (Virus) mich in Ruhe ließ	Personifikation	in diesem Fall: umschreibende, effektheischende Darstellung einfacher Vorgänge
... hätte mich auf allen Vieren aus dem Bett geschleppt; Wir werden das nicht vergessen	Übertreibung	Überzeugung der Fans, werbewirksame Formulierung
... freute sich wie ein Schneekönig	Vergleich	Veranschaulichung, Betonung
wie er leibt und lebt; nie und nimmer	Redewendung und Alliteration	bildhafte, die Aussagen verstärkende Sprache

Zitat aus dem Text	sprachliches Mittel	Wirkung/Absicht
Edel-Mikro; Award-Hamster	Wortneuschöpfung/ Neologismus	Betonung, erheiternde Wirkung, Hervorhebung der Bedeutung des Preises
Die Popcorn Leser waren es, die ...	Inversion	Verstärkung, Hervorhebung der Bedeutung der Popcorn-Leser

3. Zielgruppe und Sprachebene

Der Text wendet sich nur an **Jugendliche** und hier **vorwiegend an Mädchen**, die solche Musikgruppen favorisieren. Dies ist zum einen an der Textquelle, nämlich der Jugendzeitschrift Popcorn, abzulesen, zum anderen werden die Teenies direkt angesprochen, z. B. „... wurde von euch ..." (Z. 47). Der **Schreibstil** spiegelt die **Redeweise vieler Jugendlicher** wieder. Dazu zählen Mode- oder Fachbegriffe aus dem englischen Sprachraum wie „Latin Lover" (Z. 5), „Shows canceln" (Z. 23), „Starwahl-Awards" (Z. 32) ebenso wie die vielen umgangssprachlichen Wendungen; „kotzte" (Z. 6) und „... ging es dreckig" (Z. 2) zu Beginn des Textes unterstreichen dies. Für ein leichtes Verständnis sorgen **wenige einfache Satzgefüge** und die **zahlreichen Hauptsätze**, vereinzelt nur **Wortfetzen**, z. B. „Ergebnis: Interviewsperre!" (Z. 14). Kennzeichnend für den **Jugendjargon** sind auch Ausdrücke wie „... ging's mir top!" (Z. 29/30), „Scherzkeks" (Z. 54) oder „Wahnsinn" (Z. 73). Gerade die angesprochene Gruppe der 12- bis 16-Jährigen reagiert sehr gefühlsmäßig. Dem wird insofern Rechnung getragen, als mehrfach **gefühlsbetonte Verben und Adjektive** wie „verzweifelt" (Z. 19/20), „enttäuschen" (Z. 21) oder „freuen" (Z. 30/42) vorkommen. Viele der genannten sprachlichen Mittel verwenden die „Backstreet Boys" selbst als Gesprächspartner in dieser Reportage, sodass sich die jugendlichen Leser noch mehr mit ihren Idolen identifizieren können.

42 Mögliche Lösung

1. Einleitung

Bei dem Text „Nicht ohne meinen Sponsor“ handelt es sich um eine **Reportage**, die in der Illustrierten „Stern“ abgedruckt wurde. Der Autor J. Ch. Wiechmann behandelt ein besonders für Eltern und Kinder **aktuelles Thema**, nämlich dass das Markenbewusstsein bereits bei Kindern sehr stark ausgeprägt ist. Er **schildert** auf **anschauliche Weise** durch Anführen vieler Beispiele, wie Kinder und Jugendliche von Unternehmen gezielt als Werbeträger eingesetzt werden. Durch viele **wörtliche Reden**, durch z. T. **umgangssprachliche Ausdrücke** aus dem Sprachgebrauch junger Leute und durch **Modewörter** aus dem Bereich der Werbung wird diese Reportage **lebendig**. Der Autor zielt mit seinem Text auf die **Gefühle des Lesers** ab, d. h., er erreicht hier eine Abwehrhaltung gegen das übertriebene Markendenken sowohl der Kinder als auch der Eltern, die ihre Kinder bewusst vermarkten. Typisch für die Reportage ist auch der **Perspektivenwechsel**, d. h., der Autor schildert die Situation aus der Sicht der Kinder und Jugendlichen, dann wiederum aus der Sicht der Unternehmen. Seine Behauptungen belegt er durch häufige **Zitate**. Der Text wird außerdem durch das **Photo** eines spitzbübisch in die Kamera lachenden Jungen untermalt.

2. Sprachliche Mittel und deren Funktion

rhetorisches Mittel	**Beispiel**	**Funktion**
Alliteration	*Die **K**ids sind **K**önig* (Überschrift) **g**enießt das **G**efühl (Z. 57)	*Kinder nehmen in der Werbung einen hohen Stellenwert ein.* Kinder sind sich ihrer Wirkung bewusst, genießen es, im Mittelpunkt zu stehen.
Abänderung eines Zitats	zwölf Jahre frisch (Z. 20)	anstatt „jung“; Jugendliche in der Werbung sollen Frische vermitteln.

rhetorisches Mittel	**Beispiel**	**Funktion**
Abwertung	Markenklamotten (Z. 50/51)	saloppe Ausdrucksweise, um modern zu erscheinen
Gegensatz	süße Träume – scharfe Skates (Z. 74/75)	Traumwelt der Werbung stellt hohe Anforderungen, hat auch „scharfe“ Kanten.
Metapher	angeln sie sich (Z. 33) Knirpse als laufende Werbeflächen (Z. 34)	Werbebranche wirft einen „Köder“ aus, mit dem sie Jugendliche einfängt. Kinder sind reduziert auf ihre Funktion als Werbeträger.
Steigerung	verdammt abgezockt (Z. 67) und dann rief noch (Z. 97)	Sponsor ist entsetzt über die Kaltblütigkeit dieser Kinder. Forderungen der Leute werden immer unverschämter.
neue Wortschöpfung	„in“-Firmen (Lead) Sunshine-Typ (Z. 19) trendige Jugend (Z. 55)	Werbesprache, Firmen, die z. Z. aktuell sind. Anspruch der Werbung: Man muss immer guter Laune sein; saloppe Ausdrucksweise, um modern zu erscheinen.
Vergleich	das Wort Sponsor wie eine Heilsbotschaft (Z. 72/73)	aus dem Bereich der Religion; das Höchste, was sich ein Jugendlicher vorstellen kann, ist ein Werbevertrag.

3. Bestimmung der Sprachebene

Die Sprachebene setzt sich zusammen aus **hochsprachlichen und umgangssprachlichen Elementen**. Wenn der Autor kommentiert, so wählt er anschauliche Adjektive wie „charismatisch" (Z. 33), „sportlich" (Z. 35), „passend" (Z. 42) und aussagekräftige Verben „riskierte" (Z. 4), „empfiehlt" (Z. 15) oder „schwärmt" (Z. 27). Gibt er die Meinung der Kinder oder mancher Erwachsener wieder, so verwendet er umgangssprachliche Ausdrücke. „Noch mal" (Z. 4), „krieg'" (Z. 8), „verdammt abgezockt" (Z. 67) belegen dies.
In diesem Text fallen besonders viele Ausdrücke aus der **Werbebranche** auf, wie z. B. „Sponsor" (Z. 7), „Promotion-Chef" (Z. 28), „Trendsetter" (Z. 31). „Castings" (Z. 43) „Opinion-Leader" (Z. 37/38) oder „Judges" (Z. 44) sind aus dem Bereich der **Marktforschung** genommen. Dadurch wirkt der Text glaubwürdig, da er sich ja mit der Werbebranche beschäftigt.

4. Absicht des Autors

Der Autor möchte mit diesem Artikel darüber informieren, wie bereits bei Kindern gezielt das Markenbewusstsein für teure Artikel geweckt wird und welcher Mittel sich die Werbestrategen dabei bedienen. Diese setzen bewusst Kinder ein, die Sportlichkeit, Frechsein, Pfiffigkeit vermitteln und so ihren Altersgenossen als Vorbild dienen sollen. Der Autor berichtet aber auch darüber, wie zielgerichtet bereits Kinder eine Karriere als Werbeträger anstreben, die von ihnen anzupreisenden Produkte berechnend einsetzen und nur materielle Werte als erstrebenswert ansehen.

43 Mögliche Lösung

1. Basissatz

Der Werbetext ermuntert den Leser, Informationsmaterialien für den Hometrainer Bodystyler von Uli Breiter Kosmetik anzufordern.

2. Textsorte und äußerer Aufbau

Die Anzeige „Schlank sein, schlank bleiben. Ganz ohne Fitnessstudio." ist als Werbetext einzustufen. Vom äußeren Erscheinungsbild hat er zunächst Ähnlichkeiten mit einem Zeitungsartikel. Dachzeile, Schlagzeile und zweispaltiger Text im Blocksatz erwecken diesen Eindruck. Im Lauftext selbst fällt nur der Produktnahme Bodystyler ins Auge. Optische Mittel, wie die breiten schwarzen Balken mit heller Schrift, die den eigentlichen Text nach oben und unten begrenzen, werden sparsam eingesetzt. In derselben Drucktechnik wird die Frage „Wo denn?" zentriert in den Text verwoben. Ebenso sind eine Telefonnummer und der Name „Uli Breiter" hervorgehoben, während der Slogan „Light your Body" kursiv gedruckt ist.

3. Innerer Aufbau

1. Vorstellung des Geräts
2. Wirkung und einfache Anwendung des Geräts
3. Aufruf zu kostenloser Information
4. Angabe der Bezugsquelle und Telefonnummer
5. Aufforderung zur Bestellung unter nochmaliger Betonung der Vorteile des Produkts

4. Sprachliche Mittel, um die Aufmerksamkeit des Lesers zu erreichen

unbewiesene Behauptungen und Versprechungen	Schlank sein, schlank bleiben (Überschrift)
Absolutheitsanspruch	ganz ohne (Überschrift)
Alliteration	prompt und persönlich (Z. 22) Breiter Bodystyler (Z. 3)
Appell, Aufruf	Rufen Sie ... (Z. 28)
direkte Anrede	Sie, Ihnen (Z. 1/2)
Einschränkung	in der Regel (Z. 15)
Ellipse/unvollständige Sätze	zu Hause, bei Ihnen ... (Z. 1–6) Besser noch ... (Z. 26)
Entscheidungsfrage	Oder? (Z. 14)
Steigerung	schlankeren Formen (Z. 17) mehr Raum (Z. 20)
Superlativ und Übertreibung	überaus wirksam (Z. 9), optimal (Z. 12), das alles ganz ausführlich (Z. 17/18), so schnell und so bequem (Z. 29/30)
Wiederholung	schlank – schlank (Überschrift)

Ihre Meinung ist uns wichtig!

Ihre Anregungen sind uns immer willkommen.
Bitte informieren Sie uns mit diesem Schein über Ihre Verbesserungsvorschläge!

Titel-Nr.	Seite	Fehler, Vorschlag

Bitte hier abtrennen

Bitte hier abtrennen

Zutreffendes bitte ankreuzen!

Die Absenderin/der Absender ist:

- ☐ Lehrer/in
- ☐ Referendar/in im Ausbildungsabschnitt: ______
- ☐ Fachbetreuer/in
  Fächer: ______
- ☐ Oberstufenbetreuer/in
- ☐ Schulleiter/in
- ☐ Seminarlehrer/in
  Fächer: ______
- ☐ Leiter/in Lehrerbibliothek
- ☐ Leiter/in Schülerbibliothek
- ☐ Regierungsfachberater/in
  Fächer: ______
- ☐ Eltern
- ☐ Schüler/in, Klasse: ______
- ☐ Sekretariat
- ☐ Sonstiges: ______

Unterrichtsfächer: (Bei Lehrkräften!)

______

Kennen Sie Ihre Kundennummer? Bitte hier eintragen.

Absender (Bitte in Druckbuchstaben!)

______
Name/Vorname

______
Straße/Nr.

______
PLZ/Ort

Schule/Schulstempel (Bitte immer angeben!)

STARK Verlag
Postfach 1852
85318 Freising

8 V29
Bitte ausfüllen und im frankierten Umschlag an uns einsenden. Für Fensterkuverts geeignet.